21世纪通识教育系列教材
21st Century Textbooks of General Education

创新创业基础
案例教学与情境模拟
Elements of Entrepreneurship

王强　陈姚 ◎ 编著

中国人民大学出版社
·北京·

· 出版说明 ·

随着信息时代的来临、经济全球化的深入与文化软实力竞争的加剧，重视大学生人文素养与创新能力的培养，提升大学生的综合素质，已成为各国教育改革与发展关注的重点和热点。人们越来越意识到：高等教育不仅要培养大学生良好的专业素质，更重要的是使得他们在走向社会之后拥有长足的自我拓展能力。只有以宽口径、厚基础、复合型为人才培养目标，才能更好地提高我国高等教育的质量，培育出适应现代社会需求的具备公民意识、社会责任感与创新精神的优秀人才。

从中外大学通识教育的实践来看，通识教育是一项系统工程，而课程体系建设始终是推进通识教育的核心任务，教材建设则又是其中的重要环节。为满足广大高校师生对高质量通识教育教材的需求，中国人民大学出版社组织多学科、多领域的专家学者，在广泛调研与深入研讨的基础上，组织编写了这套"21世纪通识教育系列教材"，为推动高等学校通识教育教材建设进行了探索。

本套教材分为人文、政法和经管三大板块，定位为非专业统开课教材，突出"通识"的特色，强调内容阐释的"基础"和"宽度"，力求突破单纯的"专业视域"或"知识视域"，引导学生调整知识结构，拓宽文化视野，以达成人才培养效果上的"宽度"，从而实现高等教育培养复合型人才的目标。

本套教材中的每一本均由该学科领域有影响力的专家学者领衔编撰。通识教材的"基础"与"宽度"，需要特别重视教材纲目与内容的适用性、可拓展性和灵活性。唯有在该领域具有丰富教学经验及精深学术水准的名家，方能"取精用弘，由博返约"，编撰出体现"通识"特色的高水平教材。

本套教材形式与内容和谐统一，教材内容基础适用，语言简洁生动，并辅以典型、有趣的案例、图表，轻松活泼的栏目和插图等，图文并茂，引人入胜，照顾到青年学生群体的阅读习惯。

作为出版者，我们特别希望通过加强通识教育教材建设，推进高校课程体系的融会贯通，提高学生跨学科、跨文化的理解能力，为学生未来的职业生涯与人生发展奠定良好的知识和能力基础。这套通识教育系列教材只是开始，期望更多的专家学者共襄此事，推进通识教育教学的改革与发展。

中国人民大学出版社

《创新创业基础——案例教学与情境模拟》是我们2016—2020年基于"教学做合一"的"创业故事＋情境模拟"新模式探索的成果之一。

我国大学生的创业基础课程教学已开展多年，取得了辉煌成绩。但目前仍存在诸多痛点问题，包括目标定位、教学方式等方面的问题，也包括案例教学中学生缺乏深度参与、流于形式，能力提升有限，师生参与创新创业教育缺乏积极性。党的二十大报告指出，"必须坚持问题导向"。如何破解这些难题？我们认为，必须回归到大学生创业教育是实践性的教育项目这个本质问题上来。

基于此，我们在2016年启动了创业教育的教改计划，把握理念创新这个根本、"四位一体"新模式这个抓手，通过在中国人民大学构建"创业故事与情境模拟"的全新课程体系，正如党的二十大报告所言，"以新的理论指导新的实践"，希望在情境模拟课堂、新模式教材、学生参与式案例、创新创业实践等方面取得突破。

五年的教改取得了丰富的成果，包括基于"教学做合一""四位一体"的系列资源库建设成果，参加课程的大学生调研、采写的案例24个，《中国大学生创业报告》2016—2019年连续收录案例18个；多名参与课程的学生获奖、走向创业实践；2019年获批中国人民大学一流本科课程第一批建设课程，线上版课程上线智慧树平台。

我们正式出版这一教材，配套教师手册和教学方法，分享给全国的创业教育老师们和同学们，帮助学生在有限的课堂时间模拟创业、企业设立和企业运营过程，培养学生在各种情境下作出决策、适应社会、引领创新创业发展的素质和能力，在参与、体验中激发学生的思考和感悟。

一、探索：基于"教学做合一"的"创业故事＋情境模拟"新模式

"教学做合一"

伟大的教育家陶行知先生曾在 1927 年 11 月 2 日写道："教学做是一件事，不是三件事。我们要在做上教，在做上学。在做上教的是先生；在做上学的是学生。从先生对学生的关系说：做便是教；从学生对先生的关系说：做便是学。先生拿做来教，乃是真教；学生拿做来学，方是实学。不在做上用功夫，教固不成为教，学也不成为学。"（原载于 1928 年 1 月 15 日《乡教丛讯》第 2 卷第 1 期）。

创业教育是实践性的教育项目，绝对不是照抄黑板、照念案例就可以完成的。当前的大学生创业教育之所以存在诸多痛点问题，关键就在于缺少了"做"的环节，包括没有切实理解和践行陶先生的"教学做合一"。

要破解前述诸多痛点问题，必须回归创业教育的本源。不要沉迷于玄虚的概念，把要做什么、怎么做讲得清清楚楚，这是真教育。用陶行知先生的法子：解放学生的头脑，让其学会独立思考。解放学生的双手，让其有足够的机会自主动手实践。解放学生的嘴，让其自由地表达想法。解放学生的空间，让其接触自然，接触社会，增长见识。解放学生的时间，不要把他们的日程安排得太紧。时代走得太急，但创业教育不能急功近利。

"教学做合一"是生活法，也是教育法，它的含义是教的方法根据学的方法，学的方法要根据做的方法，"教与学都以做为中心"。陶行知先生特别强调的要亲自在"做"的活动中获得知识，正是大学生创业教育的精髓，虽然受限于教学时间、教学条件等，但我们仍要千方百计创造条件，尽可能逼近理想状态。

基于"教学做合一"的教学改革与创新总体思路

近五年来，我们的做法是，针对前述大学生创业教育痛点，按照国务院《关于深化高等学校创新创业教育改革的实施意见》的精神和要求，落实中国人民大学本科人才培养路线图。教学改革与创新的总体思路见图 1。

图 1　教学改革与创新的总体思路

首先，以 2016 年中国人民大学创业教育课程与培养体系项目"创业故事与情境模拟"为起点；其次，以 2017 年中国人民大学教师教学发展改革项目"基于创业案例与情境模

拟的大学生创业教育探索"为深化；再次，以面向中国人民大学全校本科生开设的"创业故事与情境模拟"课程为依托，完成"四位一体"的教学改革，形成了丰富的教学成果（含教材、视频公开课、案例库、创业白皮书等）；最终，促进了创业教育痛点问题的解决，获得广泛好评。

教学目标与理念的创新

本次大学生创业教育的教学改革，立足大学生创业、成长和发展特点，通过融合情境教学创新、资源库建设、开放考核设计、通识教材开发等"四位一体"的创业教育体系的开发、设计与实施，普及创业知识、培育创业意识、启发创业思维、领悟创业精神，鼓励学生参与，提高学生动手能力，边"教"、边"学"、边"做"，引导学生形成问题导向、创新驱动、勇于探究、追求卓越的学习观，树立服务大众、引领发展、立足长远、坚毅果敢的创业观。

通过本课程的学习，大学生应激发起创业与创新的灵感与勇气，具备创业的基本素质；熟悉创业管理的基本理论知识；增强对创业、创新的敏感性，并能在分析现实问题时合理运用理论框架；具备在创业类公司管理层任职的战略理解力、创新能力和执行力；具备一定的风险控制和反欺诈的能力；具备初步为创业企业提供有价值的咨询和规划建议的能力。详见图2。

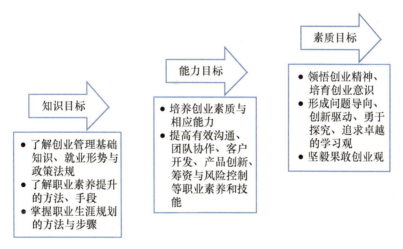

图2　大学生创业教育目标体系创新

二、创新：教材与教改的主要特色

本次教改的特色

我们的教材创新与教改探索，聚焦如何在有限的课堂时间，通过模拟创业、企业设立和企业运营过程中会遇到的各种情境，以创业教育为载体，贯彻"价值引领、能力培养与知识传授"的教学理念,培养学生适应社会、引领创新创业发展的素质和能力。

教改探索如何做到讲授、研讨、模拟、访谈、考察、述评等有机结合。从五年的实践来看,课程主讲人可以将知识融入案例、情境与实践教学当中,在研讨、参与、体验中激发学生的思考和感悟。

教改探索创新创业与本科人才培养有机结合的新模式。强调"教学做一体",结合教材上的理论知识及社会实践的需求,把社会当作大学生的第二课堂,注重大学生创新创业教育中的实践教学,改变理论教学脱离实际的教学方法。

"四位一体"的大学生创业教育新模式

五年来,在中国人民大学创业学院、商学院的指导下,我们进行了"四位一体"模式的全方位创新,建立了完善的"创业故事与情境模拟"课程教学管理体系,既包括教学大纲、教学计划、授课内容计划、时间进度计划、师资计划、考试测评计划等,也包括一批大学生创新创业的案例库、视频教学库、全新模式创业教材,还包括智慧树平台的线上课程。详见图3。

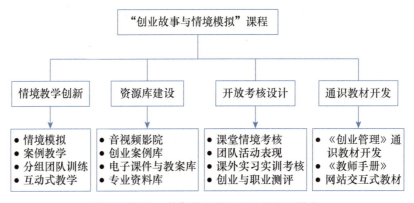

图3　"四位一体"的大学生创业教育新模式

教学改革创新点

图4显示了大学生创业教育改革的创新情况。

(1)突出情境教学方式,强调学生是创业学习的主体,教师通过创设情境,模拟创业、企业设立和企业运营过程中会遇到的各种情况,包括通过视频展示,为学生提供真实的环境,引导学生正确认知,学生在教师创设的情境中深度体验,拓展对知识的理解。

(2)依托案例研习与教学,引入创业案例,进行创业故事分享,包括聘请4~5位校外典型创业者担任企业导师分享经验,阐释创业基础知识、基本规律以及引导学生理解创业素质、创业能力、创业精神的实质。本课程多方创造条件,鼓励学生亲自调研大学生创业案例,和创始人深度交流,通过访谈、调研、撰写案例及课堂分享的方式来深化课程的社会实践属性。

(3)创新音视频教学方式和考核结业方式,一方面创造性地使用音视频手段进行课堂模拟教学,包括课堂上组织学生针对特定案例视频(或业务模拟场景视频)的情境代入,进行相关利益方分析、剧情分析、业务分析、心理分析等;另一方面对最终考核结业方式

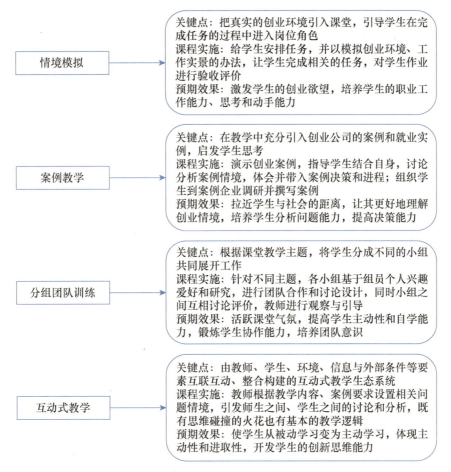

图 4　新模式的关键点、课程实施及预期效果

进行大胆改革，引入情境考核、实地考察、创业人物访谈、撰写创业评论、学生自编自导创业策划视频或者创业案例企业调研视频制作等实践环节考核，真正促进学生深入思考、理解和感悟。

三、实施：教学内容及组织要点

以"情境模拟"为主的教学方式

本课程在教学中设计了情境模拟、案例学习（含案例阅读、案例讨论、前沿追踪小组专题讨论）、现场授课、课堂讨论（含小型沙龙）和课外实习实训、创业与职业测评等方式。

具体授课内容计划控制在两个学分教学任务的范畴内，分为创新能力、创业能力、通用能力和总结等四个板块，授课形式包含课堂授课、情境模拟、案例教学、企业访谈、测试与游戏等。授课时间按照一学期 34～40 个学时来安排，其中，模块化学习 10 个学时，即每个知识点模块的课堂教学为 1 个学时，合计 10 个学时，具体参见教师手册（读者可登录中国人民大学出版社网站（www.crup.com.cn）查阅）。

　　同时，安排 25～30 个学时的情境模拟、课外实习实训、案例教学、企业访谈、测试与游戏、创业与职业测评等。本次教改设计的教学方式及其课时分配如表 1 所示。

表 1　课程教学方式改革

类别	教学方式	实际课时数
课堂教学	课堂教学，要求学生课前预习；按照教师教学进度和课程计划，进行课前案例准备	9
社会实践	深入创业实践的基层，了解企业活动；要求学生以团队形式参与实践活动	25

"教学做"一体导向的成绩评定改革

　　本课程探索和设计适应新时期中国大学生创新创业教育的考核评分体系，从评分主体和评分体系两个方面进行改革尝试。

　　一是在"创业故事与情境模拟"课程评分过程中，充分考虑情境教学和案例教学的特点，充分发挥学生的积极性和主动性，适当引入外部评价，即考核主体由教师、团队成员、学生考评团、企业导师四方面人员组成。

　　二是在"创业故事与情境模拟"课程评分过程中，将课堂情境考核、团队活动表现、课外实习实训考核、创业与职业测评四个方面结合，设计评分体系（见表 2）。

表 2　成绩评定改革方案

类别	考核点	占比
课堂情境考核	课堂活动参与度，情境理解与参与度，情境教学作业规定项目的完成情况，个人责任	25%
团队活动表现	团队组织与参与实践活动的程度，团队成员合作情况，团队任务完成情况，个人贡献	25%
课外实习实训考核	创业人物访谈情况，创业案例企业调研及案例撰写情况；学生小组制作创业策划视频，或者制作创业案例企业视频情况；职场体验情况	35%
创业与职业测评	模拟创业或创业设计大赛参与情况，求职与模拟面试情况，职业生涯规划情况，撰写创业评论，创业企业导师评价	15%

四、致谢

　　本教材历时五年，从最初的设计、实验、摸索，到后期的完善、修订，凝聚了大家的智慧和力量，得到了多方的支持与帮助。

　　我们要特别感谢中国人民大学时任副校长洪大用教授对创业教育课程体系建设的指导

和教海，中国人民大学创业学院历任院领导杜鹏、朱信凯、胡百精教授对课程建设的关心帮助，中国人民大学教务处处长龙永红教授对课程教学和教材编写的大力支持，杨伟国、杨东、周荣、王小虎、田传锋、宋大我、罗建晖、彭翊、白连永等领导老师的热情参与。

要特别感谢中国人民大学商学院院长、创业学院副院长毛基业教授对教学创新与改革的支持，他对于案例研究与教学的大力推广、对创业研究和创业教育改革的高度重视，鼓励和激发了我们在创业教育领域采用全案例教学的模式。感谢王刊良教授、刘晓梅教授、郭海教授、徐京悦教授、王建英教授等的大力支持，汪玲老师、邓莎莎老师、兰艳林老师、王银屏老师等的关心扶持！

要感谢课程组内一起打磨、迭代课程的中国人民大学法学院姚海放教授、中国人民大学财政金融学院胡波教授；要感谢中国人民大学研究生院马胜利老师。同时，还要感谢中国人民大学创业学院李珊珊老师在五年来课程探索、联系创业基地和孵化器的过程中给予帮助，感谢罗晓娜老师参与案例的收集、整理，以及教师手册的校对和编辑。

要感谢五年来参与本书创业案例以及教师手册案例部分调研、撰写和修订工作的约30个小组的组长和各位同学们，特别是当时在读研究生的占烁同学，目前在读博士的王超同学等，他们精心撰写与认真审校创业案例，付出了辛勤劳动。

要感谢中国人民大学出版社的于波、熊鲜菊、谷广阔老师。本教材是一次创新的探索，不论内容结构还是版式设计都不同于传统教材，诸位老师为了本书的出版付出了大量心血。

特别要感谢选用本教材的各院校教师和同学们，谢谢大家的信任！希望我们在中国人民大学创业学院五年的课程改革能够对大家有所帮助。让我们共同做好课程迭代与优化，进一步推动中国大学生创业教育的新发展！

目 录
CONTENTS

CONTENTS

第 1 章　导　论

▶▶▶

1.1　中外创业发展概述

1.1.1　中国古代近代的创业

在中国古代灿烂的文明中，包含有丰富的创业文化。春秋末至西汉前期的几百年中，研究如何经营管理的致生之学发展成了一门独立的学问。春秋末年的大商人范蠡、战国时期的大商人白圭是这一时期的代表人物，他们不但善于经营，而且善于总结经验。治生之学主要研究市场供求、价格变化的规律以及经营对策等问题，在某种意义上可以说是中国古代的"创业研究"。但是，汉武帝之后重农抑商政策成为主导经济政策，除了局部地区、局部时期商业较为活跃之外，如明清时期的晋商和徽商，重义轻利、读书人耻言经商成为社会风气，抑制了中国创业活动的发展。

鸦片战争后中国从封闭走向开放，重农抑商观念的影响逐渐减弱，且随着民族危机的加深，实业救国思潮的影响逐渐扩大，读书人弃文经商，民族资本家和爱国人士纷纷创办实业以救国难，商人地位得到前所未有的提高，创业活动逐渐活跃起来。清末新政采取的保护商业、奖励商业政策等都刺激了民族资本创业的积极性，1902—1911 年，民间资本新办企业 558 家。辛亥革命后，实业救国思潮发展成为实业救国论，创业活动更趋活跃，1918 年全国商会会员总数在 25 万户左右，一时间出现了"五金大王""火柴大王""面粉大王""烟草大王"等一批知名民族资本家。

1.1.2　改革开放以来的创业

20 世纪 80 年代初我国开放城乡商业，恢复市场。1992 年邓小平在珠海、深圳视察期间接见了一批民营企业家，肯定了民营企业家的地位，进一步激发了科技人员和公务员辞职下海创业的热情。公务员下海潮与科技创业热潮在中国大地兴起，1991 年民营科技企业是 2 600 家，到 1992 年年底翻了近一番，达到 5 180 家。据统计，1992 年公务员辞职下海超过 12 万人，不辞职却投身商海（停薪留职、兼职）超过 1 000 万人。

2006 年，全国科学技术大会上，胡锦涛同志发表重要讲话，提出扎实完成建设创新型国家的重大战略任务，部署实施《国家中长期科学和技术发展规划纲要（2006—2020 年）》，确立到 2020 年进入创新型国家行列的奋斗目标。这进一步激发了中国人的创业热情，2006 年中国新增创业企业 60 多万家，新增资本达 10 000 亿元，每天平均有 1 500 多家企业诞生，有 30 亿资本下海淘金。

2012 年 11 月，党的十八大提出了"实施创新驱动发展战略"。2014 年 9 月召开的夏季达沃斯论坛开幕式上，李克强总理首次提出，要借改革创新的东风，掀起"大众创业""草根创业"的浪潮，形成"万众创新""人人创新"的新态势。李克强发出"大众创业、万众创新"号召后，中央与地方政策联动助力双创，据不完全统计，2013 年 5 月至 2015 年 8 月，中央层面就出台了至少 22 份相关文件促进创业创新。"大众创业、万众创新"成为国家战略后，在全国范围内掀起了创业创新高潮。2016 年 5 月，国务院印发的《国家创新驱动发展战略纲要》中，提出了三步走战略目标。

从全国各地情况看，在中国率先发展创业型经济的是北京中关村、深圳等地，浙江坚持"创业富民、创新强省"路线，高度活跃的创业活动使浙江成为中国经济大省。其他很多省市也相继提出促进全民创业、优化创业环境的政策和措施，创业活动在中国日益活跃。

1.1.3 欧美发达国家的创业

欧美发达国家中，美国是创业型经济的发源地，不仅因为其有深厚的创业文化传统、成熟的市场经济体系，更重要的是其国家发展战略就定位于"建设具有企业家精神特征的创业型国家"。20 世纪 90 年代以来，美国每年都有 110 多万家新公司成立，创业浪潮一浪高过一浪。创业为美国经济发展增添了活力，创造了大量就业机会，推动美国经济几十年持续强劲发展。

微案例 1-1　　　　硅谷发展模式

硅谷是美国创业型经济的典型代表。硅谷是美国创业型经济发展最成熟的地区，一直走在全球高科技的最前列，控制着全球高科技如计算机、芯片、互联网等领域发展的步伐和节奏，成为美国乃至世界经济发展的引擎之一。20 世纪 80 年代中期，硅谷就成为全美九大制造业中心之一，生产了全美半导体集成电路的 1/3、导弹和宇航设备的 1/3、电子计算机的 1/8，年销售额高达 400 亿美元。1997 年硅谷新建 3 575 个科技型小企业，企业市值超过了 4 500 亿美元。如今，在硅谷，人员不超过 50 人的公司占科技公司的 80%，约 4 800 家。

随着经济全球化的加速推进，今天的硅谷已经通过吸引全球的资金和人才、出口高科技产品，形成了同全球经济高度互动的发展模式。硅谷所开创的发展模式被认为是创业型经济发展的典型。鉴于美国的成功，越来越多的国家采取措施推动本国创业型经济的发展。如英国政府制定了一系列政策，促使英国成为全球最适合创业的国家之一；澳大利亚启动了"促进青年创业者"项目。

1.2 创业的概念和辨析

1.2.1 创业的概念

按照《辞海》（1986年版），创业的定义为"创立基业"，突出开创事业的艰难以及开拓过程的意义。《现代汉语词典》的解释是"创办事业"。"基业"是指"事业发展的基础"，"事业"是指"人所从事的具有一定目标、规模和系统的对社会发展有影响的经常活动，例如革命事业、文教事业"。"创"字在汉语中有"开始""开始做""突破"的含义；"业"字有"职业""行业""事业"的含义。"创业"的本义为"开创基业"。

古代文献中，"创业"一词多代表在某一领域中"前无古人后无来者"的创举、变革、发明、奠基、文化等。《孟子·梁惠王下》有："君子创业垂统，可为继也。"这里的"创业"即指开拓、草创新的业绩。诸葛亮在《出师表》中指出："先帝创业未半，而中道崩殂"，"创业"即指创立功业，传给后代子孙。

英文中创业有两种表述方式，即"venture"和"entrepreneurship"。"entrepreneurship"的字面意思是"企业家精神"或"企业家活动"，"venture"通常是指"风险"。这两个单词最初的字面意思都不是创业，是人类的创业实践活动使它们有了"创业"的内涵。"entrepreneurship"和"venture"的字面意思在新形势下得到扩展和延伸，含义变得十分宽泛，以至于学术界至今对创业的概念仍各持己见，没有人给出一个反映创业全貌的完整概念。[①]

> **延伸阅读**
>
> ### 国际创业教育研究中的核心概念辨析
>
> 语言的制约，加之对于术语的语义、语用考证不够，导致术语混淆不清，词不达意的状况时有发生。其中"enterprise"与"entrepreneurship"便是经常被混淆的两个术语。之前中国学者一般将"enterprise education"和"entrepreneurship education"均译为创业教育，笼统地认为在美国和加拿大，学者倾向于使用"entrepreneurship"，而在英国和澳大利亚，"enterprise"的使用更加普遍。因此，"enterprise"与"entrepreneurship"在多数情况下是可以互换的。但是随即又会出现新的问题：如果两者可以互换，我国的创业教育应该翻译成哪个词语呢？为什么同一国家或者区域的学者，既使用"enterprise education"也使用"entrepreneurship education"呢？
>
> 表1-1列出了一些词典中对"enterprise"和"entrepreneurship"的释义。

表 1-1　词典中"enterprise"和"entrepreneurship"的词义

词典	enterprise	entrepreneurship
《朗文》	1.（尤指与人合作的）大型而复杂的工作；2. 创业能力、开创能力；3. 企业、公司、组织；4. 创业和经营小企业（的行为）	无专门词条，作为"entrepre-neur"的派生词
《牛津》	1. 公司、企业单位、事业单位；2.（尤指艰巨而重大的）规划、事业；3. 企业发展、企业经营、企业活动；4. 事业心、进取心、企业精神	无专门词条，作为"entrepre-neur"的派生词
《剑桥》	1. 企业、事业（尤指可获利的艰巨的计划）；2. 进取心、冒险精神	创业
《韦氏》	1. 复杂、艰难、有风险的项目或工作；2. 准备好参与到艰巨的任务或行动中；3. 经济领域中的公司或组织；4. 有一定目的的系统活动	无专门词条，作为"entrepre-neur"的派生词

　　注：我们从权威的英英和英汉词典入手，选取了国际及国内具有公信力的四部英语词典，分别为商务印书馆出版的《新版朗文当代英语大辞典》（简称《朗文》）、《牛津高阶英汉双解词典》（简称《牛津》）、中国大百科全书出版社出版（美国梅里亚姆-韦伯斯特公司编著）的《韦氏大学英语词典》（简称《韦氏》）以及上海外语教育出版社出版的《剑桥国际英语词典（英汉双解）》（简称《剑桥》）。
　　资料来源：王占仁，常飒飒. 国际创业教育研究中的核心概念辨析——以"Enterprise"与"Entrepreneurship"语义、语用分析为中心. 外国教育研究，2015（6）.

1.2.2　不同视角的理解

　　（1）从经济学的角度。认为创业是个体创造财富和产生价值的重要手段，它是一种间接的价值增值的行为和过程。Stevenson（1989）提出，创业是探寻机会，整合不同的资源，然后开发和使用机会，实现价值创造的过程。美国百森学院的 Ronstadt（1984）认为，创业是一个创造和占有机会并不断增加财富的动态过程，也是一个不受现有资源控制的过程。该视角的创业特别强调，经济个体在动态的环境中通过寻找和把握机遇，整合周边资源，为社会提供新颖的产品或服务，创造企业和社会经济价值，而且，这是一个机会的不断寻找与获得的过程，能够创造出新颖的产品、提供非常周到的服务，使其潜在价值不断增值。[①]

　　（2）从管理学的角度。认为创业有狭义与广义之分，狭义的创业专指创办新企业；广义的创业则泛指有进取心的人开创事业或进行的创新行为。张玉利（2006）认为创业是通过整合资源、把握机会，能够创建新组织，快速进行创新和创造新业务的活动。该视角的创业关注企业家行为的过程，注重其内部机制，发掘和组织人的重要价值。Drucker（1999）认为创业不是个人性格特征，而是一种行为，是经过合理组织的系统性的工作，是能够创造出新价值的活动。该视角还进一步延伸到就业与创新，认为创业是一种创新活动，通过拓展并运营一份事业，探索和捕捉机会，创造出某些未知的产品和服务，同时成

---

　　① 贺腾飞，康苗苗. "创新与创业"概念与关系之辩. 民族高等教育研究，2016（7）.

长为一种思维和行为活动。

（3）从创新与风险的角度。认为创业是高风险的创新活动，需要合理规避和化解创业风险，进行风险管理。Knight（1921）认为能够成功地预测未来的能力就是创业。预测未来就一定会有风险。美国百森商学院的杰弗里·蒂蒙斯（Jeffry A. Timmons）认为，创业不仅要筹集资金和创办企业，还要创新与创造。该视角特别强调，创业是人类自主的凭借自身所拥有的素质与资源，通过捕获机会，将所拥有的各种资源进行整合的一种具有创造性、风险与回报性的探索过程。

（4）从心理学的角度。认为创业成功就是具有心理特质的个体通过进行创业活动而获得的结果，对心理特质与创业之间的关系进行了探讨，对组织的决策者、资源整合者是什么样的人进行了界定。Lumpkin and Dess（2001）和 Lee and Peterson（2000）以人的品性特征方面为视角进行界定，认为创业倾向包括风险承担、先行性、竞争积极性、自治、创新。Kuratko，Hornsby and Naffziger（1997）认为创业者受外在的奖励、独立的需求、内在激励和家庭安全的影响。该视角还进一步延伸到对具有心理特质的创业者与成功管理者的心理特质进行辨别，甚至提出创业的个体心理特质作用理论。

虽然古今中外诸多学者对创业界定的侧重点有所不同，但都从不同角度描述了创业的共同特质：创新与开拓性、利益与价值的创造与满足、创业活动的社会性。因此，我们可以将创业定义为：在兴趣、理想、责任等观念的推动下，由个体或团队开展的，承担一定风险并以价值、财富、社会改善为目的，不拘泥于当前资源约束，寻求商业机会突破，投入激情、知识、技能、资金开创新企业、新事业的价值创造行为。创业具有创新性、开拓性、挑战性、持久性、社会性等特征。

1.3 创业的要素与类型

1.3.1 蒂蒙斯创业三要素模型

蒂蒙斯在《新企业创立：21 世纪的创业学》一书中提出了一个关于创业理论的基本框架，即著名的蒂蒙斯创业三要素模型，该模型高度提炼了创业过程中的三个关键要素：机会、资源与团队，这三个关键要素相互影响。

此模型认为创业是一个高度动态的过程，其中机会、资源、团队是创业过程最重要的驱动因素。商业机会是创业过程的核心要素，创业的核心是发现和开发机会，并利用机会实施创业，因此，识别与评估市场机会是创业过程的起点，也是创业过程中具有关键意义的阶段；资源是创业过程的必要支持，为了合理利用和控制资源，创业者往往要设计模式最巧妙、用资最少的战略，这种战略对新创企业极为重要；团队是新创企业的关键组织要素。

蒂蒙斯认为外在环境等因素对创业活动的作用使创业过程充满了风险，创业过程的三种驱动力量可能会比重失衡，因此就需要创业者对其不断进行调整。如图 1-1 所示，创业过程的三要素构成了一个倒三角形，而创业者则位于该三角形的最下方，他要利用其卓越的创造力、领导能力及沟通能力来调整机会、团队、资源三个要素之间的比重，使其相互匹配，从而实现创业活动的平衡。

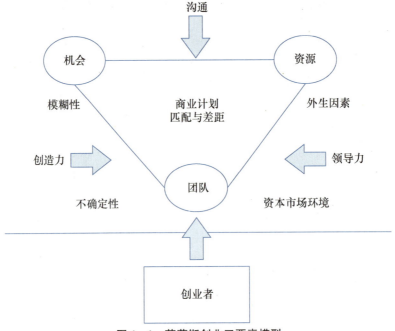

图 1-1 蒂蒙斯创业三要素模型

1.3.2 威克姆基于学习的创业四要素模型

菲利普·威克姆（Philip A. Wickham）1998 年在《战略创业学》一书中提出了一个基于学习过程的创业框架，并在 2001 年对该书进行了修订，认为创业由创业者的创新欲望所驱动，在此驱动力作用下，创业者致力于整合机会、资源和组织三要素（见图 1-2）。

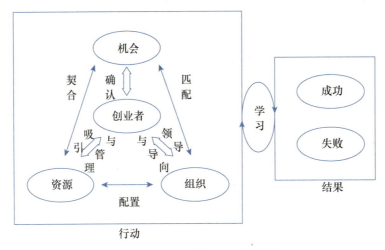

图 1-2 威克姆创业四要素模型

创业者是创业四要素中的核心因素。威克姆认为创业者在创业活动中处于核心地位，是推动整个创业活动的管理者。机会是被那些当前服务于机会的人在市场中留下的一个空缺。创业者的责任就是要描绘企业的前景，发现尚未被开发的机会。为了给市场带来创新，组织必须协调不同职能部门中人的活动，这就是创业者建立的组织职能。

资源包括投入企业的资金、拥有知识与技能的人以及物质资产。另外，资源还可包括无形资产，如品牌名称、公司声望以及顾客良好的意愿，所有这些要素都可以用于投资。创业者的一个关键职能就是为企业吸引投资，并运用投资创造资产，这些资产可确保企业进行具有竞争力的、有利可图的创新。

创业过程是一个不断取得成功或遭遇失败的学习过程。创业组织是一个不断从成功或失败中吸取经验和教训，从而发展壮大的学习型组织。创业组织必须根据环境和市场的变化调整自己，能够随时对机会和挑战做出反应。组织的各种资源、组织结构、组织规模、制度等随着环境的变化和组织发展不断改进和完善，从而使组织在不断的学习和成长中获得更大的成功。在激烈竞争的经济社会中，创业者必须学会开放性地学习，才能不断获得成功。创业过程是一个从创建组织、学习到成功的动态发展过程。

总之，该模型认为创业活动要使组织适应其所致力于开发的机会、配置资源以形成组织，以及将资源集中于所追求的机会。在这三种关系中，创业者起着关键的主导作用。创业者的职能就是要确认创业机会、吸引并管理创业资源，以及领导和指导创业组织。创业者的职责就其本质而言就是要有效地处理机会、资源和组织之间的关系，以实现各要素之间的动态匹配与平衡。

1.4　创业教育的发展

1.4.1　创业教育在国外的发展

创业教育（entrepreneurship education）20 世纪 40 年代在美国兴起后，在全球范围内快速发展，并被视为继学术性教育、职业性教育后的"第三本教育护照"。作为 20 世纪 80 年代后期西方国家提出的一种全新的教育理念，其核心理念是把培养学生的创业技能和创业精神作为高等教育的基本目标。具体包括：（1）进行从事事业、企业、商业等规划、活动、过程的教育；（2）进行事业心、进取心、探索精神、冒险精神等心理品质的教育。

微案例　1-2　　　　　　　　　创业教育在美国的兴起与发展

1947 年，哈佛大学商学院迈尔斯·梅斯（Myles Mace）教授为 MBA 学生开设的"新创企业管理"课程，标志着创业教育的兴起。1971 年，美国南加州大学启动了工商管理硕士学位教育。1972 年，美国面向本科生开设了创业课程，自此，创业教育在美国大学普遍开设，至 20 世纪 80 年代美国已有超过 300 所大学开设了创业与小企业课程。截至 2006 年，美国有 1 600 多所高等院校开设了创业类课程，形成了一套比较科学、完整的教学和研究体系。美国大学一般设有创业中心、创业教育研究会等机构，其联合孵化器、科技园风险投资机构、创业者校友会等，将施教者、受教者、孵化器、政府基金与风险投资、科技园以及其他相关资源，整合在创业教育平台中，构建了高校、企业、社区互动发展式创业教育体系。

目前美国已形成从初中到研究生教育的一整套创业教育系统。在基础教育阶段，创业教育主要以提高职业兴趣为目标，除了开设创业课程外，还根据个人兴趣自行学习某些职业技能。在高中教育阶段，每个学生都必须修满 10 个学分的职业教育课程。

联合国教科文组织在 1991 年东京会议上对创业教育做了广义和狭义的区分："创业教育，从广义上来说是指培养具有开创性的个人，它对于拿薪水的人同样重要，因为用人机构或个人除了要求受雇者在事业上有所成就外，正在越来越重视受雇者的首创、冒险精神、创业和独立工作能力以及技术、社交、管理技能。""从狭义角度讲，创业教育是对学生创业能力的培养。通过开设课程、资助资金、提供咨询等方式使学生具备开办企业的能力。"从狭义看，创业教育有两种情况：一是与增收培训的概念紧密结合在一起；二是把创业教育看作是创办企业的教育或企业家速成教育。表 1－2 列出了代表性国家和组织提出的创业教育观点。

表 1－2　代表性国家和地区的创业教育

国家/组织	创业教育要点
联合国教科文组织	1989 年 11 月底在北京召开"面向 21 世纪教育国际研讨会"，提出创业教育的概念，创业教育开始进入中国教育界的视野。首届世界高等教育会议（1998）通过的《21 世纪的高等教育：展望与行动宣言》中提出："培养学生的创业技能，应成为高等教育主要关心的问题"，发表的《高等教育改革和发展的优先行动框架》中提出"高等教育必须将创业技能和创业精神作为基本目标"。
欧洲委员会	创业教育的目标应是提升创业个体的创造力、创新和自我雇用，不仅是培养商业技能，而且能激发创业主体为某个不可能或太冒险的事而奋斗的动机，使个体产生对创业的感知和渴望。
美国	1999 年，大约有 1 100 所院校和大学开设了这一领域的课程，其中许多学院和大学还开设了创业学或创业研究专业。2005 年，美国大约有 1 600 所大学开设了 2 200 门有关创业的课程。 考夫曼创业中心（The Kauffman Center for Entrepreneurship Leadership）创业教育的目标不仅是"如何创办企业"，更重要的是培养通过新想法和组合资源识别机遇的能力、富有远见和风险管理的能力等。
英国	1983 年，在英国王储查尔斯王子的倡导以及王子基金的支持下，英国启动了青年创业计划。 20 世纪 80 年代政府明确提出大学必须更有效地为经济社会发展服务，高校相继开设了创业教育课程，开展各种创业实践活动。 1998 年在《我们的竞争——建设知识经济》中同意在大学和学院中更多地开展创业精神教育。

续表

国家/组织	创业教育要点
法国	政府 1979 年启动了"创业资源援助计划";1983 年实施了"新企业技术革新指导计划",为新企业提供长达 20 年的固定利率,从资金上扶持创新企业。同时,法国大学普遍开设创业课程,普及创业基础知识和创业技能,不少大学成立顾问委员会,专门对创业学生进行辅导和扶持。
德国	1998 年,德国大学校长会议和全德雇主协会联合发起一项名为"独立精神"的倡议,呼吁在全国范围内创造一个有利于高校毕业生独立创业的环境,一个促使高校学生独立创业的环境,使高校成为"创业者的熔炉"。 2000 年,德国校长会议提出明确要求:在今后 5~10 年,通过对大学生创业精神的培养,每届 20%~30%的毕业生要独立创业。
芬兰	教育部发布的报告指出:"教育部的目标是在芬兰人中增强创业的精神,并使创业成为一种更加具有吸引力的选择。"
瑞典	将创业教育贯穿整个教育体系,从小学到研究生阶段都有创业教育。瑞典在小学教学中,将创业教育融入课程和游戏中,让创业理念根植于儿童时代。大学为学生设置的创业教育内容包括:开设创业理论课程,邀请创业成功人士为学生传授经验,成立创业教育研究会、创业中心,设立创业教育基金。
澳大利亚	政府成立了创业与生涯教育组织,负责领导和管理全国范围内的创业教育,特别重视中小学创业教育。
日本	2000 年,日本教育改革国民大会提出了创业家精神的概念,强调创业教育应培养学生的创业家精神、生存能力和思维方式。 2007 年 6 月 1 日,日本内阁正式审议通过《创新 25 战略》并付诸实施。大学的创新创业教育,特别是培养和训练学生自主创业意识、创业素质、创业精神的创业教育,成为政策关注的重点。
韩国	高校普遍设立"创业支援中心",由政府和学校组成的创业投资委员会共同评价决定进入创业支援中心的项目,中心会为创业大学生提供指导老师,指导老师将协助学生进行市场分析以及提供法律、财务等方面的咨询,甚至帮助筹资。
新加坡	政府把创业教育确定为繁荣社会创业精神和创业文化的一项长期发展战略。创业教育得到政府在政策和财政方面的大力支持,已形成了一套从小学到研究生阶段系统的创业教育体系。小学阶段,通过"虚拟股份"等游戏活动培养学生的商业意识;中学阶段,引入管理企业的普及性知识课程;大学阶段,面向本科生开设创业辅修专业,面向研究生设置"创新与创业"硕士学位课程。
中国	1999 年,教育部颁布《面向 21 世纪教育振兴行动计划》,要求"加强对教师和学生的创业教育,鼓励他们自主创办高新技术企业"。自此,创业教育逐步进入中国高校。 2002 年,教育部高教司召开"全国创业教育示范工作座谈会",会上指出"对大学生进行创业教育,培养具有创新精神、创业能力的高素质人才是当前高等教育的重要任务"。同年,教育部选择中国人民大学、清华大学、武汉大学、上海交通大学、南京财经大学、北京航空航天大学、西安交通大学、西北工业大学、黑龙江大学 9 所高校作为创业教育试点,开始对创业教育进行系统的探索。

续表

国家/组织	创业教育要点
中国	2010 年教育部下发《关于大力推进高等学校创新创业教育和大学生自主创业工作的意见》，将创新教育与创业教育相结合，要求各地大力推进创新创业教育，加强创业基地建设，强化创业指导和服务，推动创新创业教育和大学生自主创业工作，以实现突破性进展。 2012 年教育部颁布《普通本科学校创业教育教学基本要求》，要求本科学校创造条件面向全体学生开设"创业基础"必修课。

1.4.2　中国大学生的创业教育

1．大学生创业教育的发展现状

在"大众创业、万众创新"的新时代，我国大学生创业教育呈现出政策支持更加有力、实践教育更加深化、环境熏陶更加系统、内外合力更加凝聚、机制创新更加全面等发展态势。我国大学生创业教育经历了探索和推进阶段，形成了从局部试点到全面铺开的良好局面，营造了全社会合力促进大学生创业教育的社会环境。

我国大学生创业教育与就业教育、专业教育、创新教育融合发展，与产业对接、与就业相连、与岗位衔接、与企业合作更加紧密，并在服务区域经济社会发展等实践中不断深化，大学生创业教育不再是空中楼阁。在大学生创业教育发展历程中，开展主体、参与高校越来越多元，形成校内外共同发力、协同推进大学生创业教育的良好格局，大学生创业教育已然成为高校人才培养模式改革的有效途径。

近年来，我国不断完善大学生创业教育支持体系，健全大学生创业教育保障机制，创新大学生创业教育实施模式，并将创业教育融入高校人才培养全过程。

2．当前大学生创业教育的主要问题

（1）创业教育理念问题。对大学生创业教育的理解不统一、重视度参差不齐、研究不够系统深入，对大学生创业教育的实施存在应付、变调、滞后等问题，甚至缺乏课程体系、师资队伍、教学模块、保障机制的可持续发展规划。更有甚者，部分高校把大学生创业教育看成是"企业家、创业者速成教育"。

（2）课程设置问题。高校创业教育课程设置范围狭窄、内容陈旧，以开设必修课和选修课为主，容易停留在学科知识的灌输上，表现为课程综合化、国际化、实践化、多元化程度不高，没有把创业能力培养与专业知识传授有机结合起来，实践课程也较为单一，缺乏新意、实效不足。

（3）教学方法问题。我国大学生创业教育中问题探究式教学、案例式教学、讨论式教学、社会调查、项目研究、技术攻关等教学方式用得很少，小班教学、慕课教学、移动教学、翻转课堂等新型教学模式更是少之又少，无法提供模拟创业的空间与平台。除此之外，我国大部分高校局限于开展创新创业培训、创业知识竞赛等实践类活动，学生的参与度不是很高。

第 2 章　创新思维

学习目标 ◀◀◀

- 理解创新、创意的来源。
- 理解创新、创意、灵感、创造、发明与创业的含义及关系。
- 分辨不同类型的创新、创意。
- 创新无处不在，明白创新的意义。
- 对创新思维的障碍有认知。
- 培养创造性思维。
- 基本掌握创造性思维方法。

2.1　创新的概念与思想

2.1.1　熊彼特的创新概念

约瑟夫·熊彼特（Joseph A. Schumpeter）被认为是"创新理论"的鼻祖，是 20 世纪备受推崇的经济学家，他在经济学史上的地位与亚当·斯密、凯恩斯、马歇尔等相当。

> **延伸阅读**
>
> ### 熊彼特生平
>
> 熊彼特 1901—1906 年在维也纳大学攻读法学和社会学，1906 年获法学博士学位，后移居美国，一直在哈佛大学任教。熊彼特和同时代的凯恩斯既惺惺相惜，又充满了不屑与论争。用"既生瑜，何生亮"来形容他们的关系再贴切不过了。1912 年，熊彼特出版《经济发展理论》一书，提出了"创新"的概念并指出了其在经济发展中的作用。熊彼特以"创新理论"解释资本主义的本质特征，阐释资本主义发生、发展和趋于灭亡的结局，轰动了当时的西方经济学界，被誉为"创新理论"的鼻祖。近年来，熊彼特在中国声名大噪，特别是一提到"创新"，他的"五种创新形式"必然被人们引用。

熊彼特的创新概念包括下列五种情况：（1）采用一种新的产品（消费者还不熟悉的产品）或一种产品的一种新的特性。（2）采用一种新的生产方法，也就是在有关制造部门中尚未通过经验检定的方法，这种新的方法不需要建立在科学新发现的基础上，并且可以存在于商业上处理一种产品的新的方式之中。（3）开辟一个新的市场，不管这个市场以前是否存在过。（4）掠取或控制原材料或半制成品的一种新的供应来源，不管这种来源是已经存在的，还是第一次创造出来的。（5）实现任何一种工业的新的组织，比如造成一种垄断地位（例如通过"托拉斯化"），或打破一种垄断地位。[①]

熊彼特创新学说的另一个主要观点为创新主体是企业家。他所说的创新是企业创新，创新的关键是企业家能认识技术发明的潜在商业价值，敢冒风险购买技术发明并使其产品化、商业化，促使企业盈利，因此创新的主体就只能是企业家。唯有企业家能使新发明得以应用，所以创新主体不是发明家，而是企业家。熊彼特把本来很宽泛的创新概念理解得很狭窄，认为创新主体的角色只能由为数不多的人来承担。这就给人一种印象：只有企业家才进行创新，别的人都同创新无缘，创新只是少数人的活动。[②]

2.1.2 德鲁克及其创新思想

彼得·德鲁克（Peter F. Drucker），现代管理学之父，其著作影响了数代追求创新以及最佳管理实践的学者和企业家，各类商业管理课程也都深受德鲁克思想的影响。1909年德鲁克生于维也纳，祖籍为荷兰，后移居美国。德鲁克从小生长在富裕的环境中，1979年所著自传体小说《旁观者》对其成长历程作了详细而生动的描述。1985年，他出版了《创新与企业家精神》一书，强调当前的经济已由"管理的经济"转变为"创新的经济"。

延伸阅读

德鲁克的管理思想

德鲁克是经验主义管理思想流派的创立者和代表人物，是现代组织理论和管理学科的重要奠基人，更是一位走出了象牙塔的管理学大师。《哈佛商业评论》认为"只要一提到彼得·德鲁克的名字，在企业的丛林中就会有无数双耳朵竖起来听"；《经济学人》称他是"大师中的大师"；菲利普·科特勒说"如果人们说我是营销管理之父，那么德鲁克就是营销管理的祖父"。包括英特尔的安迪·格鲁夫、微软前总裁比尔·盖茨、通用电气前首席执行官杰克·韦尔奇在内的许多商界领袖都深受其管理思想的启发。改革开放以来，中国持续引进西方科技和管理经验，德鲁克的管理思想在其中具有里程碑式的意义。20世纪80年代初中央号召领导干部积极学科学、学管理，德鲁克的《卓有成效的管理者》成为必读之作，华为的掌舵者任正非、海尔的领军人物张瑞敏等不约而同地成为德鲁克管理思想的积极学习者、实践者和传播者。

德鲁克的管理思想之所以受到学界的高度认可和企业家的广泛欢迎，是因为他的研究既具备高度的理论思辨性，又具备较强的实践关联性。德鲁克联结理论研究与实

---

① 熊彼特. 经济发展理论. 北京：商务印书馆，1986.
② 林德宏. 超越熊彼特——对传统创新观的反思. 南京财经大学学报，2006（4）.

践应用的关键在于，他总是将微观组织管理问题研究与宏观社会历史脉络分析结合起来。一方面，作为管理学家，德鲁克探讨目标管理、企业使命和绩效、员工责任和价值实现，以及知识经济和信息时代背景下的管理策略，以其深刻的见地成为这些领域的先驱和代表；另一方面，德鲁克的研究领域并不局限于管理学本身，在其广为人知的 30 余本传世之作中，既有对政治经济现实的犀利洞察，又有对哲学宗教的终极追问；既有对社会历史脉络的追根溯源，又有对"已经发生的未来"的先见之明；既有对个体微观管理精当准确的指导，又有对组织机构运行原理切中肯綮的分析；既有对人文艺术细致传神的点评，又有对社会生态栩栩如生的描摹。基于广博的研究领域和纵观玄览的思维方式，他称自己是一名"社会生态学家"，其管理思想也因此具备了沟通历史与未来、联结理论与实践的独特张力。

资料来源：朱翰墨，杨忠. 德鲁克的创新思想及其包容性. 理论学刊，2018（9）.

德鲁克在《创新与创业精神》一书中指出："创新是企业家的特定工具。他们利用创新改变现实，作为开创其他不同企业或服务项目的机遇。创新能够成为一门学科，能够被人们学习和实践。企业家需要有目的地搜集创新的来源和变化，并且发现由于变化而出现的成功创新机会的征兆。此外，他们也需要了解及运用成功创新的原理。"

在德鲁克看来，创新是新价值的创造。创新的实质在于创造新价值，即通过改变产品和服务来满足客户的价值需求，它普遍存在于经济社会的各个层面。"创新并非技术术语，而是经济和社会术语。它的标准不是科学或技术，而是经济或社会环境上的变化，是人在行为上的变化。"同时，创新的经济成果不仅体现在高新科技成果转化上，而且更为广泛地体现在洞悉市场、把握机遇和商业再造上。

微案例 2-1　德鲁克眼中美国创新经济的发展

德鲁克曾以美国创新经济的发展为例，生动地诠释了这一观点。他指出，20 世纪 70—80 年代，美国在创新驱动下每年新成立公司数量是 50—60 年代的 7 倍，这使得美国的总就业岗位大大增加，经济持续增长。但是这一时期美国经济所提供的 4 000 多万个工作岗位中，高科技企业所提供的岗位不足 600 万。即便以较宽松的口径统计，100 家新创企业中也只有一两家与高科技有关。

可见，"中科技""低科技"公司发挥了重要的作用，它们成功的关键是发掘市场需求，通过社会创新和管理创新驱动经济发展。

2.2 创新的来源

德鲁克认为，创新主要分为三种类型：一是产品创新；二是社会创新，即市场和消费者行为及价值方面的创新；三是管理创新，即制造产品、提供服务、市场推广的各种技能与活动的创新。科技的突破固然可以提升产品和服务性能、实现产品和服务创新，但通过对市场动向和社会变化的敏锐观察，并以新的方式更加高效地整合资源，也可以创造更多更优的客户价值，实现社会创新和管理创新。

微案例 2-2　　　　　　　　　麦当劳的创新

麦当劳并没有依靠重大的科技发明，而是通过标准化的物流供应、制作工艺、售卖流程、营销宣传和人员培训彻底再造了原本参差不齐的餐饮零售店，满足了大量顾客对于快捷卫生就餐方式的需求，取得了巨大的经济效益并得到社会的认可。

把握创新机会的方法在于以细致的体会和从广泛联系的视角，对不断发展的现实进行观察，系统的创新存在于有目的、有组织地寻找和发现存在的变化之中。按照发现重大变化、分析变化影响、识别和创造机会的步骤来追溯创新的来源，德鲁克归纳出了 7 个相互关联的创新机遇的来源。创新的契机源于事物发展变化中的矛盾，矛盾普遍存在，因而创新的机会来源很丰富。

（1）意料之外的事件——意外成功、意外失败、意外发生的事件。

（2）不一致的状况——经济现状之间、现实和假设之间、顾客价值观和期望之间不一致。

（3）基于程序需要的创新，如产品改进的需要。

（4）产业结构与市场结构的改变，这种情况为创新提供了巨大的机会。

（5）人口统计特征。人口的变化，如一个城市人口平均年龄增加时，地产、娱乐、保健行业需求增加。

（6）认知、情绪和意识的改变。

（7）科学的及非科学的新知识。发明是以深厚的知识积累为基础的，新思想、新方法都是新知识的产物，是创造新产品的基础。

其中前四项产生于产业或单位内部，后三项与企业或产业以外的社会环境、哲学环境、政治环境以及知识环境的变化有关。表 2-1 列出了创新的 7 个来源的例子。

表 2-1　创新的 7 个来源示例

来源类型	典型案例	行业领域
意料之外的事件	20 世纪 50 年代，服装部门是美国百货公司的业务明星，备受商家重视，而家电的销量和盈利却悄然猛涨，在未特别倾注精力的情况下赶超了服装部门。顺势而为升级家电部门的商家取得成功，而固守原有业务结构的商家失去竞争力。	商业运营
不一致的状况（现实情况与"理所当然"的情况存在差别）	20 世纪中叶，医疗保健在发达国家国民支出中的比重从不足 1% 跃升到 10% 左右，医院的经济效益却出现下滑。大而全的综合医院试图一揽子解决所有健康问题而导致运营成本骤升，小而专的妇产医院、流动外科手术中心、心理诊疗中心、老年病治疗中心发展势头强劲。	公共服务机构

续表

来源类型	典型案例	行业领域
程序需要	日本老式道路狭窄且平交道口错综复杂，交通事故频发，年轻人岩佐多门发明了公路反射镜。	工程技术
产业结构和市场结构的变化	金融机构一向专注于追求超高的投资回报，但随着专业人士、小商人以及富裕农民群体的壮大，追求高于存款利率的稳定回报的"明智投资"需求增加，相关的金融服务应运而生。	新创企业
人口统计特征的变化	20世纪80年代，大批接受过高等教育且有抱负的年轻女性进入求职市场。当大多数美国大公司仍然认为女性求职者是一个"问题"的时候，花旗银行积极招聘和培训有潜质的女性员工，并派往全美各地，助力花旗跻身行业领袖。	内部管理运营
认知、情绪和意识的改变	20世纪下半叶，美国黑人的社会地位、教育和求职机会大幅提升，但相当一部分黑人的维权诉求和被剥夺感反而越发强烈，杰西·杰克逊牧师通过回应这种认知变化成为黑人运动的领袖。	政治实践
新知识	二进制、打孔机、三极管、符号逻辑等新知识和新发明共同孕育了计算机。管理学的相关知识一度零散分布在多个相关学科领域，德鲁克发现了所缺的关键知识——企业的宗旨、有关工作的知识、高层管理的结构、企业政策和战略以及目标等，从而奠定了现代管理学的基础。	科技发明、社科研究

资料来源：朱翰墨，杨忠. 德鲁克的创新思想及其包容性. 理论学刊，2018（9）.

2.3　创新不仅仅是点子

2.3.1　相关词语

随着"大众创业、万众创新"的发展和深入，创新、创造、发明、创意、灵感、自觉、鬼点子等一系列词语与国家、企业、个人的成长紧密联系在一起。创新不仅是经济发展的内核，也是创业和个人成长的内核。表2-2列出了与创新相关的词语。

表2-2　与创新相关的词语汇总表

词语	解释与出处
创新	一指创立或创造新的，二指首先。《南史·后妃传上·宋世祖殷淑仪》："据《春秋》，仲子非鲁惠公元嫡，尚得考别宫。今贵妃盖天秩之崇班，理应创新。"
创造	指将两个以上概念或事物按一定方式联系起来，以达到某种目的的行为或想出新的方法，如创建新的理论，创出新的成绩和东西，是在自己创新的基础上来制造新事物。《宋书·卷一八·礼志五》："指南车……至于秦、汉，其制无闻，后汉张衡始复创造。"
发明	在《现代汉语词典》中，发明是创造新的事物和方法，如发明指南针。《中华人民共和国专利法实施细则》中指出："发明是对产品、方法或者某一项改进所提出的新的技术方案。"专利可分为三种类型：发明、实用新型、外观设计。获得专利权须有三个实质性条件：新颖性、创造性、实用性。

续表

词语	解释与出处
创意	《现代汉语词典》的解释是"有创造性的想法、构思等"。一般是指对现实存在事物的理解以及认知所衍生出的一种新的抽象思维和行为潜能。汉王充《论衡·超奇》："孔子得《史记》以作《春秋》，及其立义创意，褒贬赏诛，不复因《史记》者，眇思自出於胸中也。"
灵感	指在文学、艺术、科学、技术等活动中，由于艰苦学习、长期实践、不断积累经验和知识而突然产生的富有创造性的思路。通常搞创作的学者或科学家常常会用灵感一词来描述自己对某件事情或某个状态的想法或研究。
直觉	指未经充分逻辑推理的直观感觉。直觉是以已经获得的知识和累积的经验为依据的，而不是像唯心主义者所说的那样，是不依靠实践、不依靠意识的逻辑活动，是一种天赋的认识能力。
鬼点子	指坏主意（《汉语大辞典》）。秦兆阳《贾大奇自述》二："倒真的有个大脚女人看上了我，崇拜我有魄力，鬼点子多。"（《人民文学》1981年第1期）

2.3.2　相关词语辨析

1. 创意、创造、创新与创业

创意、创造、创新与创业是相互联系、相互促进的，创意是前期基础，是基本谋划；创造（创新）是实施过程，是发展完善；创业是最终目标，是结果企盼。表2-3对创意、创造、创新与创业的关系作了说明。

表2-3　创意、创造、创新与创业的关系

关系	解释描述
创意是创新、创业的基础	创意是创新的来源，人人皆有创意，但并非人人都能够科学地把握它。创意是"犹如昙花一现的幻影，转瞬即逝的灵光"。用创新的思维、创业的形式赋予其"有形的翅膀"，创意就会创造出奇迹。 没有创意的创业不会有顽强的生命力。
创造、创新是创意的飞跃	创新始于创意，创意决定创新。创意仅仅是创新的开始，相比之下，创新更注重结果并体现在利润之中，没有创造价值的创意是没有意义的。 没有人力、财力、物力等资源的投入，任何好的创意都不可能变成可以商业化的创新。
创新来源于创意，但高于创意	"意"更强调出发点，"新"更注重结果。 从需求、产生环境、保障机制、可实现性来说，创新和创意是不同的。创意常常是天马行空的，创意的结果和过程不一定能够准确面向商业应用；而创新更需要执行力和制度的保障，创新包含一个研究和实践的过程，而且任何一家创新的公司都可以列举出创新在企业中的利润体现。
创造是创新过程中的一个环节	创新的本质在于创造。创造是一个绝对的概念，它在"首创"或"第一"问题上是绝对的，就其成果对社会发展的作用来说具有两面性，既有积极的创造也有消极的创造。创新则是一个经济学范畴，必须有收益，同时又是一个相对的概念，更强调永无止境的更新，其成果对社会发展的作用必须是积极正面的。

续表

关系	解释描述
创新是创业的基础	从总体上说，科学技术、思想观念的创新促进了人们物质生产和生活方式的变革，引发了新的生产、生活方式，进而为整个社会不断地提供新的消费需求，这是创业活动之所以源源不断的根本动因。
创新是创业的本质与源泉	创业者只有在创业的过程中具有创新思维和创新意识，才可能产生新的富有创意的想法和方案，才可能不断寻求新的模式、新的思路，最终获得创业的成功。
创新的价值在于创业	从一定程度上讲，创新的价值就在于将潜在的知识、技术和市场机会转变为现实生产力，实现社会财富的增长，造福于人类社会。而实现这种转化的根本途径就是创业。

2. 创业者、企业家与发明家

创业者、企业家与发明家既有区别又相互联系，都离不开创新，但有明显区别，详见表 2-4。

表 2-4 创业者、企业家与发明家的区别

区别	解释描述
目的不同	发明家是为了满足创造的兴趣和研究欲望，未必与现实经济生活相联系，具有"开发纯粹科学的倾向"。创业者追求商业利益，具有"将科学应用于市场产出的倾向"。企业家不一定是发明家，他们需要的是在商业机会面前独具慧眼。
侧重点不同	创新的本质是创造和突破，当你不再模仿，创新就产生了。创新不一定是技术性的，而发明要求提出新的技术方案，与创新相比，发明更加强调技术性。创业则更加强调顾客导向和创造价值。
角色不同	创业者不一定是发明家，企业家是创新者，却不必是发明家。确实有不少企业家同时也是发明家，著名的例子包括诺贝尔和爱迪生，但更多的企业家不是技术的原创者或新产品的发明人。

微案例 2-3　　　　　　　　　**爱迪生与特斯拉**

爱迪生最为世人所熟知的身份是发明家。实际上爱迪生既是一位家喻户晓的发明家，更是一位鲜为人知的创新者与创业者。爱迪生一生拥有 1 000 多项发明专利，包括大家所熟知的电灯、胶卷等。

然而爱迪生最大的成就却是，他能够使一项发明不仅在技术上可行，而且在商业上也可行，并引发市场需求，为投资者和企业创造丰厚的利润。以电灯的发明为例，他认为仅仅在实验室里使一盏灯发亮，那只能说是科学上的伟大发明。除非电灯批量生产，具有 1 000 小时以上持续发亮的可靠度，否则电灯就只能成为实验室中的样品。

爱迪生最杰出的贡献就是，他针对电灯的商业化应用为其构建了整个配套系统，包括提升产品的可靠度、开发电力联网系统、设置发电厂、发展量产能力等。因此爱迪生不仅仅是一位发明家，还是一位伟大的企业家与创业者。

尼古拉·特斯拉（Nikola Tesla），塞尔维亚裔美籍发明家、物理学家、机械工程师、电气工程师。1856 年 7 月 10 日，特斯拉生于南斯拉夫克罗地亚的斯米良。1895 年，他替美国尼亚加拉发电站制造发电机组，该发电站至今仍是世界著名水电站之一。1897 年，他使马可尼的无线电通信理论成为现实。1898 年，他制造出世界上第一艘无线电遥控船，无线电遥控技术取得专利。1899 年，他发明了 X 光（X-Ray）摄影技术。其他发明包括收音机、雷达、传真机、真空管、霓虹灯管、飞弹导航等。后人以他的名字命名了磁密度单位（1Tesla＝10 000Gause），纪念他在磁学上的贡献。

虽然他一生致力于研究，取得约 1 000 项（一说 700 项）专利发明，但这并没有使他腰缠万贯，特斯拉长年经济拮据。1943 年 1 月 7 日，特斯拉在纽约旅馆死于心脏衰竭，享年 86 岁。2003 年，为了纪念偶像特斯拉，埃隆·马斯克以他的名字命名了特斯拉汽车。

一个如此超前高产的天才发明家和科学家被世界所遗忘，有人认为这是由于特斯拉与爱迪生的合作，以及他和爱迪生的行事风格迥异。爱迪生善于商业运作，有经营头脑，而特斯拉只顾埋头发明，从不考虑用自己的专利发财。在给爱迪生"打工"期间，爱迪生承诺在特斯拉帮他改进发电机后会支付他 5 万美元，然而爱迪生欺骗了特斯拉，这导致特斯拉愤而辞职。还有人认为，特斯拉的发明创造过于超前，在当时很难被人接受，他本人及其成果成为科学界争议的对象，有些人甚至将他的成果称为"伪科学"。也有人感叹，特斯拉生不逢时，"伟大发明家"爱迪生的光环遮住了"有争议"的特斯拉。特斯拉逝世后，有关他的资料和数据大多遗失，即便在贝尔格莱德的尼古拉·特斯拉博物馆里收集的 15 万件展品中，也很少有关于特斯拉的科研数据资料。

2.4　创新的类型

2.4.1　破坏性创新

哈佛大学教授克里斯坦森（Christensen）在《创新者的困境》一书中首次正式提出"破坏性创新"（disruptive innovation）的概念。他认为创新有不同的路径，首先是维持性创新，指在现有市场上使得现有产品或服务更好或更便宜，虽然这些提升可能是困难的或者是昂贵的，他们是在已知的路径中应用现有的一系列能力和流程。第二种创新路径是通过不连续的变化，可能是技术上的能力来破坏。例如，以计算机为基础的文字处理的发展排除了机械打字创新的需要。这些提升特别需要不同于在位企业所有的能力或技能，可能是通过表面上对现有技术重新组合的创新，或针对不同市场大幅度地加强现有的产品或服务。

后一类创新路径称为破坏性创新，与维持性创新相比，这类创新起初立足的市场不是现有的主流市场，而是一些低端市场或新市场。随着技术的进步、产品性能的提高，新产品逐渐侵蚀现有的市场，甚至取代现有产品或产业。破坏性创新能够改变"游戏规则"，为小企业和新兴企业提供跨越式发展机会。新兴经济体正在成为破坏性创新的重要来源，中国在诸多行业进行了大量破坏性创新尝试。

另外，破坏性创新解释了为何具有良好管理能力、竞争能力和执行能力的成熟企业会丧失市场主导地位，以及成熟企业应该如何应对破坏性创新的挑战。开展破坏性创新能够发展新市场，破坏现有市场结构，对管理实践产生重大影响。破坏性创新已成为当前国外创新理论和战略管理理论研究的热点。

微案例 2-4 　　　　　　　　　　　**共享单车**

共享单车是依托移动互联网、大数据等技术实现租借、盈利的新型自行车租赁形式，近年来在中国得到飞速发展和推广。中国共享单车市场已经历了三个发展阶段。2007—2010年为第一阶段，由国外兴起的公共单车模式开始引进国内，由政府主导分城市管理，多为有桩单车。2010—2014年为第二阶段，专门经营单车市场的企业开始出现，但公共单车仍以有桩单车为主。2014—2018年为第三阶段，随着移动互联网的快速发展，互联网共享单车应运而生，更加便捷的无桩单车开始取代有桩单车。

解析：

共享单车的商业模式可以被认为是一种破坏性创新。原因是：

（1）共享单车的初始目标是低端市场或边缘市场。其低租金使更多消费者，尤其是低收入人群得到更多可负担的服务。而其便利性与低价吸引了大量在距离较短的情况下更倾向于步行的消费者，解决了"最后一公里"的问题。

（2）共享单车在主流市场消费者所重视的属性上不如现有的交通出行方式，例如安全性、舒适性较差，受天气影响较大，没有电动助力需骑行等。但其更简单、便捷、廉价的优势，如价格低廉，"无桩"取车还车的模式，无现金支付方式以及大量投放于校园、地铁口、景区及商圈等人流密集之处等吸引了大量消费者。

（3）共享单车不沿着现有的技术轨迹发展。共享单车不同于其他的交通出行方式，在初始阶段并不涉及新技术，只是将原有的一些要素（自行车、移动互联技术、第三方支付软件等）整合为一种全新的组合，为顾客提供了之前从未体验的新属性。

（4）共享单车所提供的产品或服务的属性不断提升。共享单车在最初进入市场时，车辆多是比较简单低端的自行车，容易损坏并且骑行体验一般。但后来在市场竞争中存活的几个主要品牌都逐步进入转化阶段，通过技术手段提升自己的硬件质量与服务水平。例如，提升车辆的骑行性能及安全性，改善车辆报修与处理机制，设置电子栅栏或划定停车区域以解决影响道路规范秩序的问题等。共享单车企业还开始着手对用户使用的大数据进行分析利用，以帮助企业进行市场分析以及推动政府政策法规的制定等。

共享单车通过技术和市场的手段不断提升原本较弱的一些主流属性，同时加强原有的优势属性，占据了交通出行市场的一定份额。它不仅颠覆了原来的社会交通结构与经营模式，而且不断推动政府的政策制定以及其他交通运营参与者的改变。因此，从共享单车的发展过程来看，其基本符合破坏性创新的发展轨迹和基本特征，属于破坏性创新。

资料来源：陈卉，斯晓夫，刘婉. 破坏性创新：理论、实践与中国情境. 系统管理学报，2019（11）.

2.4.2　渐进性创新

渐进性创新是指对现有技术局部的改进和完善，是非质变性的技术创新。渐进性创新以持续技术创新为基础，对企业现有产品的客户所关注的产品性能持续改进并提高产品服务质量。

例如，很多日化洗护用品都属于渐进性创新，包括技术升级，提高某成分的纯度或添加草本精华，这些都是渐进性创新。这些新产品建立在原有产品的基础之上，对原有产品进行改进，并无实质性的突破。

创新项目在技术特性方面可能具有技术上的跨越和突破，但是不管这种革新困难有多大、跨度有多大，只要性能改进的轨迹不变，它就仍然是渐进性创新。如无论英特尔的微处理器的研发多么困难、性能有多少改进，只要创新的轨迹仍然是让微处理器运行速度更快，这样的创新就属于渐进性创新。

微案例 2-5　优步

优步（Uber）是一家位于美国硅谷的科技公司，2009 年由加利福尼亚大学洛杉矶分校辍学学生特拉维斯·卡兰尼克和好友加勒特·坎普创立，因旗下同名打车 App 而名声大噪。优步目前已在全球范围内覆盖 70 多个国家的 400 余座城市。

解析：

优步作为网络约车，在市场出现不久后便得到迅速发展及推广，对城市交通市场，尤其是出租车等营运性质的交通市场参与者造成了巨大甚至颠覆性影响，因此常被误认为是破坏性创新。但从破坏性创新的必要特征来判断，优步不能被看作是破坏性创新。原因是：

（1）从低端市场或全新市场这个特征来看，优步价格并不低，其目标顾客也并非原来从不打车或租车的低收入消费者或非消费群体。相反，优步最初是在旧金山推出服务（那里是一个很完善的出租车市场），其客户通常是已经习惯打车或租车的人。因此，优步只是增加了主流市场的需求量，为主流消费者提供更好、更便捷的解决办法。

（2）优步所提供的产品和服务并不符合在主流市场消费者所重视的属性上表现较差的特征，相反，其服务车辆（硬件）以及服务质量（乘客体验）往往比传统出租车市场更为优越，使用手机应用程序及无现金支付等均为消费者提供了更为便捷的服务。

（3）优步仍沿着现有的技术轨迹发展，在不同的价格水平上提供差别化服务。例如在硬件方面，逐步细分服务车辆的等级，车辆等级越高价格越高；在服务体验方面，价格高的专车服务配备专业司机提供更高品质的服务。但此类提升仅是在原有的出租车等交通营运方式的技术轨迹上进行，并没有独特性。

（4）优步提供的产品或服务在主流市场消费者看重的属性方面表现优秀，不逊于现有企业，不存在主流属性从原来的表现较差到不断提升，逐步渗透主流市场的情况。

因此，基于破坏性创新的判断/识别框架，优步应不属于破坏性创新。

资料来源：陈卉，斯晓夫，刘婉. 破坏性创新：理论、实践与中国情境. 系统管理学报，2019（11）.

2.4.3　创新的其他分类方法

创新的其他分类方法如表 2-5 所示。

表 2-5　创新的其他分类方法

类属	分类	说明	举例
按创新的对象划分	产品创新	是指在企业中引入一种新的产品，或者赋予原有产品一种新的特性，它是在产品技术变化的基础上进行的技术革新。 在技术上有某种改变，可以是原有产品性能的提高、外观的改善、耐用程度的增强，也可以是性能、外观等完全不同的全新产品。	苹果公司的产品创新
	工艺创新	又称为过程创新，是指采用一种新的生产方法或新的工艺过程，它是在生产过程技术革新基础上的技术创新，包括新工艺、新设备和新的组织管理方式。	福特 T 型车
按开放程度划分	封闭式创新	是企业在封闭状态下完全依靠自己的力量进行研究与开发，同时对其所涉及的所有关键要素实行严格的专利权控制，全凭内部研究与开发的优势地位形成对竞争对手的技术壁垒。 企业自身的研发能力强，风险投资少，外部的科研院所对企业不具有影响力。	杜邦实验室、贝尔实验室、沃森实验室
	开放式创新	是企业同时利用内部和外部的力量实现技术创新，以达到创新资源的优势互补。 企业技术的商业化路径既可以从内部进行，也可以通过外部得以实现，它是在创新链条的各个阶段与多方合作伙伴开展的多个角度的动态合作创新模式。	英特尔、耐克

续表

类属	分类	说明	举例
按创新的规划性划分	攻关式创新	有明确的目标，考虑到系统研究和思考的重要性，保证创新的技术是可行的，成本是可控的，价格是市场可接受的。	柯达胶卷
	随机性创新	互联网、移动技术的时代，很多创新都是随机的，事先并不知道这项创新能实现什么目标，带来什么效益。相对于传统工业技术，今天的互联网和移动技术更加不确定，更难以预测，迭代升级也更快。	微信

微案例 2-6   福特 T 型车

　　1913 年，亨利·福特推出全球第一条汽车流水生产线，使汽车的装配速度提高了 8 倍。由于采用了高效的流水生产作业，汽车生产所需的时间和人力成本大幅下降。福特 T 型车的售价从每辆 850 美元降到 300 美元以下，从而让汽车这样一种奢侈品成为普通消费者能负担得起的交通工具。福特推出的流水生产线立刻传播到各企业、各地区和各领域。它不仅影响了同行业的其他汽车制造商，也影响了诸如照相设备、电冰箱、吸尘器等其他制造商。福特对全球制造业做出的最伟大贡献就是这项工艺创新。

微案例 2-7   柯达胶卷

　　柯达胶卷是攻关式创新的例子。在摄影技术发展为流行消费的道路上，笨重的相机曾经是一大障碍，主要因为感光片是用玻璃做的，玻璃既重又易碎，相机又大又重，影响了摄影的普及。感光片显然是产业发展的瓶颈，乔治·伊士曼进行了有针对性的研究，于 1883 年发明了重量轻、便于携带的纤维素胶卷，相机也随之缩小，很快成为大众消费品。柯达公司感光材料的销售额由此占据了世界第一的位置，直到数码技术取代了胶卷。

微案例 2-8   微信

　　随机性创新的特点就是事先根本不知道这项技术能带来什么，目标都不清楚，怎么进行系统的研发呢？就拿微信来讲，腾讯当时集中财力、人力进行攻关的是腾讯微博，但在新浪微博占据了市场制高点的情况下，不管腾讯怎么努力，都没法在竞争中获胜。记得当时和腾讯微博的负责人交流，我说你们不应完全模仿新浪微博，实现差异化才有希望，要做和新浪微博不一样的产品才能在市场上打开局面。

资料来源：许小年：创新和企业家精神——来自德鲁克的忠告，中欧校友上海分会（嘉定）换届大会演讲，2016-09-23.

2.5　创意产生过程

不管是何种类型的创新，都要大致经过创意生成、创意筛选、创意转化、创意商业化的一般化过程。

获得好的创意至关重要，包括知识积累、构思、创意产生、评估和实施四个阶段。

（1）知识积累阶段。成功的创意设计需要对市场进行调查、查阅相关资料、与相关人员交流、参加专业会议等以收集信息，通过积累相关的知识和经验，探索创意产品开发的各种可行的思路和方法。

（2）构思阶段。需要对收集的大量信息进行分析，思考如何形成有价值的创意。构思过程中有时可能感到问题无法解决，可以采取一些启发思维的方法。

（3）创意产生阶段。在这个阶段，一直苦苦思索的创意或解决方案终于有了令人兴奋的突破。有时创意会源源不断地涌现，在多数情况下，解决方案会逐渐变得清晰。为了加速创意的产生，可以做白日梦，幻想方案，并将已有的想法记录下来。这个阶段产生的创意可能是粗略的，需要修正、检验才能最终定型，这就需要进入下一个阶段，即评估和实施阶段。

（4）评估和实施阶段。创业者必须对所有方案进行评估，研究每一个方案的可能性，以便筛选出可行的、有能力实施的创意，就像人们在做一次重要的购物时，会研究每一个选择的特征。通过评估创意，可以确保充分利用有限资源，并使风险最小化、利润最大化。创意实施需要创业者有勇气、有毅力和自我约束，在遇到困难时不轻易放弃。有时创业者的想法会与原来的创意背道而驰，有时在实施原创意的过程中会发现新的更可行的创意。可能需要不断地改进原创意，在经历多次失败后才能成功地开发出最佳创意。

这四个阶段存在本质的联系，而且在创意过程中出现的顺序不一定相同。如果在一个阶段遇到大的困难，最好返回到上一个阶段再试一试。例如，当一个人始终不能获得创意或解决方案时，可以重新回到第一阶段，埋头于数据资料的研究，重新处理数据，建立因果关系，最后提出可行的创意。

2.6　创新思维的培养

2.6.1　创新思维

创新思维，是开拓人类认识新领域、开创人类认识新成果的思维活动。一般而言，创新思维是创造者利用已掌握的知识和经验，从某些事物中寻找新关系、新答案，创造新成果的高级的、综合的、复杂的思维活动。创新思维是有主动性和创见性的思维。

广义的创新思维是指思维主体有创见、有意义的思维活动，每个正常人都有这种创新思维。狭义的创新思维是指思维主体发明创造、提出新的假说、创建新的理论、形成新的概念等探索未知领域的思维活动，这种创新思维是少数人才有的。

从形式上看，创新思维是以感知、记忆、思考、联想、理解等能力为基础，以综合性、探索性和求新性为特征的高级心理活动，需要人们付出艰苦的脑力劳动。

从基础上看，创新思维往往要经过长期的探索、刻苦的钻研，甚至多次的挫折方能取得，而创造性思维能力要经过长期的知识积累、素质磨砺才能具备，至于创造性思维的过程，则离不开繁多的推理、想象、联想、直觉等思维活动。

从效果上看，通过创造性思维，不仅可以揭示客观事物的本质和规律，而且能在此基础上产生新颖的、独特的、有社会意义的思维成果，开拓人类知识的新领域。创新思维能力是个人推动社会前进的必要手段。

从实现上看，创新思维的培养训练途径在于丰富知识结构、培养联想思维的能力、克服习惯思维对新构思的抗拒性、培养思维的变通性、加强讨论、经常进行思想碰撞。

表 2-6 汇总了创新思维的特点。

表 2-6   创新思维的特点

特点	描述
对传统的突破性	突破性体现为创造者突破原有的思维框架。 突破性还体现为突破已有的思维定式。 突破性也体现在超越人类既存的物质文明和精神文明成果。
思路上的新颖性	创新思维是以求异、新颖、独特为目标的。
程序上的非逻辑性	往往在超出逻辑思维、出人意料地违反常规的情形下出现。它不严密或暂时说不出什么道理。 创新思维的产生常常具有跳跃性，省略了逻辑推理的中间环节。
视角上的灵活性	表现为视角能随着条件的变化而转变，能摆脱思维定式的消极影响，反对一成不变的教条，善于变换视角看待同一问题，善于变通与转化，重新解释信息。
时空上的开放性	开放性表现为在时间和空间上敢于突破思维框架，使思维像阳光一样向外放射。

2.6.2　思维障碍及其突破

1.　常见的思维障碍

常见的思维障碍如表 2-7 所示。

表 2-7　常见的思维障碍

主要障碍	描述	主要悖论
习惯性思维障碍	人的思维不仅有惯性，还有惰性，是人们不由自主地经常犯的一种错误，无论是古人还是现代人都不可避免。	习惯性思维、直线型思维并不总是有害的。对于有些简单的问题，按照习惯去思考、去行事，可以节省时间，或者少费脑筋。
直线型思维障碍	不善于从侧面、反面或迂回地去思考问题，经常是死记硬背现成的答案。	
权威型思维障碍	一切都按照权威的意见办，不敢怀疑权威的理论或观点，不敢逾越权威半步，这成为创新思维的极大障碍。	对于权威，应当学习他们的长处，以他们的理论或学说作为基础和起点，但不可一味模仿。
从众型思维障碍	就是不带头、不冒尖，一切都随大流的心理状态。大多数人都可能因从众心理而陷入盲区，明明稍加独立思考就能正确决策，偏偏跟着大家走弯路。	人类亿万年进化的自我保护机制。

2. 突破思维障碍

突破思维障碍的路径如表 2-8 所示。

表 2-8　突破思维障碍的路径

突破路径	说明
多视角看问题	多视角的思维，是一种开放的、搜索空间很大的发散思维。鼓励从多种不同角度研究同一问题、观察同一现象、思考同一对象，进而产生许多新发现、新创意。
破除思维定式	要敢于并善于打破老经验、老眼光的思维惯性或思维定式。不要把创新想象得太高深、太神秘、太复杂。
重视意外发现	无意中得到的发现往往会创造奇迹。 关键是要重视它，并抓住不放。机遇不负有心人。
增强探索意识	探索问题要克服思维惯性阻力以及人的惰性，惰性是人类创新的大敌。

微案例　2-9　　　　　　　　**岛民不穿鞋?**

美国一家制鞋公司先后派甲、乙、丙三位业务员去某岛国开拓市场。

甲发现该国居民都不穿鞋子，便断定没有市场。

乙则从岛民不穿鞋得出该国是一个巨大的潜在市场的结论。

丙的看法是：这里的人不穿鞋，因此需要鞋，但由于有足疾，不需要公司生产的窄鞋，公司应当生产宽鞋。丙还得知，岛上的部落首领要求进贡（大约 1.5 万美元），否则不让做买卖。预计该公司可在该国卖 2 万双鞋，收益率为 15%，可以赚钱。

解析：

甲的视角与乙和丙的视角是对立的，事实证明，甲的看法是不正确的。乙和丙的视角较为相似，但丙的看法更优、更精确。丙不仅有宏观的视角，也有微观的视角。

2.6.3 头脑风暴法

头脑风暴法（Brain Storming），又称智力激励法、BS法。它是由美国创造学家亚历克斯·奥斯本（Alex F. Osborn）于1939年首次提出，原指精神病患者头脑中短时间出现思维紊乱现象，产生大量的胡思乱想。

1953年奥斯本正式提出一种激发创造性思维的方法，即无限制的自由联想和讨论。目标是培养参加人员的创造性能力，激发他们的创造性思维，以得到创造性的构想，为解决新问题或重大问题开辟新的途径，寻找新的解决方案。

头脑风暴是产生新观点的一个过程；头脑风暴是"一个团体试图通过聚集成员自发提出的观点，以为一个特定问题找到解决方法的会议技巧"（亚历克斯·奥斯本）；头脑风暴是一系列激励和引发新观点的特定的规则和技巧。具体来看，它通过小型会议的组织形式，让所有参加者在自由愉快、畅所欲言的气氛中自由交换想法或点子，以此激发与会者的创意及灵感，使各种设想在相互碰撞中激起脑海的创造性"风暴"。

头脑风暴的规则如表2-9所示。

表2-9　头脑风暴的规则

规则	描述
规则1：延迟和不给予你对观点的评判	要到头脑风暴会议结束时才对观点进行评判。不要暗示某个想法不会有作用或它有一些消极的副作用，所有的想法都有潜力成为好的观点，所以要到后面才能评判。在现阶段要避免讨论这些观点，因为这最终将导致两种后果：批评或称赞。 观点的提出应该作为解决方法，也可以作为找到解决方法的基础。表面上愚蠢的想法可能引起好的想法，所以要到头脑风暴会议结束之后才能评判。记录下所有的观点。这里没有糟糕的想法。切记，对观点的评估要占用珍贵的脑力，脑力应该用于观点的产生。只花时间产生新观点会使你在头脑风暴会议中所耗脑力最小化。
规则2：鼓励狂热的和夸张的观点	提出一个狂热的想法比想出一个立即生效的观点要容易得多。观点越"疯狂"越好。大声说出奇异的和不可行的观点，陈述任何怪异的观点，把观点夸张到极限。同样，你也可以使用创造性的思考技巧和工具来开始从一个新角度思考。
规则3：在现阶段有价值的是量而不是质	此时寻求观点的量，之后浓缩观点清单。所有活动应该适合在给定的时间内提炼出尽可能多的观点，供选择的观点越有创造性越好。如果头脑风暴会议结束时有大量的观点，就更可能发现一个非常好的观点。简要保存每个观点，不详细地描述它，仅仅抓住它的本质，也可能需要简短阐述、快速思考、稍后反思。
规则4：在他人提出的观点之上建立新观点	即建立在其他人的观点之上并且进行扩展。尝试把另外的思想加入到每个观点之中，使用其他人的观点来激发你自己的，结合提出的观点来探索新的可能性。
规则5：每个人和每个观点都有相等的价值	每个人都有有效的观点，对情形和解决方法都有独特的视角。在一个头脑风暴会议里，你可以提出观点，纯粹只是为了激发其他人，而不是作为最终的观点。你可能需要把自己的观点写在纸上后递交上去。鼓励每个人参与。

资料来源：王辉艳，武锐，吕代中. 头脑风暴综述. 吉林省经济管理干部学院学报，2005（10）.

头脑风暴法并不是一剂万能良药，在实践中也暴露出各种问题，主要体现在：（1）头脑风暴法让参与者畅所欲言，有可能提出各种荒诞的想法，不符合实用性、独创性和一致性的标准，会后难以一次性形成系统化的决策。（2）由于参与者的选择不当，易陷入"群体思考"或者不愿意主动发表意见，形成冷场局面，导致发言欲望降低。（3）在集体讨论解决问题的过程中，个人的想法不受任何干扰和控制，但是由于时间限制，有见地的或者特别出色的想法未能得到探讨和实施。

2.6.4　奥斯本检核表法

1941 年奥斯本在《创造性想象》一书中提出了奥斯本检核表法。根据需要研究的对象特点列出有关问题，形成检核表，然后一个一个来核对讨论，从而发掘出解决问题的大量设想。它引导人们根据检核项目的一条条思路来求解问题，力求比较周密地思考。针对某种特定要求制定的检核表，主要用于新产品研制开发，由于突出的效果而被誉为"创造技法之母"。

奥斯本认为："针对一项任务或一个新的产品，应事先确定很多提问要点，通过这些要点逐个核对讨论就可以全面地、系统地考虑各种解决办法的可能性，从中获得解决问题的方法和创造性设想，进而选定改进及创新的方向。"检核表实际上是一张人为制定的从各个不同的角度来启迪思路的分类提问表，对各个不同的创造对象及不同的创造目标，都可以列出解决问题应思考的方方面面，以便按拟定的问题来开展全面、周密、多方位的思考，从而完善地解决问题。

奥斯本检核表法的价值在于：

（1）远离思维惰性。由于习惯和适应，人们在考虑事情的时候不想去思考，仅仅是把大脑内存里形成的物质重新提取出来，毕竟这样做短期内比较节省时间，也比较节省脑力。人们进入思维的舒适区后，在舒适区生活得越久，成长就越慢。奥斯本检核表法提供了 9 个维度去刺激人的大脑，让你慢慢去逃离自己的思维舒适区，强迫自己去思考和改变，进而远离思维惰性。

（2）突破思维定式。所谓思维定式，就是按照积累的思维活动的经验教训和已有的思维规律，在反复使用中所形成的比较稳定的、定型化的惯性思维。在环境不变的条件下，定式使人能够应用已掌握的方法迅速解决问题。而在情境发生变化时，它会妨碍人采用新的方法。消极的思维定式是束缚创造性思维的枷锁。奥斯本检核表法的 9 个维度 75 个问题，帮助人们突破思维定式，激发人们的想象力。

（3）建立思维自信。创新思维自信是指相信自己有能力改变周围的世界，拥有思维创造力自信的人会有很强的自我效能感，相信自己有创造力，敢于挑战挫折和失败。IDEO创始人大卫·凯利谈到，他的使命就是通过帮助人们提升创造力自信，从而改变世界。在创新的过程中，很多人不愿意、不知道如何提出高质量的问题，害怕提问错了被人嘲笑，而奥斯本检核表法提供了提问的清单，有效帮助人们突破不愿意提问、不会提问的心理障碍，帮助人们建立提问、思考、想象和创新思维等方面的自信。

具体创造技法：

（1）引导主体在创造过程中对照 9 个方面的问题进行思考，比如能否他用、能否借用、能否改变、能否扩大、能否缩小、能否替代、能否调整、能否颠倒、能否组合。

（2）启迪思路，开拓想象空间，促进人们产生新设想、新方案，比如采用顺藤摸瓜式的自问自答，比起海阔天空式的随机遐想，会使创造性设想的方向性更强、目的性更明确、成功的可能性更大。

表 2-10 为奥斯本检核表。

表 2-10　奥斯本检核表

检核项目	说明
能否他用	现有的事物有无其他用途？保持不变能否扩大用途？稍加改变有无其他用途？
能否借用	能否引用其他的创造性设想？能否模仿别的东西？能否从其他领域、产品、方案中引入新的元素、材料、造型、原理、工艺、思路？
能否改变	现有的事物能否做些改变，如颜色、声音、味道、式样、花色、音响、品种、意义、制造方法？改变后效果如何？
能否扩大	现有事物可否扩大适用范围？能否增加使用功能？能否添加部件？能否延长事物的使用寿命、增加长度、厚度、强度、频率、速度、数量、价值？
能否缩小	现有事物可否体积变小、长度变短、重量变轻、厚度变薄以及拆分或省略某些部分（简单化）？能否浓缩化、省力化和方便化？
能否替代	现有事物能否用其他材料、元件、结构、力、设备、方法、符号、声音等替代？
能否调整	现有事物能否变换排列顺序、位置、时间、速度、型号？内部元件可否交换？
能否颠倒	现有的事物能否从里外、上下、左右、前后、横竖、主次、正负、因果等相反的角度颠倒过来用？
能否组合	能否进行原理组合、材料组合、部件组合、功能组合、目的组合？

资料来源：陈蕊，曹炯炯，董黎明，等. 创新思维工具在创客教育中的应用研究——以奥斯本检核表为例. 科技创业月刊，2020（9）.

游戏与模拟实训

头脑风暴法

1. 时间：20～40 分钟。

2. 任务：创业团队投资新建了一个儿童早教中心，请你为该中心起名字。

3. 活动程序：

（1）将全体人员分成每组 4～6 人的若干小组。

（2）在 10 分钟内，尽可能多地想出中心名字（或早教中心业务项目名称）。

4. 讨论：

（1）在进行头脑风暴时你有什么顾虑？

（2）你认为头脑风暴最适合解决哪些问题？

（3）在工作中哪些时候可以利用头脑风暴？

奥斯本检核表法

1. 时间：20 分钟。

2．任务：以电扇或其他事物为例，通过检核形成新的创新思路。

3．程序：

（1）明确需要解决的问题。

（2）根据需要解决的问题，参照表中列出的问题，运用丰富的想象力，强制性地一个个核对讨论，写出新设想。

（3）对新设想进行筛选，将最有价值和创新性的设想筛选出来。

第 3 章　创业计划

▶▶▶ ─────────────────────────

学习目标 ◀◀◀◀

- 理解创业机会的来源。
- 理解创业计划书的价值。
- 基本掌握创业计划书撰写的要点。
- 理解创业项目调研的重要意义。
- 基本掌握创业项目调研的内容等。
- 基本掌握创业计划书推介/陈述的关键点。
- 理解创业项目从计划到落地的挑战。

3.1　创业机会

3.1.1　什么是创业机会

改革开放以来，我国的经济社会发展进入转型阶段，这一快速变化的过程酝酿了大量创业契机，涌现了大批创业者。自国家提出要推动"大众创业、万众创新"后，政府陆续出台相关政策，以良好的创业氛围催生了经济社会发展的新动力，创业机会层出不穷，促进了经济结构的不断优化与社会的和谐稳定。

创业机会在整个创业过程中处于非常重要的位置，来自经济学、社会学、管理学等学科的学者从各自不同的侧重点对其进行了研究。Schumpeter（1934）指出，创业机会是通过把资源创造性地结合起来，满足市场的需要，创造价值的一种可能性。[1] Timmons（1994）认为创业机会"具有吸引力、持久性和适用性，并且伴随着能够为客户创造或增加使用价值的产品或服务"[2]。Kirzner（1997）认为创业机会就是"未明确定义的市场需

---

[1]　Schumpeter J. Theory of Economic，Development. Oxford：Oxford University Press，1934.

[2]　Timmons J. New-Venture Creation. Chicago：Irwin，1994.

求或未充分使用的资源或能力"[①]。从学者们对相关概念的阐述中可以看到，创业机会是创业活动的源头，创业就是从发现、挖掘、利用某个创业机会开始的。

　　整体来看，创业机会是未明确定义的市场需求或未充分使用的资源或能力。狭义的创业机会是创业者有产业知识和能力而可以利用的，同时也是竞争者不积极、不知道、被隔离而不能利用的，可以合作利用的机会。广义的创业机会要有产品差异来源和市场需求，产品差异来源于异质的资源。

3.1.2　创业机会的来源

　　创业机会从何而来？这个问题很重要但难以清晰阐述。不同的学者有不同的观点。创业机会是由多个因素共同构成的，产生新要素的上游因素、产生新需求的下游因素，以及产生互补厂商的因素，共同形成了创业机会。表 3-1 列出了创业机会来源。

表 3-1　创业机会来源

彼得·德鲁克的研究	Olm 和 Wddy 的研究
<ul><li>意料之外的事件——意外的成功、意外的失败、意外的外在事件；</li><li>不一致的状况——实际状况与预期状况不一致；</li><li>基于程序需要的创新；</li><li>基于产业或市场结构上的变化，以出其不意的方式降临到每个人身上；</li><li>人口统计特征的变化；</li><li>认知、情绪和意识的改变；</li><li>新知识——包括科学与非科学的。</li></ul>	<ul><li>先前的工作经验，曾经在此获取产品市场知识、供应商与客户；</li><li>从有创意的他人得到机会；</li><li>得到某一权利、授权或是特许权，购得一个未完整发展的产品；</li><li>与熟知某一社会、专业或科技领域的专家接触所引发；</li><li>研究资料所得，如查看最近的研究报告、搜寻最新的公告专利、与特殊领域专家面谈等；</li><li>搜寻研究先前市场失败的案例，在不同情境下可能成功；</li><li>复制别人的成功经验，应用于不同市场；</li><li>把嗜好、兴趣、业余喜好变成事业机会；</li><li>在个人经验基础上发展出事业化需求；</li><li>根据个人所需进行研究发展。</li></ul>
熊彼特的研究	蒂蒙斯的研究
<ul><li>创造新产品或服务；</li><li>对于现有产品和服务的品质或等级进行明显的改善；</li><li>引入生产的新工艺；</li><li>打开新市场；</li><li>创造或获取供应的新来源；</li><li>产业内组织的新形态。</li></ul>	<ul><li>法规的改变，如电信法松绑；</li><li>技术的快速变革；</li><li>价值链或销售渠道的重组；</li><li>技术的创新；</li><li>现有管理者或投资者的不良管理或没落；</li><li>市场领导者受限于现有客户需求，忽视下一波客户需求。</li></ul>

3.1.3　创业机会识别

　　创业机会识别是创业领域的关键问题。创业研究的学者和专家都试图回答这样的问

　　[①]　Kirzner I. M. Entrepreneurial discovery and the competitive market process: an Austrian approach. Journal of Economic Literature，1997（35）：60-85.

题：为什么是这些人而不是另外的人看到一个机会？这些看到了机会的创业者有什么独特之处？

对于创业机会识别，不但要考虑创业者自身的特质，还要考虑创业者所处的环境。现实的创业机会可能来自创业者本身以及外部环境等，还可能是创业者思想和创业者所处环境的结合。在影响机会识别和开发的各项因素中，主要可以分为两个方面，即机会本身的属性和创业者的个人特性。

表 3-2 列出了不同领域的创业机会识别。

表 3-2　不同领域的创业机会识别

领域	创业机会识别
具有创造性思维和创新意识	创业机会识别实际上是一个创造过程，创造性思维贯穿始终。在许多新产品、服务和业务的形成过程中，需要人们用全新的视角审视存在的问题，而具有创造性思维和创新意识的人通常可以通过突破传统来获得原创性的分析问题、解决问题的思路。
专业知识背景	对某个领域专业知识了解较多的人，对相关专业领域存在的问题、发展现状较为敏感，会比其他人对该领域内的机会更具警觉性。
之前的从业经验	创业者运用产业特殊知识，特别是产业环境知识，可以发现相同产业或相关产业的创业机会。包括上游供应商的要素，下游顾客的需求，竞争者行为，互补厂商，已有的相关资源整合的创意、创新与创造。 多数创业者是在复制或修改以前所从事行业的创业想法。
社会关系网络	社会关系是在长期的生活中积累的人脉，这些人脉会提供许多重要信息和资源，这有助于发现创业机会。 拥有良好社交网络资源的人，容易得到更多机会。

识别创业机会是思考和探索互相交替并将创意/创新进行转变，是一个不断调整、反复、均衡的过程。在这一过程中，机会的潜在预期价值以及创业者的自身能力得到反复的权衡，创业者对创业机会的战略定位也越来越明确。机会的识别过程也可称为机会的开发过程，一般包括机会搜寻、机会识别、机会评价等阶段，如表 3-3 所示。

表 3-3　创业机会的识别过程

过程	说明
机会搜寻	创业者对整个经济系统中可能产生的创意展开搜索，如果创业者意识到某一创意可能是潜在的商业机会，具有潜在的发展价值，就进入机会识别阶段。
机会识别	相对于整体意义上的机会识别过程，这里的机会识别应当是狭义上的识别，即从创意中筛选合适的机会。通过对整体的市场环境以及一般行业的分析来判断该机会是否在广泛意义上属于有利的商业机会；同时，考察这一机会对特定的创业者和投资者来说是否有价值。
机会评价	考察的内容主要是各项财务指标、创业团队构成等，创业者通过评价决定是否正式组建企业吸引投资。在机会识别初始阶段，创业者可以非正式地调查市场的需求，确定所需的资源，直到断定这个机会值得考虑或是进一步深入开发；在机会开发的后期，这种评价变得较为规范，并且主要集中于考察这些资源的特定组合是否能够创造出足够的商业价值。

资料来源：唐德淼. 创业机会内涵、来源及识别. 合作经济与科技，2020（1）.

头脑风暴

创业机会

从不同渠道联系三至五位不同专业的同学，举行一次头脑风暴活动，针对某一领域，让大家从各自专业角度出发，分析一下自己身边的创业机会。

提示：创业机会来自以下几个方面：

(1) 个人生活经历和工作经历；

(2) 偶然发现的（在日常生活中、参加活动中、旅行中……）；

(3) 有目的地深入调查研究（阅读相关报刊、资料、书籍及访谈等）；

(4) 教育（专业课程）；

(5) 个人兴趣爱好；

(6) 个人的家庭环境、家庭成员从事的职业及相关的行业背景等。

3.2　创业计划概述

创业过程可以把一个简单的构想转化成一个商机，但要经历破茧成蝶的艰辛。所以，创业并不是一时的冲动，而是需要经过科学合理的规划，其中的关键就是创业计划。

创业计划也称创业者的"商业计划"，是创业者准备的一份书面计划，是用来阐述自己的创业想法及过程的整体规划，要对市场、资源、财务、风险及投资回报做出定性、定量的分析，其主要目的是寻求合作及获得投资者的青睐。

具体来看，创业计划书是创业计划的书面表现形式。创业计划书包含创业项目的产生过程、决策的依据、实现路径、存在的问题以及解决途径、财务分析和预测、风险评估及对策等一系列内容，是寻求投资与合作、规范创业行为的可行性报告。创业计划书是构建一个企业的基本思想以及与企业创建有关的各种事项的总体安排性文件。

微案例　**3-1**　**只有两页的商业计划书**

1995 年，杰夫·海曼足足花了七八个月时间才完成一份关于开发 Career Central 招聘网站的商业计划书。到他写完的时候，这份计划书足足有 150 页。当时他在硅谷的同事们都对这份计划书的完整缜密赞不绝口，最后他也确实成功拿到了创业所需的 50 万美元启动资金。但是，每当回忆起这件事，他总是忍不住要想，这么长的时间是否花得值得呢？

前一年，海曼在芝加哥有了另一个创业灵感——以数据跟踪为特色的减肥中心 Retrofit。这一次，他没有花很多时间来写商业计划，而是用了四个月的时间来考察自己的想法，走访潜在消费者、分销商和肥胖问题专家，彻底了解相关市场。经过 100

多次访谈后，他写出了一份仅有两页纸的商业计划书。他就靠这两页纸拿到了创业所需的 270 万美元启动资金。

海曼笑称："现在，时间是我最大的敌人。"他和很多商业人士一样，认为"市场瞬息万变"，不值得花几个月时间来写一份完美的商业计划书。

满怀激情的创业者可以在几小时内就写完一份商业计划书，因为他们的目标非常明确：我要干一番事业，而不是在纸上谈一番事业。

资料来源：Marcia Layton Turner. http://magazine.cyzone.cn/articles/201211/2740.html.

正如罗伯特·谢勒（Robert F. Chelle）所言，"创业之路如同在大海上航行，漫无边际，深不可测，所以必须认真调查，花费时间，制定合理的商业计划"。创业计划书不仅是创业者成功创建新企业的路线图，还是管理新企业的第一份纲领性文件和执行方案，能够帮助创业者团队厘清创业思路，明晰企业发展蓝图、战略、资源以及人员匹配要求。创业计划书关乎整个创业活动的成败，创业的过程就是实现创业计划书并不断改进的过程。

表 3-4 列出了制定创业计划的意义。

表 3-4 创业计划的意义

意义	说明
实现创业构想的指南	帮助创业者记录许多创业的内容和构想。具有指南作用，可以让创业者排除不确定因素的干扰，按计划实现创业构想。
获得经营资源的工具	是对一个企业或项目是否真正有投资或经营价值的评价。投资者以此为依据来考察创业者是否能清晰分析和把握企业将面临的方方面面的问题，创业者是否拥有与创业成功相关的知识、能力、经验，所提供的产品或服务是否具有市场竞争力和良好的市场前景，并且考虑能否获得预期的回报。
获得员工支持	创业计划书描绘出企业的发展前景和成长潜力，使员工充满信心，同时明确了企业从事的项目、活动以及自己充当的角色。
获得重要客户	创业能否成功取决于客户对新产品的接受程度。创业计划书能为客户提供充分的新产品信息，使其对新产品充满信心，购买或承诺建立长期稳定的合作关系。
获得重要供应商的支持	好的创业计划书能为供应商提供详细的信息，使其充满信心。
实施创业管理的依据	记录了创业者在创业实践之前根据哪些数据、运用何种方法和工具对未来做出预测、判断和选择。可以用它来证明创业者有能力处理新企业所面临的各种问题。

3.3 创业项目调研

创业项目调研主要是围绕创业项目的产品、客户、商业模式等开展的调查，它既是项目论证的重要步骤，也是搜索和筛选项目信息的有效手段。可以说，做好项目调研，是选对和选好创业项目的必要保障。

在实践中，市场调查包括对产品（或服务）的市场需求情况和需求趋势、行业发展的现状及前景、竞争对手的现状等所进行的调查。市场调查是撰写商业计划书之前必须进行的重点步骤之一，它的开展决定了商业计划书的论据是否充分。

创业项目调研的具体内容如表 3-5 所示。

表 3-5　创业项目调研

项目	调研内容
市场需求	包括在现有市场对你的产品（或服务）的消费需求以及需求趋势所进行的调查。
客户调研	调查的内容包括购买心理、购买动机、购买能力、购买模式和购买影响因素等。是对客户需求的一个了解过程，了解即将开发的产品或服务是否能够满足客户的需求。 客户每一次购买行为的产生、发展直到结束，并不是一件简单的事情。要了解在客户的购买过程中，客户为什么买、在哪里买、什么时候买、向谁买以及怎么买、购买的心理活动等。
经营环境	指对社会和文化环境、经济和科技环境、政治与法律环境等宏观环境的调查，创业者需要了解的政策包括人力资源和社会保障部门、就业指导部门、小企业服务中心等制定的各项政策。
竞争对手	指对本领域其他经营者经营现状的调查，包括他们的营销策略、渠道策略、价格策略、广告策略、财务状况等，做到知己知彼。
行业	对即将从事的行业有一个全面的了解。分析自己在该行业中的优势和劣势，同时对行业中存在的机会和威胁进行尽可能详尽的调查。
产品	洞悉市场上产品运行的基本情况，要准确定位自己的产品。自己的产品在众多的产品中到底属于哪一类？强势品牌的产品是什么样的外形和功能？面对的分别是什么目标客户？都有哪些产品在销售？
商业模式	把握、学习、效仿同行业企业的商业模式，可以根据自身的情况进行改造。

3.4　创业计划书

3.4.1　投资人眼中的好创业计划书

为了更好地让投资者了解公司的基本状况、市场地位和市场前景，吸引投资者把资金投入到公司中，创业者需要认真撰写创业计划书。它是获取风险投资的敲门砖，也是一份全方位的公司计划，是对公司进行宣传、分析和融资的文件。

投资者眼中的好项目＝好的想法＋创新的产品＋优秀的团队＋强有力的执行，缺一不可，其中执行情况是对前面三个方面是否成立的验证。在计划书的写作中至少要体现这四个方面（见表 3-6）。

表 3 - 6   投资人眼中的好创业计划书

方面	关键点	具体要件
想法	想要解决什么问题？	是否符合市场大势，符合客户需求痛点？该市场的竞争格局下，项目如何定位？
产品	如何解决问题？	用户体验如何？是否有独特价值？是否有竞争壁垒？盈利模式是怎样的？
团队	谁来解决问题？	项目负责人、核心创始团队的结构怎么样？股权如何设置？
执行	执行情况如何？	是否有成功案例？是否得到订单或者客户有采购意向？

3.4.2 基本逻辑架构

创业计划书的基本逻辑应该是一个说服的逻辑或者论证的逻辑。一般可以归纳为三个层次、六项内容，即 4W2H。

（1）需求层。集中在 What（需求痛点、你要做什么）和 Why now（行业背景、市场现状、对手分析）等方面。讲清楚你要做什么，要给投资者提供企业对目标市场的深入分析和理解。讲清楚行业背景、市场发展趋势、市场空间。要说明你在正确的时间做正确的事，而且市场空间大。详见表 3 - 7。

表 3 - 7   创业计划书的需求层

属性	要点	具体呈现
What	用户痛点	客户是谁？他们的需求是什么？他们在哪里？他们有多大规模？他们的购买欲望和购买力如何？ 核心是要突出专注，表明你就想做一件事，而且就想解决这件事中的某一个关键问题。
Why now	内外部分析	通过对宏观和微观市场环境的分析，说明市场机会在哪里、有多大，为什么创业企业及其产品（服务）具有可行性。
	对手分析	了解竞争者应如同了解自己的企业，对竞争者的产品、市场份额和营销策略都应了如指掌。

（2）能力层。集中在 Who（谁来做，是你和团队吗）和 Why you（为什么你能成、你的优势）等方面。讲清楚团队构成、分工和股份。讲清楚你的项目和团队优势。要让投资者相信你要做的事非常有前景，而且你们团队很适合这个项目。回答好两个问题：为什么是现在做这个项目？为什么你们能做成功？详见表 3 - 8。

表 3 - 8   创业计划书的能力层

属性	要点	具体呈现
Who	团队能力	介绍团队主要成员的背景和特长，包括对教育背景、工作经历、专业知识、工作业绩、商业技能、领导能力、个人品质等进行详细描述，向投资者展示他们完成所分配角色的能力。 团队要有合理分工，强调个人的能力适合岗位，团队的组合适合创业项目。

续表

属性	要点	具体呈现
Why now	技术能力	产品的技术原理是什么？产品的技术水平如何？ 对技术性企业来说，研发是企业的生命，应说明研发目的、研发投入、研发力量、研发决策机制等，让投资者对企业的研发及后续发展潜力充满信心。
	规划能力	理解市场需求并对未来产品或服务进行规划。考虑今后几年之内的产品计划，包括现有产品的升级换代和研制新产品。

（3）实现层。集中在 How（如何做，现状如何）和 How much（财务预测、融资计划）等方面。讲清楚商业模式实现的具体方案，包括产品的研发、生产、市场、销售策略。讲清楚前三年的财务情况以及后三年的财务预测。描述这个项目是如何实施的，以及最终达成的效果。详见表 3-9。

表 3-9 创业计划书的实现层

属性	要点	具体呈现
How	业务展示	产品、技术或服务能否解决现实问题，或者能够在多大程度上解决现实问题，或者能否帮助客户节约开支、增加收入，即增加客户价值。 可行的营销计划，产品或服务如何销售给目标客户。产品策略、价格策略、渠道策略、广告与促销策略，以及营销目标（预测）和营销管理方面的计划。 生产营运计划，描述完整的制造过程。
	商业模式	产品规划和创业要小步快走，需要阶段性验证、调整产品思路和商业模式。
How much	投资与回报	对整个计划进行经济分析，说明企业是否能够盈利、企业财务是否安全、需要多少资金、投资回报是多少等问题。

3.4.3 创业计划书的撰写

创业计划书正文一般包括产品/服务/技术方案描述、市场分析及定位、商业模式、营销策略、财务分析、风险控制、团队与管理几个模块。在此基础上，可增加项目概要、附录。具体的模板如表 3-10 所示。

表 3-10 创业计划书编制模板

1. 封面、目录及标题
2. 创业计划概要
3. 创业企业简介
4. 产品和服务
5. 市场分析
6. 营销计划
7. 生产营运计划
8. 组织计划
9. 财务计划与投资报酬分析
10. 风险评估
11. 附件

不存在统一的或者标准结构（格式）的创业计划书，以上模板的结构和内容仅供参考，在涉及具体创业项目时可以改变顺序以及调整内容。

延伸阅读

风险投资公司最希望收到的商业计划书

风险投资公司每天从各种渠道收到的商业计划书很多，但每天用来看商业计划书的时间是有限的。所以我建议第一次给投资人的商业计划书最好用 PPT 做。一方面 PPT 图文排版更方便、表现更丰富，方便讲清楚创业项目；另一方面 PPT 一般是按页查看，让人更有耐心去了解。20 页左右即可，不要刻意控制页数，重在把每块内容说清楚。

第一部分：What——讲清楚你要做什么。用 2～3 页 PPT 讲清楚你准备干一件什么事。不要整页 PPT 都是大段文字，你要做的事应该用一两句话说清楚。最好能配上简单的上下游图或功能示意图，一目了然。这里的核心是要突出专注，表明你就想做一件事，就想解决这件事中的某一个关键问题。不要追求大而全，也不要产业链太长。目前商业巨头明显要做的项目、已经有几家在竞争且获得较好融资的项目不要去做。这样的项目已经有太多失败的教训。不是说你做不成功，而是投资人不感兴趣。成功概率相对低，投资人不愿意同赌。

第二部分：Why now——行业背景、市场现状。用 4～6 页 PPT 讲清楚行业背景、市场发展趋势、市场空间。要说明你在正确的时间做正确的事，而且市场空间大。市场大，不代表有需求。要描述在目前的市场背景下，你的项目抓住了一个用户的痛点。或者你的项目可以为用户带来更高性价比的产品或服务。尽量列出与竞争对手的对比分析，表明当前的商业机会。

第三部分：How——如何做，以及现状。用 5～10 页 PPT 讲清楚实现商业模式的具体方案，包括产品的研发、生产、市场、销售策略。也就是描述这个项目是如何实施的，最终达成的效果是怎样的。建议多研究一下精益创业，产品规划和创业要小步快走，进行阶段性验证，调整产品思路和商业模式。

第四部分：Who——你的团队。用 2～3 页 PPT 讲清楚团队的股份和分工。团队要有合理分工，需要介绍团队主要成员的背景和特长。强调个人的能力适合岗位，团队的组合适合创业项目。项目是靠人来执行的，不同的团队成效不同。要让投资人知道你不是一个人在战斗，有没有团队也从侧面说明了你的个人领导力。当然投给个人的钱与投给团队的钱完全不一样。有些创业者看到网上报道的某某名人获得大笔投资，认为自己的项目更靠谱，应该获得相应的投资。他不知道产生高议价的是团队而不是项目，某某名人有一帮团队和相应的资源在后面。

第五部分：Why you——优势。用 1～2 页 PPT 讲清楚你的项目和团队优势。"事为先，人为重"，让投资人相信你要做的事非常有前景，而且你们团队很适合这个项目。回答好两个问题："为什么是现在做这个项目？""为什么你们能做成功？"

第六部分：How much——财务预测与融资计划。用 2～3 页 PPT 讲清楚前三年的财务情况以及后三年的财务预测。早期项目的盈利不重要，投资人主要对高增长性感兴趣。表明你的融资计划，需要多少资金，准备稀释多少股份。资金需求一般做一年规划，说清楚这一年项目要达成什么目标，达成这个目标需要多少钱。稀释的股份要少于30％，稀释太多你就是打工的了，稀释太少投资人可能不太感兴趣。

建议设定阶段性目标，小步快走。很多投资人会从商业计划书的准备情况来判断创业者的综合素质。所以，商业计划书是创业者给投资人的第一印象！

资料来源：笑面银狐. https://www.zhihu.com/question/23979557/answer/26274290.

3.5 创业计划大赛

对于大学生来说，撰写创业计划书的目的主要是参加创业计划大赛。创业计划大赛起源于1983年的美国。目前，美国已有麻省理工学院、斯坦福大学等10多所世界一流的大学每年举办这一竞赛。雅虎、Excite、Netscape等公司就是在斯坦福校园里的创业氛围中诞生的。

创业计划大赛活动在互联网时代的风险投资浪潮中渐露峥嵘，目前，全球已有30余所大学举办，并形成了一个全球商业计划竞赛网络，成员来自美国、欧洲、亚洲。全球商业计划竞赛每年举行一次年会。1998年，清华大学举办了中国最早的创业计划竞赛。

大学生创业计划大赛是近几年风靡全球高校的重要赛事，不同于其他的大学生第二课堂比赛，它是以技术为背景，跨学科的团队之间的综合较量。竞赛的意义不局限于大学校园，从某种程度上讲，创业计划大赛是高等院校与现实社会、大学生与企业之间的互动与沟通。

从参赛角度看，制作的PPT不要篇幅太长，长度要适宜；母版的选用要简洁大方，避免花哨；色彩搭配要合理，内容清晰，易于观看；要条理清晰，提纲挈领，不宜使用过多文字；论证部分要巧妙使用图形图表。创业计划的讲解要吐字清晰，易于接受；最好由团队中一个善于演讲的人独立完成，不要团队成员轮换进行；脱稿讲解，切忌照着PPT读；讲解者要富于激情，充满自信。如果有可能的话，尽量进行成果展示，或把产品制作成模型，这将是最直观的展示方法，也有助于别人理解项目的可行性。

微案例 3-2 创业大赛年年办，项目转化率不足10%
——大学生创业计划为何难落地

"赛沃沃特环保科技有限公司"是北京建筑大学几名在校学生的参赛项目。"可能在校大学生在洗澡时都有过这样的体会，冷水转变成热水时有很大一部分水都被白白浪费了。所以，我们设计了自动恒温节水设备，据测算，一所学校年节水量可达4 334.375立方米。"一位团队成员告诉记者。

但是在问及以后是否会创业时，他笑着否认了。他说："我现在已经大四了，毕业之后还是更倾向于先工作，毕竟我们的项目本身并不完善，许多设计比较理想化，创业风险比较大。"

"那你们的创业设计岂不就闲置了?"记者追问道。

"其实我们就是奔着获奖来的,这已经是我们第三次来参加类似的比赛了,前两次连决赛都没进,希望获奖之后能对自己找工作有所帮助,毕竟现在的企业特别看重求职者的创新能力。"该学生坦白地说。

据记者了解,在前几届的参赛队伍中,就算最终晋级决赛,但是真正去创业的团队也不超过10%。

资料来源:向倩芸,高靓. 创业大赛年年办,项目转化率不足10%——大学生创业计划为何难落地. 中国教育报,2014-12-23 (1).

解析:

一方面,"不为创业为拿奖",创业大赛处境尴尬;另一方面,从创业大赛走向创业实践,仍然有不小的鸿沟(见表3-11)。

表3-11 创业大赛到创业实践的鸿沟

参赛成功原因: 项目接地气、市场前景广阔 可操作性强、投入不大等	设计方案略显稚嫩,即便有较好的创业思想 从整个项目设计、成本测算,到对国家层面、制度层面的了解以及产品的工业性试验等,都比较欠缺
参赛失败原因: 比赛环节与现实脱节 参赛者只为获奖而来 创业成本太高等	投资人看重团队、经验和执行能力、项目创意、商业模式和盈利模式 参赛队伍团队建设并不健全 在校学生缺乏相关经验,许多参赛团队最终选择不去创业

 游戏与模拟实训

创业项目展示/推介

1. 时间:20~40分钟。

2. 任务:对创业计划书进行5分钟展示/推介。

3. 程序:

(1) 全体同学分成每组4~6人的若干小组。

(2) 用5分钟时间陈述/推介项目。

4. 讨论:

(1) 在制作计划书的时候,你的体会是什么?

(2) 转换身份后,在听创业项目推介/陈述的时候,你的关注点是什么?

(3) 对比实际生活中接触到的一组优秀案例、一组较差设计,谈一谈你的体会。

5. 分析提示:

从风险投资的角度看商业计划书。

● 生意好不好?人行不行?

- 商业计划书/推介。
- 你是做什么的？
- 提供的产品和服务是什么？其独特性在什么地方？主要解决用户的什么问题？
- 你是怎样赚钱的？
- 如何从客户哪里获得收入？市场上这种商业模式是不是已经得到验证了？是不是具备很好的扩展性？
- 你做的这件事能做多大？
- 为什么要投资你？
- 为什么我要投资？

计划管理能力测评

在企业中，计划管理能力是指管理者确定未来目标以及为实现目标而采取执行方式和方法的能力。

请通过下列问题对自己的该项能力进行差距测试。

1. 你通常以怎样的方式做事？（　　　）

A. 制定计划并按计划行事

B. 依据事情到来的顺序

C. 想起一件就做一件

2. 在制定计划前你通常首先做的工作是什么？（　　　）

A. 确定目标　　　　　　　　B. 认清现在　　　　　　　　C. 研究过去

3. 你的计划会详尽到什么程度？（　　　）

A. 每日　　　　　　　　　　B. 每周　　　　　　　　　　C. 每月

4. 你如何制定计划？（　　　）

A. 尽量把计划量化

B. 制定出主要计划的辅助计划

C. 只制定主要计划

5. 当计划的任务在执行过程中遇到困难时，你通常会如何做？（　　　）

A. 想方设法提高执行效率

B. 对计划做一定程度的修改

C. 制定新的计划

6. 面对变化较快的未来环境时，你是否会坚持制定的计划？（　　　）

A. 通常会　　　　　　　　　B. 有时会　　　　　　　　　C. 偶尔会

7. 你通常如何确保制定的计划尽善尽美？（　　　）

A. 遵循科学的计划安排行为步骤

B. 边实施边修改

C. 多征询他人的意见

8. 作为管理者，发现下属偏离了既定计划时，你该如何办？（　　　）

A. 立即校正，保证计划严格执行

B. 重申并明晰既定计划

C. 视偏差情况而定

9. 计划制定后，你是否能够严格按照计划行事？（   ）

A. 通常能　　　　　　　　B. 有时能　　　　　　　　C. 偶尔能

10. 你制定的计划通常能达到何种效果？（   ）

A. 能够有效实现预期目标

B. 行动不再盲目

C. 效果不明显

评分：

选 A 得 3 分，选 B 得 2 分，选 C 得 1 分。

解读：

总分 24 分以上，说明你的计划执行能力很强，请继续保持和提升。

总分 15～24 分，说明你的计划管理能力一般，请努力提升。

总分 15 分以下，说明你的计划管理能力很差，急需提升。

第4章 客户与营销

学习目标 ◀◀◀

- 理解第一批客户的来源。
- 体会先从解决自己的需求/问题开始的重要性。
- 认识客户到底想要什么。
- 明白如何精通自己的用户。
- 了解基本的消费者定位与分析。
- 理解创业初期的营销方式选择。
- 基本掌握创业公司做好公关的要点。

4.1 第一批顾客

种子用户一般指对该业务有实际需求，并且在业务初期容易被转化和留存的用户。国外学者将种子用户归纳为初始用户，强调该用户第一次使用产品或者业务。国内学者将种子用户定义为新用户或者目标用户。

种子用户一般来源于：（1）内部运营人员，包括创始人自己；（2）公司另一款产品的活跃用户；（3）在社交网站上招募的种子用户；（4）预览版发布后有针对性地邀请的体验用户。

微案例 4-1   脸书的第一批顾客?

2004年2月，马克·扎克伯格（Mark Zuckerberg）和他的三个同学，达斯汀·莫斯科威茨（Dustin Moskovitz）、克里斯·休斯（Chris Hughes）以及爱德华多·萨维林（Eduardo Saverin）创立了脸书，起初只针对哈佛学生，之后推广到斯坦福大学和哥伦比亚大学等其他大学。

据扎克伯格透露，前三个月脸书每月运营开支只需要85美元，用于租赁电脑。2004年6月，扎克伯格将脸书搬至硅谷小镇帕洛阿尔托市。当年年底，由于脸书注册用户越来越多，扎克伯格选择了退学，专注网站业务，据称当时用户数量已经达到100万。

脸书植根于哈佛，首先是被设计成由无数个人主页组成的社交地图，主页上可以上传一张分辨率不太高的个人照片以及若干详细的个人简介（兴趣、学校、所选课程等），其中所选课程公开程序最受学生青睐，因为这样大家都可以知道自己的朋友圈在上什么课，什么时候上课，也就知道在哪里可以遇上心仪的女生。

除此之外，脸书的界面非常简洁，除了自己的照片外就不能再上传任何图片，而且非常容易操作。这些到后来都成为扎克伯格设计脸书的基调，广告篇幅过大而影响用户打开网页的速度是不被允许的。

解析：

在其他大学已有类似服务的情况下，为什么早期的脸书还能够成功地拓展到其他的大学？

扎克伯格回答说，这可能是因为脸书引入实名制的缘故。他建立的框架体系允许人们自由地分享个人信息，而斯坦福大学、哥伦比亚大学和康奈尔大学的类似服务则没有相应的设置可让个人自由地表达。

令扎克伯格感到震惊的是，脸书最终成为普通人的社交网络，其知名度远高于那些用更多资源打造自己网络服务的企业。他说："我们只是更专注于它而已。"他凭直觉认为，人们需要它、相信它。

可以先从解决自己的需求/问题开始，如表4-1所示。

表4-1　先从解决自己的需求/问题开始

目的	避免最终做出一个实际上没人用的东西。
手段	先从解决自己的问题开始。
结果	如果我自己就有这个需求，那么它一定是真实的需求；而后，一定会有其他人也有这个需求。
逻辑	因为是自己的问题，我们解决它会有更多的热情和耐心；会对解决方案有更精准的判断标准；更容易体会到解决它的成就感，甚至产生使命感。
争议	做个只能够满足个人真实需求的东西，大抵上很难成为一个创业项目的支撑。

延伸阅读

"先从解决自己的需求／问题开始"是金科玉律吗？

从创业者角度来看，这个问题并不容易说清楚。首先，问题的关键在于，做出只能够满足个人真实需求的东西，大抵上很难成为一个创业项目的支撑。其次，善于观察他人，也是很好的寻找真实需求的手段之一。至于有多少人也有这样的需求，则需要另外考察，还是那句话，具体问题具体分析。最后，从结果上来看，仅仅保证"这是真实的需求/问题"本身是很单薄的——这个问题要足够重要、解决方案要足够有效、市场要足够大、成长空间要足够广阔……

4.2　客户到底想要什么

在获得第一批顾客后，创业者要认真思考，顾客对你的产品（服务）需求的背后，是什么力量（或诉求）在推动，只有这样才能从本质上理解顾客、把握顾客、服务顾客。

微案例 4-2　　　　　　　　　俞敏洪的鸡汤与段子

我的前老板俞敏洪，他会没完没了地在课堂上讲成功学故事，当然，20 多年以后，这些故事成为被人鄙视的鸡汤。他也讲段子，吹吹牛，甚至默许其他老师在课堂上讲段子。交钱来上课的学生们听嗨了，回去该干嘛还干嘛。

可是，学生不就是这样的吗？总有真努力的，于是，显现出来的结果就是那些去新东方学习的学生有不少陆陆续续考出了好成绩，后来出国了……

于是市场开始有反应，那个时期的清华北大学生互相传言："去新东方倒不一定能出去，但不去新东方一定出不去。"

解析：

深入本质还是浮于表面？

20 世纪 90 年代出国留学是硬需，留学考试应试培训也是硬需。但在 20 世纪 90 年代初北京有无数的培训机构，绝不止新东方一家。

俞敏洪是精通他的用户的人。他知道自己的学生不是智商低，不是没毅力，只是需要不断鼓励，间或也需要放松一下。至于什么词根词缀记忆法、各种应付考试的技巧从来不是新东方的核心竞争力。

微案例 4-3　　　　　　　　　各种"百思不得其解"

我的产品这么漂亮，怎么就没人用呢？你看那什么什么，丑得要死，用户体验那么差，怎么偏偏就那么多人用？这个绝对是刚需！嗯，反应竟然并不热烈。抑或看着某一款最近火爆的产品，心想：这是什么狗？

解析：

表 4-2 列出了答案。

表 4-2　精通自己的用户

关注点	说明
从满足自己的需求开始	它一定是真实的需求。
和"别人也有这个需求"相差十万八千里	要多到一定地步的需求才能支撑一个创业项目。
满足别人的需求	会不会有陌生人主动来用？会不会有很多陌生人来用？他们会不会把这个东西推荐给身边的人？
不够精通你的客户	做更深入的、能够获得用户真实答案的调查。 不精通用户，就无法有靠谱的创见，无法做更好的产品，无法更快地成长。
更本质的是什么？	用户要什么就给什么是不对的。 "用户就是白痴"其实是肤浅的看法。
一切能够满足人性弱点的产品都是令用户热爱的吗？	如果你能让用户懒一点再懒一点，那他们就会爱你多一些再多一些。
我是否能做好，做得比别人好，好10倍？	还要看解决方案、要看团队、要看执行、要看是否执着……

因此，要进行消费者定位与分析：

(1) 我的客户群在哪些城市（或乡村），为什么？

(2) 他们在什么时候购物，为什么？

(3) 男性客户多还是女性客户多？他们各自更在乎什么？

(4) 他们的收入状况和社会地位如何？

(5) 他们在生活中最稀缺的人文关怀是什么？

(6) 什么样的功能、形状、颜色的产品和开箱体验会让他们忍不住分享给朋友？

(7) 谁会影响他们的购买决策，为什么？

(8) 购买这类产品的客户有什么特殊性？

4.3　每单生意都全力以赴

作为创业者来说，顾客并不分大小，生意无论大小，每一单都要全力以赴。不论是前互联网时代的生意，还是互联网时代的创业，都是如此。

微案例　4-4　　　　　宝供物流的发家

20世纪90年代初，被宝洁这样的一个大客户看上，使当时还处在个体户形态的刘武颇感紧张。他说："最开始的第一单生意，我记得是发了4个集装箱，通过铁路从广州发到上海。那时我做得非常仔细。宝洁一再重申自己的标准和要求，这使得我们实际上已经很娴熟的具体操作程序又被重新讨论了一遍。在整个发运过程中，我们好像是在照料小孩一样，对宝洁的货物真是呵护备至。"

为了保证这次运输的质量，刘武将集装箱送上火车以后，竟然马上乘飞机去了上海。当时他想，一方面去上海可以现场督战；另一方面可以考察各个环节，拿到第一手资料，这样才能够保证以后的发运避免一些问题，满足客户的要求。

微案例 4-5　　　　　　　　　　　　马云的故事

"中国黄页"上线后，还是没有多少客户找上门来，马云不得不承担起宣传"中国黄页"的重任。由于没钱做广告，马云就挨家挨户地演示、游说。回忆起那段经历，马云至今还是很感慨："我那时名义上是总经理，其实就是个推销员，跟当时上街推销保险、保健品的那些'令人讨厌的业务员'没什么两样。只不过人家是以签保单、推销产品为使命，而我纯粹就是个志愿者。"

对于大公司而言，其最核心的任务是发展。传统营销对于诸如可口可乐、联想、宝洁、比亚迪等已经确立了市场地位的大公司而言是比较行之有效的。这些公司通常都有足够的预算、成熟的团队、宏大的产品推介、健全的分销渠道以及充足的时间。它们可以建立团队来研究市场、研究消费者，搜集大量的数据，通过有经验的统计学专家来分析数据。在投放一个新产品之前，它们可以通过与媒体、分销商、供应商建立的长期关系来控制整个投放流程。

对于创业者来说，通常创业公司只有很少的营销人员，很多时候由创业者本人充当，最主要的挑战是生存，要与那些体量巨大、知名度高、资源丰富的大公司进行竞争。创业营销是一种新的营销思想和营销精神，它回避了传统营销中的很多规则，采用一些新颖的、非常规的营销策略来帮助创业公司在竞争激烈的市场中站稳脚跟。很多的创业营销策略都是因现实的需要而产生的。

营销学大师菲利普·科特勒（Philip Kotler）就曾基于企业生命周期理论提出：当一家公司还很弱小、灵活，并且愿意接受新兴事物的时候，它就会采取一种非正式的营销方式。创业者通过自下而上的方式建立与顾客的接触，他们更偏好与客户互动的营销方式，与现有客户密切合作，依靠口碑效应来发展新的客户。

创业营销通过创新的途径进行风险控制、资源利用以及价值创造，从而进一步识别和利用那些能够获取和留住有利可图的客户的机会（Morris et al.，2002）。传统营销不适用于小企业，而创业营销在增加小企业的市场份额方面起着关键性作用。传统营销与创业营销的比较见表4-3。

表4-3　传统营销与创业营销的比较

传统营销	创业营销
被动对外部环境做出反应	试图影响和重新定义外部环境
迎合消费者	引导消费者

续表

传统营销	创业营销
针对现存市场	创造崭新市场
焦点在于对营销策划组合的有效管理	焦点在于通过关系、联盟、资源管理方法和营销组合为客户创造新的价值
风险最小化	承担必要风险，将风险保持在可控范围内
市场营销是客观的、公平的、科学的	在承认科学与学习的价值的同时，对成功的营销方案中的激情、热忱和承诺给予了肯定
依靠经过验证的公式和确定的经验法则	挑战共同假设的心理学
营销支持公司其他职能领域的创新，特别是研发部门	营销是组织中创业过程的归宿
营销作为功能的起点	营销作为跨学科和跨功能的追求
促销和客户沟通受到营销人员的最大关注	在不同领域的营销组合中，相对投资或资源是针对特定环境的
市场资源稀缺，零和游戏的资源观	无论是资源控制还是追求机遇，资源利用理念都是至关重要的
严重依赖调查研究	谨慎使用传统的研究，采用备选方案（例如引导用户研究、逆向研究）
营销促进交易和控制	营销推进速度、变化、适应性、灵活性

资料来源：谌飞龙. 互联网经济背景下创业营销理论的历史使命. 江西社会科学，2018（6）.

微案例 4-6　史蒂夫·乔布斯 2007 年 1 月 10 日 Macworld 会展主题演讲

乔布斯介绍 iPhone 的一次讲演令人难忘，他面对观众，左手从裤袋里拿出 iPhone，然后缓慢地把手臂伸直，把掌中的 iPhone 展示给大家，一言不发。精美的设计使观众掌声雷动。

等掌声结束之后，乔布斯又做了一个动作，把手中的垂直方向的 iPhone 转成水平方向，观众们看到的是 iPhone 的靓丽屏幕上的画面自动旋转了 90 度——掌声雷动。乔布斯依然没有说话，等掌声平息之后，他的右手伸出两根手指，在 iPhone 的屏上捏了一下，那画面竟然随着手指在屏幕上的滑动缩小了！——掌声雷动，哨声不断。他又把那两根手指松开，画面又展开了！——观众已经彻底疯狂了，更长时间的雷鸣般的掌声响起。

"它是能触摸控制的超大屏幕 iPod，是一部具有革命性的手机，是一个突破性的互联网通信终端。它不是三个产品，而只是一个设备，我们叫它'iPhone'。今天，iPhone 将彻底刷新手机的概念。"

解析：详见表 4-4。

表 4 - 4　真正的销售人员，其实是创业者自己

乔布斯带来的启示：	创始人亲自去推销
● 乔布斯是卓越的销售人员 ● 卓越的销售人员不在说服他人上浪费时间 ● 把时间精力花在去寻找甚至制造需求——真正的需求上 ● 提供一个谁都需要、谁都喜欢的产品或者服务 ● 而后只需做一件事情：展示	● 创始人会带来只有自己才有的对产品的热情 ● 吸引第一批客户 ● 你能收集到决定你的产品上线的无数理由 ● 多去听你的客户说话（痛点） ● 寻找一个可扩展的和可重复的经营模式 ● 自己销售产品能为你的员工定下工作基调 ● 节省资金
做足功课 ● 销售之前，做足功课，找到真正有用的产品或者服务，展示就可以了 ● 尽最大努力去发现用户的需求，试图对顾客的问题进行深入了解，这才是真正伟大的销售奥秘	真正的销售人员，其实是创业者自己 ● 你是创始人，你不干谁干？你不会谁会？ ● 必须你干，只能你干，没有其他选项，也没有任何借口 现实中"回避困难"的情形： ● 很多创业者找个"销售专家" ● 把最难的事情交给别人干，企图让困难、困境自动消失，这从来都是弱者一贯的选择

4.4　适合创业者的营销

4.4.1　创业导向的营销

创业营销处在环境变化、情况复杂、资源缺少的情况下，要通过积极的开发和识别市场机会，运用创新方法开发并维系潜在客户，是一种创业导向的营销。

微案例　4 - 7　　　　　　　　**不花钱的小米营销**

　　我带队启动小米第一个项目 MIUI 时，雷总就跟我说，你能不能不花一分钱就做到 100 万用户？方法就是抓口碑。因为你没钱可花，要让大家主动夸你的产品，主动向身边的人推荐，就只能专心把产品和服务做好。

　　2011 年 6 月，我们开始找小米手机的营销负责人，我跟雷总见了若干人，来的人总爱跟我们说，"你去打广告""你去开实体店"……我们很失望，小米要找的不仅是销售，而且是一个真正理解互联网手机理念的人。

　　两个月过去了，还没有找到合适的人，雷总说："阿黎你上吧。"

　　一开始，我们做了一个 3 000 万元的营销计划，想借用凡客已有的媒介资源计划做一个月的全国核心路牌推广，结果当面被雷总"拍死了"。他说："阿黎，你做 MIUI 的时候没花一分钱，做手机是不是也能这样？我们能不能继续不花一分钱去打开市场？"

当时我的第一反应是，做 MIUI 系统，用户是不花钱就可以使用的，做手机，用户是要花钱购买的。那时候，我心里也会打个问号：手机是 2 000 元的东西，如果你最后不花一点广告费，让用户来买单，是不是真的可行？

小米是全新的品牌，没有钱，没有媒介，没有广告投放。没办法，我们只能死磕新媒体。

解析：

在创业企业的营销活动中，既有一般意义上围绕创业产品的传统市场营销，也有顺应时代解决创业项目资源缺乏问题而出现的创业营销（见表 4-5），那么，这样的创业营销该如何表达？所谓创业营销是指创业者凭借创业精神、创业团队、商业计划和创新创业成果等要素构成的创业项目，运用营销思维和杠杆效应，获取创业企业生存发展所必需的各种资源的过程。

通俗地讲，创业营销就是创业者围绕创业机会和创业项目，挖掘自有优势，运用项目包装、路演、推介等营销手段，借力杠杆作用，撬动创业所需的资本资源、智力资源、战略资源等的行为过程。

表 4-5　创业企业的营销活动

对比项目	市场营销	创业营销
谁做营销	从社会上聘用的业务员等营销人员	创业者以及以创业者为中心的创业团队
向谁营销	以顾客为中心的社会组织和社会大众，表现为各类顾客、客户、消费者等	以资源拥有者为中心的社会组织和社会大众，主要包括投资者、合伙人、政府机构等组织和个人
营销什么	产品或服务	由创业创意、创业精神、创业团队、商业计划和创新创业成果等要素构成的创业项目
如何营销	4P、STP、CRM 等营销形式	运用营销思维和杠杆效应，开展创业项目的包装、路演、推介等
营销目标	促使顾客接受其产品或服务，并为之付费	获得创业项目生存发展所必需的各种资源，通俗地说就是"融资融智融资源"

资料来源：谌飞龙. 互联网经济背景下创业营销理论的历史使命. 江西社会科学，2018 (6).

4.4.2　游击营销战术

创业营销策略讲究投资少、见效快。创业者在一定情况下需要寻找一些营销策略上的"捷径"。寻找捷径并非易事，创业者需要发挥创造力和想象力，以弥补营销支出的不足。这些营销"捷径"或营销战术统称为游击营销（guerilla marketing）。

游击营销最初是杰伊·康拉德·莱文森（Jay Conrad Levinson）在《游击营销》一书中提出的概念。游击营销通过巧妙借助公共区域（街道、商场等）的元素，用最低的成本实现最大的品牌曝光。

表 4-6 列出了适合创业企业的游击营销战术。

表 4-6　适合创业企业的游击营销战术

战术	解释
偷袭营销	这是瞒天过海在创业营销中的精确运用。通俗来说，偷袭营销就是企业本身并不是某赛事或活动的赞助商，却运用某些非常规手段建立和赛事活动的联系，让消费者误以为该企业就是赞助商。
街道营销	街道营销利用街道马路上的各种元素直接接触顾客，用独特的设计吸引顾客注意，从而形成更深刻的品牌记忆。街道营销可以使用传统的广告形式，如广告牌和宣传页等。但这些广告的传播形式不是被动地等待被顾客注意，而是主动出击，用别出心裁的设计引起顾客的兴趣。
草根营销	利用群众的力量进行营销。单个顾客的力量可能微乎其微，但"星星之火，可以燎原"。人数众多的顾客形成合力，就能把一个品牌或者活动的影响传播放大。
病毒营销	最关键的一环是在网络、微博、微信中把创意传播出去。让人们看到、关注、关心、转发是病毒营销的内核。真正的病毒营销通过创意让人们自发地、主动地传播。
增长黑客	增长黑客是对所有的以增长为最终目的的营销战术的统称。由于缺乏资金和经验，增长黑客的营销方式主要集中在创新、可规模化以及用户的相互连接。通常把用户的获取、注册、获利、保留以及病毒式传播等潜在的增长与产品本身巧妙地结合在一起。
社群营销	社群营销是一种建立在关系和网络上的创业营销方式，这种方式注重通过那些以产品用户社群（诸如用户俱乐部、网上社群、粉丝群等）来交流产品功能特性的用户创造产品和品牌形象。

微案例　　4-8　　　　　　　　　　　　电子邮箱 hotmail

　　曾经红极一时的第一款基于网页的电子邮箱 hotmail，就是一个成功的增长黑客营销的案例，它的创始人杰克·史密斯（Jack Smith）和印度企业家沙比尔·巴蒂亚（Sabeer Bhatia），就靠着一个看似平常的点子，成功地将 hotmail 的用户在短短的六个月之内增至 100 万。这个数量放在今天可能不算什么，可是不要忘记在互联网刚刚兴起的 1996 年，很多人压根儿不知道互联网为何物。史密斯和巴蒂亚采取的营销策略其实很简单，就是在每份通过 hotmail 发送的邮件底端加了一句话"PS：I love you．Get your free e-mail at Hotmail."紧接着他们又采用同样的策略在五周后将用户数量翻了一番。随后发生的事情可能很多人都知道了，微软以 4 亿美元的天价收购了这家成立不到一年半的创业公司，并于 2013 年将 hotmail 更名为 Outlook。

　　解析：

　　很多独角兽的创业公司例如 Hotmail、谷歌、推特、脸书、Dropbox、YouTube、滴滴、微信等曾经采用增长黑客的营销方式来建立品牌和提高利润。

　　虽然不同的公司会采取不同的增长黑客策略，然而无论如何变化，这些公司最终的目的都是快速增长。它们会成功地将一种"病毒"植入到获取用户的环节。新用户通常会从他们的人际网络中听说某种产品或服务，在成为这些产品或服务的用户的同时又将相关的信息在自己的人际网络中分享出去。这样一种类似于漏斗形状的过程（包括客户获取、激活、保留、盈利、推荐给亲友）会无限循环下去，促使用户数量指数级增长，而无论优化这个漏斗中的哪一个环节，都会让其中最有优势的环节获得更多的用户。

微案例 4-9   **科幻电影《星球大战》**

风靡全球的好莱坞科幻电影《星球大战》1977年一经推出，就拥有了无数星战迷，这些星战迷不仅积极地讨论电影，而且热衷其各种衍生品，例如漫画、小说、动画、游戏、玩具、Cosplay等。这形成了一种属于他们的文化，每年的5月4日被星战迷们定为星球大战日，每到这一天，全世界的星战迷都会狂热地庆祝属于他们的节日。他们会用暗语互相打招呼："May the 4th（取force的谐音）be with you!"收到这个暗语的人也会用星际迷语言回应："May the 4th be with us all!"40多年来，基于星迷社群的营销获得了巨大的回报。

解析：

对于创业公司来说，在拥有了一定数量的用户群体后，社群营销将会大大地降低营销费用以及提高营销效果。

社群营销会围绕某些关键词或者名人效应来发挥最大的价值，因为提高用户权益的一个重要方面就是增加用户在社交网络上的参与度。比起人为地建立和维护一个社区，用户自己建立和维系的社区将会产生更多的交流和互动，从而产生更多的用户权益，以进一步对产品和品牌进行推广。他们喜欢在这样一个虚拟的空间里无拘无束地表达自己的意见和建议，也可以提出或者回答一些产品使用中遇到的问题。营销学者通过研究发现，将产品推广给新用户的成本是向现有的社群用户推广的成本的6～7倍，很多知名的大公司如耐克、星巴克、苹果等也开始积极地拥抱这一创业营销方式。

资料来源：杨晓明，赵彦辉，隋静. 创业营销——一场颠覆传统营销的革命. 清华管理评论，2019（6）.

4.4.3　创业项目孵化包装推介

一般的创业公司通常把大部分精力投入以下几个方面：用户、产品、团队以及分销策略。创业公司如果能做到这些，就极有可能获得成功。然而，多数创业企业因为缺乏资源，在还没走到那一步前就可能宣告失败，所以创业公司在走上正轨之前，还必须将精力放在"营销创业梦想"（创业营销活动的一部分）上，阐述自己未来如何成为一家有价值的公司，以获取项目运营所需的资源支持。这对于创业公司而言非常重要。在创业营销的道路上，大致经历创业项目孵化、包装、推介的过程，在此，将之称为创业营销三部曲（见图4-1）。

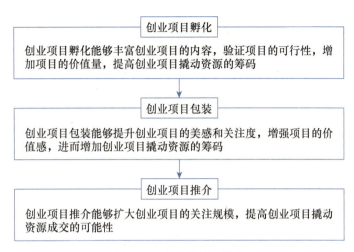

图 4-1　创业营销三部曲

资料来源：谌飞龙. 互联网经济背景下创业营销理论的历史使命. 江西社会科学，2018（6）.

　　然而，有少数创业者在创业过程中存在违背创业营销原则、夸大创业产品市场效果、美化创业团队出身、虚报融资金额、骗取创业补贴、吸引投资后减持套现等欺骗行为，在社会上造成了创业融资、创业营销是一种"骗局"的认识。事实上，产业企业、资本机构对创业项目的选择非常严格，会有非常专业的尽职调查过程，以对风险、收益做好基本预判。但是，为什么还会出现创业"骗局"之类的认识？创业者故意欺诈虽然存在，但其实是小概率事件，否则像 BAT（百度、阿里巴巴、腾讯）等大企业不会每年进行大量的创业投资。由于创业失败率高，多数执着于创业的创业者可能成为"连续创业者"。徐小平坦言："公司一年大概会投资 100 多个项目，这些投资更偏向于连续创业者。"李开复说："连续创业者容易成功。"因此，创业者必须视信誉为职业生命，诚信创业、勤奋创业，通过打造创业者品格、建设创业者个人品牌，为后续创业活动争取更多的资源支持。

4.5　什么才是最好的公关

微案例　4-10　　　　　　　　徐小平谈公关

　　我于 1996 年 1 月加盟俞敏洪创办的新东方，那时候新东方已经有一定的规模和口碑。俞敏洪更懂得做公关，他主要的公关手段就是到处做奋斗演讲，只不过俞敏洪有个习惯——他不喜欢在媒体上发声。

　　我来到新东方后，看到新东方神奇的培训效果、一"证"（听课证）难求的报名盛况，以及有口皆碑的名声，觉得这样的企业不做点宣传实在可惜。我当时想：新东方是不是该多在媒体宣传上下功夫，上电视、登报纸？我把这个想法跟一位也是做企业的朋友聊，他说："企业为什么要做宣传？宣传是为了销售。假如产品供不应求，为什么要做宣传？"

但过了两三个月，也就是1996年3—4月，发生了一次GMAT考试考题泄露事件，北京电视台找到新东方，问泄露事件跟新东方有没有关系。当时我正好在办公室，话筒对着我，如果我不发声，那观众都会认为新东方默认偷题；如果我说话，我应该说些什么？由于平时跟媒体没有往来，新东方的知名度并不是很高。突然间发生了这个事情，让新东方很被动。这也让我意识到，正在迅速崛起的新东方必须建立自己的话语体系，必须有自己的媒体战略。也就是说，必须建立自己的公关系统。

同年6—7月，我开始每周六晚上去北京人民广播电台做一个名叫《海外北京人》的直播节目。1997年初夏的一天，新东方被匿名举报，一直告到了高层，不知名的举报者对新东方进行了各种污蔑。彼时的新东方若是还那么弱小，我们怎么回应这些有可能导致新东方毙命的攻击？

资料来源：徐小平. 创业公司一定要做公关. 经理人杂志, 2019 (3).

微案例

4-11 **贪婪是魔鬼，一亩田自杀重生**

2015年7月，对于创办4年的一亩田来说是一段既高兴又忐忑的日子。高兴是因为一亩田受到关注，忐忑的是被质疑数据造假。

据介绍，7月下旬一亩田突然出现在各家媒体上，一时间"互联网＋重塑农业生态""粘着泥巴搞电商""解决农产品滞销"的赞誉扑面而来。当时的数据显示，"6小时前刘老板采购了999.999吨毛桃""9小时前老板采购了1 073 741.823 5吨洋葱"等，这些光鲜的数字透露着"亩产万斤"的浮夸风。

树大招风，2015年7月28日，网友这样质疑：盛产洋葱的西昌，一个市的洋葱产量也不过30多万吨，我想知道哪个种植大户种出了107万吨的洋葱，还一口气都卖出去了?!

7月30日下午，一亩田官方回应称，平台上的部分数据只是测试数据，是产品出现漏洞，前台展示的数据和后台交易的数据完全不同，并强调其平台日交易额集中在移动端，不存在造假现象。一亩田公开了过去一年的交易后台数据。截至2015年6月，其交易流水达到了153亿元，仅6月20日到7月21日期间，一亩田的流水总额达到99亿元，交易订单数65 602单，日均3.2亿元。

据报道，有媒体在走访一亩田旗舰店、一亩田农产品商务平台、相关行业经销商后发现，一亩田线下员工存在通过返利的方式刷交易额的现象。

资料来源：媒体训练营, 2016-11-28.

解析：

公关是打造企业梦想极其重要的一部分。在创业过程中理解公关的重要作用，重视公关、善用公关，让目标市场足够了解、理解以及认同企业，最终让其创造出知名品牌。

初创公司要有强烈的公关意识，要有系统的公关打法，同时要发展出一整套自己的公关话语体系。这个公关话语体系实际上就是企业话语体系，也就是反映了企业风格、文化、价值观的一整套说法。

创业公司的公关要有花小钱办大事的效果；要在行业中攒人气，借以提高身价；要给目标投资者留下"一鸣惊人"的印象。

公关是一把名副其实的双刃剑，自媒体时代，常出现"上午天堂，下午地狱"、被扒得只剩下内裤、一夜之间从创业小明星变成万人唾骂的骗子的案例。

公共关系（public relations）简称 PR 或公关。狭义的公关，是跟媒体和意见领袖打交道的学问，通过这些渠道讲述自己独特的产品功能、品牌特点，在用户心目中营造对品牌的牢固认知。广义的公关，是利用一切可以传递声音的渠道，按照正确的步骤，把自己需要传递的信息推送给目标用户。

表 4-7 列出了创业企业公关传播的关注点。

表 4-7　创业企业公关传播辨析

公关传播	经验之谈
● 内容撰写、热点借势、核心信息植入、传播媒体选择、维护	● 给媒体和公众一个真实的、可接受的形象 ● 如果你是一只小猫，就不要把自己描述成老虎
影响因素 ● 订阅号维护人的素质、发布的时间点、有没有其他热点冲撞等 ● 媒体的碎片化，不要忽视百度百科、微博、朋友圈、Qzone、知乎、手 Q 等 ● 意见领袖群体，包括草根意见领袖 ● 时间因素：路遥知马力	不要自我膨胀/拔苗助长 ● 勿过早地吸引巨头竞争对手的注意力 ● 勿吸收太多的、自己无法掌控的资金 ● 勿令团队成员产生不切实际的收入期望
创业公司常见的公关问题 ● 迷信公关万能 ● 以为 PR 无须花费和预算 ● 花这么多钱，能带来多少用户？ ● 100 000＋点击量＝效果顶呱呱？ ● PR 与公司的其他职能出现冲突 ● 过早需要外包 PR 公司 ● 被忽悠做虚假营销活动 ● 付费采访、付费上稿等 ● 拿 PR 当广告 ● 企图让 PR 承担不应有的目标 ● 有不切实际的期望	创业公司做好公关的要点 ● 在正确的时间进行正确的 PR ● 有了初步的媒体曝光、与公众沟通需求之后，需要有适当的 PR 人员 ● 选择适当的媒体，注重传播活动的实际效果 ● 注重意见领袖，要有社交媒体推广计划 ● 你的产品要先做好准备 ● 自己要先搞清楚：你是谁？ ● 创造一个你的故事，用来分享 ● 让首席执行官/创始人引人注目

 游戏与模拟实训

航空公司定价游戏

1. 时间：20～30 分钟。

2. 任务：分组代表航空公司在市场上经营。

3. 程序：

（1）全体学生分成 5~6 个组。

（2）小组讨论 5 分钟之后，需要做出最终的决策：降价还是不降价。

4. 讨论：

（1）作为小组代表，在和别组代表讨论时，你的出发点是什么？

（2）回到自己的小组中，你们的决策是在什么基础上产生的？你们是否遵守了几个小组达成的共识？

（3）你们是否运用了博弈理论？

开箱体验训练

1. 时间：20~40 分钟。

2. 任务：考虑你曾经收到的产品，对打开快递箱前后的情形做出描述和评价。

3. 程序：

（1）将全体人员分成每组 4~6 人的若干小组。

（2）要求在 10 分钟内，选择最多不超过三种收到的产品，对接收快递前后和开箱前后的情况进行描述。

4. 讨论：

（1）在打开快递箱的时候，你作为顾客都关心什么？

（2）作为创业者或者运营商，你怎么认识开箱体验及其成本问题？

（3）对比实际生活中接触到的一组优秀案例、一组较差设计，谈一谈你的体会。

第 5 章　团队与人才

学习目标 ◀◀◀

- 理解初创团队的特点。
- 了解担任领导者的必要条件。
- 认识成长中的团队应该包含什么角色。
- 明白文凭背后的逻辑。
- 了解能成大器的人都有什么特征。
- 了解创业团队的特征。
- 正确认识创业者困境。
- 认识创业团队的合理规模。

5.1　创业团队

5.1.1　创业团队的组成

创业团队是由技能互补、贡献互补的创业者组成的特殊群体，该群体在一个共同认同的、能使彼此担负责任的程序规范下，为达成高品质的创业结果而共同努力，相互协作，共同担当。

狭义的创业团队是指具有共同目的、共享创业收益、共担创业风险的创建新企业的群体；广义的创业团队则不仅包括狭义创业团队，还包括与创业过程有关的各种利益相关者，如风险投资者、专家顾问等。

创业团队不一定人数多，但是要结构合理。创业团队成员一般不能是清一色的技术型的，也不能全部是搞终端销售的，优秀的创业团队成员各有各的长处，大家结合在一起，正好相互补充、相得益彰。表 5-1 列出了优秀的创业团体应包括的成员。

表 5-1   优秀的创业团队必须包括的成员

类别	说明
创新意识非常强的人	决定公司未来发展方向，相当于公司的战略决策者
策划能力极强的人	能够全面分析整个公司面临的机遇与风险，考虑成本、投资、收益的来源及预期收益，甚至包括公司管理规范、长远规划设计等工作
执行能力较强的人	具体负责执行，包括联系客户、接触终端消费者、拓展市场等
研究高手	技术类的创业公司必需的人才
其他人才	掌握必要的财务、法律、审计等方面的专业知识

创业团队成员在创业初期把创建新企业作为共同努力的目标。他们在集体创新、分享认知、共担风险、协助进取的过程中，建立了特殊的情感，创造了高效的工作流程。

创业团队工作绩效大于所有成员独立工作时的绩效之和。虽然每个创业团队成员有不同的特质，但他们相互配合、相互帮助，通过坦诚的意见沟通形成了团队协作的行为风格，能够共同对拟创建的新企业负责，有一定的凝聚力。

创业团队是高层管理团队的基础和最初的组织形式。创业团队处在创建新企业的初期或小企业成长早期，在现实中往往被人们称为"元老"。高层管理团队则是创业团队组织形式的继续。虽然在高层管理团队中可能存在部分创业时期的元老，也可能没有创业元老，但高层管理团队的管理风格在很长一个时期内是很难彻底改变的。

微案例   **5-1**   **团队的组建**

《西游记》中由唐僧率领的取经团队被公认为一支"黄金组合"。

但是在创业路上，并没有那么巧的机缘和条件，能幸运地集聚到这样四个不同性格的人。所以，如果只能从这四个人中挑选出两个人来作为创业成员的话，你会挑选哪两位？在一次活动中，牛根生客串主持人，向马云和俞敏洪提出了这样一个问题。

俞敏洪选沙僧和孙悟空，马云选择了沙僧和猪八戒。两人都选择了耿直忠厚的沙僧，但是关于另一个人选，两人的选择却很有意思。

解析：

马云这样解释他为什么选择猪八戒："最适合做领袖的当然是唐僧，但创业是孤独寂寞的，要不断温暖自己，用左手温暖右手，还要一路幽默，给自己和团队打气，因此我很希望在创业过程中有猪八戒这样的伙伴。当然，猪八戒做领导是很欠缺的，但大部分的创业团队都需要猪八戒这样的人。"

俞敏洪不赞同马云的选择，他认为猪八戒不适合当一个创业伙伴，猪八戒是很能搞活气氛，让周围的人轻松起来，但是缺点也很突出，那就是不坚定，需要领袖带着才能往前走。而且猪八戒显然没信念，哪里好就会去哪里，哪有好吃的就往哪去，很容易在创业过程中发生偏移，企业有钱时会（大赚一笔后）离开，企业没钱时也很可能会弃企业而去。而孙悟空就不会这样，他是一个很理想的创业成员。

　　俞敏洪列举了他的理由，孙悟空的优点很明显：第一，有信念，知道取经就是使命，不管受到多少委屈都要坚持下去。第二，有忠诚，不管唐僧怎么折磨他，都会帮助他一路走下去。第三，有头脑，在艰难中会不断想出解决办法。第四，有眼光，能看到别人看不到的机会和磨难。

　　当然，孙悟空也有很多小毛病，会闹情绪，撂挑子，所以需要唐僧必要时念念紧箍咒。但是，在取经路上，孙悟空所起到的作用是至关重要的。如果将西天取经比喻成一次创业过程，孙悟空就是其中不可或缺的创业成员。

5.1.2　个人还是团队

　　在创业过程中个人还是团队更重要？表 5-2 给出了分析。

表 5-2　个人和团队谁在创业过程中更重要

个人＞团队	团队＞个人
● 个人英雄表现 ● 有完全掌控新企业发展的欲望 ● 不喜欢合伙人介入 ● 想要的是员工而不是合伙人 ● 不愿受内部合伙人或外部投资者的控制或制约	● 人心齐，泰山移 ● 多个创业者之间 　—优势互补：知识、经验、技能 　—单打独斗有可能延误企业的发展，使企业"胎死腹中" 　—创业者/搭档的能力和关系决定企业能走多远 ● 投资家 　—"宁要一流的人才和二流的项目，也不要一流的项目和二流的人才"

　　每一位创始人都可能有完全掌控新企业发展的欲望，并希望所有成员都能在他的指挥下行事。

　　调查显示，团队创业成功的概率要远远高于个人独自创业。

　　（1）成功的创业个案大都与是否有效发挥团队合作精神密切相关。

　　（2）在创业成功的公司中，有70%都属于团队创业。

　　（3）一个人不可能具备创业所需要的所有技能和资源，要想单枪匹马地发展一家潜力巨大的企业是极其困难的。

　　（4）如果创业者不顾实际情况，一门心思想单打独斗，就很有可能延误企业的发展。

5.2　成长中的团队

5.2.1　创建者

　　在企业创建初期，创建者的知识、技术和经验是企业最有价值的资源。

投资者常常通过评估企业创建者和最初管理团队来判断企业未来的发展前景。特别是创建者的水平和能力非常关键，包括研究能力、洞察力、创造力和计算机技术在内的创业能力。前期创业经验、相关产业经验和网络关系也是企业创建者取得成功的重要保证。

创建者的特征如表 5-3 所示。

表 5-3　创建者特征

特征	说明
由团队创建企业	与个人创建企业相比，团队创办新企业能为企业提供更多的资源、更多样的观点和更广泛的项目选择。
受教育水平较高	事实表明，高水平的教育能够提升重要的创业技能。
前期创业经验	具有前期创业经验的创业者要比刚刚接触创业的创业者更熟悉创业过程、更有可能避免犯重大错误。
相关产业经验	与没有相关产业经验的创业者相比，具有新企业所在行业经验的创业者更有可能拥有良好的职业网络关系以及实用的营销和管理经验。
广泛的社会和职业网络关系	具有广泛的社会和职业网络关系的创业者，很有可能获取额外的技能、资金和消费者认同。

资料来源：布鲁斯·R. 巴林格，等. 创业管理：成功创建新企业：第 3 版. 杨俊，等译. 北京：机械工业出版社，2010.

5.2.2　领导者

作为一个优秀的创业团队，必须要有一个可以信任的领导者。这个领导者通常是团队成员在多年同窗、共事过程中，久经考验，发自内心的认可与接受的人。事实上，领导者并不是单纯靠资金、技术、专利等来决定的，也不是谁的点子好谁当头的。

微案例 5-2　《西游记》中的领导者

《西游记》里的师徒四人，历经磨难，实现了目标。四大名著中，只有《西游记》中师徒四人是一个成功的团队，其他的到最后都是一盘散沙。究其根本原因，是他们拥有一个好领导——唐僧。

解析：详见表 5-4。

表 5-4　唐僧的领导者魅力

魅力	说明
优秀的协调者	唐僧不高估自己，有自知之明，他不会用自己的短处来应对这个世界，这就是他的长处。领导不需要有特别优秀的专业技能，但他要善于把最优秀的人集合到自己手下，让他们为自己工作。
对手下宽容	唐僧对自己的徒弟很宽容，特别是对最重要也最有个性的孙悟空。
善于用人	让每个下属的长处都有施展的空间，唐僧很好地发挥了三个徒弟的长处。一个团队需要个性化的成员共存。
有明确的愿景目标	唐僧对团队的目标坚定不移，信心坚定。领导为团队成员提供一个愿景目标，下属也都愿意跟随一个有愿景的领导。

续表

魅力	说明
心态平和，不急功近利	唐僧遇到阻碍不灰心，取得成绩不沾沾自喜，一步一步地接近自己的目标，始终保持良好的心态。这是领导者魅力的核心部分，因为一个领导者遇到的困难要比任何一个下属遇到的都要多、都要严重。
对下属恩威并重	唐僧对每一个徒弟都有恩情，但对他们从来都是赏罚分明。
有后台	对于一个领导者来说，后台是可利用的资源，充分利用这个资源有利于团队目标的实现。关键时刻，观音菩萨出手，有助于唐僧师徒实现自己的目标。
形象好	团队最主要的形象取决于领导的形象，这个形象是外在和内在的结合。保持良好的形象是领导者必备的素质之一。

资料来源：李肖鸣. 大学生创业基础. 4 版. 北京：清华大学出版社，2018.

　　无论什么样的团队，都有一个核心人物，就是这个团队的领导者，在企业初创期，创业者就是这个领导者。而一个团队的绩效如何，关键取决于这个领导者的胸怀和魅力。

　　领导者是创业团队的灵魂，是整个团队力量的协调者和整合者，其能力和行为对于创业团队高效运转，乃至创业项目的实施都有着至关重要的作用。

5.2.3　核心员工

　　新创企业的首要问题就是"用错人要付出高昂的代价"。与成熟的大企业不同，新创企业的用人不能以"态度好"为标准，而是要看一个人能否实现价值增值。创业团队中的每一个人都十分重要，如果不能给企业创造价值，就应该令其离开创业团队。

微案例　5-3　　　雷军：创业，我用 80% 的时间招人

　　当我有了这样的方向以后，不瞒大家说，我用表格列了一个很长的名单，一个个打电话去找。很多创业者总是抱怨说找不到人，我就跟他们开玩笑说："三条腿的蛤蟆找不到，两条腿的人一大把，关键是看你找了没有。"其实抱怨找不到人的创业者是因为在找人上花的时间不够，找人确实是天底下最难的事情。

　　大家仔细想一想，如果我找一个硬件工程师，他肯定觉得雷军不靠谱，甚至并不了解雷军是干什么的。我拿到的只是那个人的电话，我需要那个人接起我的电话，并且愿意跟我聊十几分钟，聊完以后我要说服他出来跟我喝杯咖啡，其实这是挺不容易的。我就是这样打了九十几个电话，一个个约出来聊。

　　我跟一个硬件工程师谈了十个小时还没有说服他，最后用一个无赖的招说服他了。因为他就是不相信小米这个模式，不知道我到底怎么能够挣钱。我跟他讲了几十种方式，可还是说服不了他。对做硬件的人来说，他了解小米的模式是有困难的。直到我对他说："你有钱还是我有钱？如果你认为我比你会挣钱，要不把挣钱的事情交给我，你把产品做好就行。如果我全教给你，我还拿什么混饭碗呢?"

我跟他谈到晚上12点，他说这一条说服了他，就是我肯定比他懂怎么赚钱，否则的话我就挣不到钱。我在说服硬件人才时花的精力远远超出想象。

解析：

创业者面临的一项紧迫的任务就是要设法招募到成功经营企业所需要的核心员工，这项任务不一定要等到正式注册成立了新企业之后才开展。创业团队往往不是一开始就全部组建起来，而是随着企业的成长，需要不断地物色和招募优秀的核心员工，并最终将其吸收到创业团队中来。对不少新创企业来说，其核心员工往往也是创业者的创业伙伴。

5.3   重水平还是重文凭

创业者在招募团队成员的时候，需要对成员进行判断和选择，那么，在作出判断的时候应关注什么方面呢?

微案例 5-4   团队建设路上的挑战

熊连松明白，罗马不是一天建成的，马云做淘宝也用了那么多年。所以，现在的他，正做着最原始的资源汇聚，在这一阶段他要将中国优秀的科技工作者吸引到这个平台上来。卖家搭好了平台，买家才会来买东西，淘宝正是如此。万事开头难，为了完成第一阶段最困难的工作，熊连松先从团队和资金着手。

高执行力的团队是第一要务，任重道远，同行的人越显重要。后来在找投资时，投资人说了一句话让熊连松印象深刻，"如果是马云做这个项目，我立刻就投!"个中意味不言而喻，你的想法百里挑一，但能否做到我还存疑。

来自投资人的质疑和在日常工作中的感受，更加坚定了他对团队能力的追求。这是一个技术壁垒很高的领域，没有专业的工科知识背景，很难跟别人去谈生意。矛盾的是，工科人才往往拙于交际，而交际又正是商业推广所需要的素质。同时具备理解电气工程和口若悬河两个特点的人，实在难找。

熊连松只得从两个方面出发，来提高团队能力。一方面是提高现有团队成员的能力，另一方面是不断寻找新的合适的人才，这两方面都不容易。现有的48名员工，多是来自高校和企业科研机构的兼职，有着建设这个平台的热情，但整体执行力还需要多加磨炼。

资料来源：牛顿眼. 我有一个梦想，案例库（一）——中国代表性大学生创业案例，2016.

解析： 详见表5-5。

表 5-5　水平还是文凭

争论	文凭背后的逻辑
● 水平＞文凭？ ● 文凭＞水平？	● 人们相信通过大学教育可以提高包括研究能力、洞察力、创造力和计算机技术在内的创业能力

对于创业者而言，判断这个问题的关键在于：

● 如何判断一个人是否值得深入交往？
● 如何判断一个人是否聪明？

表 5-6 给出了答案。

表 5-6　如何判断一个人

如何判断一个人是否值得深入交往？	如何判断一个人是否聪明？
● 你所打交道的人群不同，你的世界就不同 ● 你能深交的人很有限 ● 老朋友靠时间磨出来 ● 判断一个人，要看他的行动，而不是他的说辞 ● 对等、平等，很多时候是交往的前提 ● 花时间精力去思考、寻找，且主动创造双赢局面	● 此人是否拥有足够多且清晰准确的概念 ● 对这些概念之间的联系是否足够了解 ● 是否有足够系统的方法论 ● 是否有一定的成功经验 ● 能精妙类比的人更聪明 ● 举一反三是聪明人的能力

微案例 5-5　　任何事都没有看起来那么简单

当我们理解了一样东西之后，会觉得它非常简单，但想出它、完善它、通过实践证明它的价值的那些人是很了不起的。

我们常常误以为"这么简单的东西我也会做"，这是肤浅的想法。但凡成大事者，做的事情在别人看起来都是简单而自然的，乃至于他人总是由于完全想象不到隐藏在深层次的那些逻辑，而误以为"这么简单的东西竟然能成功"，进而觉得"一切都是运气"。虽然"狗屎运"确实存在，但更多的时候，运气是创造出来的。这个结论貌似有点违背直觉。

生活中有这样的现象，平庸的人即使很努力在各个方面也都很平庸，优秀的人虽然不一定处处优秀却可以在某些方面很优秀。

这其实是有原因的。

如若一个人在一个方面能做到优秀，那么他自然就会懂得一个道理：精通某个技能，需要大量的练习、重复、自我观察、自我纠正、反思、进阶、自我否定、自我怀疑等以上循环，最终达到一定程度后就会自信。这个过程中能体会到的东西就是，越是简单的环节越容易成为短板，所以要格外重视；越是复杂的东西就越需要重复训练，直至做到举重若轻。

所以，这些人通常不会轻易低估事情的难度，他们知道那些看起来很简单的东西其实真的很难。梅兰芳教徒弟的时候就很耐心很宽容，总是说："别急，这事儿很难的！"

由于这样的经验和态度，他们学习其他东西都更快、更扎实、更勤奋，最终更加举重若轻。

招聘新人也好，找合伙人也罢，我总是尝试着去花时间聊对方的兴趣爱好，想知道他最擅长做的事情是什么，擅长到什么地步，如何做到的，又因此有什么样的感悟等等，这很容易让我在很短的时间里分辨出对方是什么样的人。很多人总是异口同声：虽然我目前没有什么特长，但我很愿意学的！我一定会努力！

为了自己的美好生活，请远离这些没有任何特长的人。

资料来源：李笑来. 斯坦福创业课程. 天津：天津人民出版社，2016.

解析：详见表5-7。

表5-7　能成大器的人都有什么特征？

- 有强烈好奇心
- 自学能力强
- 不断造新东西
- 属于 Be-Better 类型
- 有独立思考能力
- 方法论明晰
- 价值观坚定
- 既诺必达
- 坚毅

微案例　5-6　　　　成长最靠谱的起点是什么

做出完整的产品，并让它们被广泛接受。

我最看中人的这个特质。

只有少数人能最终拿出完整的作品——人与人之间的差异是如此之大，乃至于少数人有作品，更少数人有好的作品，只有极少数人才可能做出传世的作品；而与此同时，绝大多数人（万分之九千九百九十九的人）一辈子都做不出像样的作品，他们连自己想做什么、能做什么都弄不明白。

从一开始就要想尽一切办法做出完整的作品来，哪怕最初的作品很差——但必须完整。那些有完整作品的人，能力、耐力、学习能力都会超出他人许多倍。无论看起来多简单的作品，只要是完整的，其表面之下的复杂程度是那些没做出过东西的人全然无法想象的。

我甚至建议我的合伙人，在招人的时候，把这一点当作最靠谱的判断方式。少废话，少吹牛，给我看看你的作品。这个原则可以一下子筛掉很多无用之人。

另外一个很自然的现象是，如果一个人能做出像样的东西来，那么他身边聪明人的密度无论如何都会比其他人的高出很多。

资料来源：李笑来. 斯坦福创业课程. 天津：天津人民出版社，2016.

解析：

《道德经》指出："为无为，事无事，味无味。大小多少，报怨以德。图难于其易，为大于其细；天下难事，必作于易；天下大事，必作于细。是以圣人终不为大，故能成其大。夫轻诺必寡信，多易必多难。是以圣人犹难之，故终无难矣。"

5.4　凝聚人心的秘密

5.4.1　创业团队的特征

表 5-8 列出了创业团队的特征。

表 5-8　创业团队的特征

特征	解释
明确的团队目标	一个好的团队一定要有一个明确的目标，这个目标是团队成员都认可的，是团队成员前进的方向和动力。 创业团队应该都是有梦想的人，走到一起是为了做出一番事业，而不是为了简单的现实利益。
不同的团队角色	团队必须是多方面专业人才的合理搭配和组合，在实际工作中实现互补，只有这样才能有效履行团队职能。
共同的价值观和行为规范	创业团队应该是志同道合的，有着共同的或相似的价值追求和人生观。企业的规章制度也就是企业的行为规范，约束着每一个成员的行为。
有效授权	真正的领导者不一定什么业务都精，只要懂用人、懂放权，就能团结比自己更强的力量，从而提升自己的身价；相反，许多能力非常强的领导者却因为过于追求完美，事必躬亲，认为谁都不如自己，最后只能做最好的公关人员，成不了优秀的领导者。
团队的调整融合	随着团队的日益壮大，团队组建时在人员匹配、制度设计、职权划分等方面的不合理之处会逐渐暴露出来，这时就需要对团队进行调整融合。
良好的沟通	团队成员能够进行良好的沟通，公开且诚实地表达自己的想法，能主动沟通，尽量了解和接受别人。沟通是解决一切问题的基础。
归属感	自觉自愿地维护这个团队，愿意为团队做很多事情，不愿离开团队。归属感也是凝聚力，成员愿意归属于这个团队，愿意帮助别人克服困难，或是自觉自愿地多做工作。

续表

特征	解释
共享	资源、知识、信息及时地在团队成员之间传递，以便大家共享经验和教训。这也能增进员工间的情感，减少摩擦，利于团队和谐，使团队中的成员能团结一致地完成团队目标。
团队制度体系	体现了创业团队对成员的约束控制和激励能力，主要包括团队的各种约束制度和激励制度。

5.4.2　优秀的人需要怎样激励

初创公司往往缺少资金、开不出高薪，也给不了员工什么地位，那么，如何吸引优秀的人才呢？我们不妨看看中国共产党的历史，也许能给我们一些启发。

微案例　5-7　世界上最牛的创业团队

几十年前，中国诞生了这样一支团队，白手起家，披荆斩棘，短短数十年时间，成为史上最牛创业团队。

1921年"公司"注册，资本金接近于零，靠共产主义的故事拿到了苏联的天使轮和A轮，历经艰辛打败了西方跨国公司和国内强有力的竞争对手，1949年10月1日在主板市场上市。经过几十年五代CEO经营，目前市值突破11万亿美元，居全球第二，未来有望成为全球第一。

1921年，初创团队在上海召开团队成立的第一次筹备会，在上海召开会议期间被同行业垄断对手不断地干扰，后转移至一艘船上顺利完成注册。初期注册资本接近于零，靠着马恩列的商业计划书，拿到了北极熊创投的天使轮和A轮。

1924年，为了打破传统行业的垄断，联合友商发起新战略，但是由于友商的恶意陷害和投机行为，造成了最终计划的失败。

1935年，在项目多次受到竞争对手打击之后，纠正了团队内海归领导的错误路线，选出了行业内天才CEO作为领导核心。

1937年，东洋大财团妄图以强力的措施兼并中国市场，消灭在中国市场的竞争对手。团队上下联合一切力量，巩固用户市场。

1945年，击败了东洋财团的不正当竞争，东洋财团彻底被驱逐出中国市场。

1947年，国内竞争对手，也就是前文提到的友商，撕毁了公司联席合并发展的协议，其各种恶意营销和强行干扰用户的行为，引起了广大用户强烈的不满。

1949年，在广大用户的支持下，拿下了决定性的三个市场的份额，并最终一鼓作气，击败了竞争对手。

1949年10月1日，在北极熊创投等投资机构的支持下，在北京上市，正式加入全球市场。

资料来源：金一南. 不服不行，中国共产党才是世界上最牛的创业团队！. 瞭望智库，2018-07-01.

解析：

作为中国近代以来最伟大的创业团队，中国共产党在成立之初，就立下以马克思主义、共产主义挽救民族危亡的伟大志向，筚路蓝缕、风雨兼程，带领人民不断铸就民族复兴的伟大业绩。

这个创业团队历经 28 年的艰难求索、浴血奋战，走过两万五千里长征路，赢得 14 年抗日持久战，摧枯拉朽般地解放了全中国，造就了一支党领导的战无不胜的人民军队，闯出了一条符合中国实际的正确革命道路，形成了普遍真理和具体实践相结合的中国化马克思主义，打下了人民当家作主的红色江山。

表 5-9 列出了激励优秀的人的方式。

表 5-9　优秀的人需要怎样激励

追求	● 前途 ● 伟大的创见 ● 人生就是选择 ● 有值得追求的目标
自治	● 优秀的人渴望自治、自主、独立 ● 不意味着孤立、不与他人合作、不与他人沟通
精通	● 领头人最大的义务和责任是帮他们精通必要的领域

5.4.3　团队创业激情

创业过程本质上是一个情绪之旅，创业激情作为一种强烈积极的创业情绪，有助于促进创业行为的发生，支撑创业活动，提升创业绩效，推动企业的持续成长。

个体创业激情是指创业者通过参与和创业身份有关的创业活动而体验到的强烈积极的情绪；团队创业激情是个体创业激情在团队层面的延伸和拓展，侧重于不同团队成员之间创业激情的整合。

团队情绪的产生过程是一个复杂的情绪整合过程，包含了外显和内隐的情绪共享机制。其中，外显共享机制包括不同形式的情绪诱导，如通过情绪印象管理在团队成员之间有意创造或维持情绪体验；内隐共享机制包括自主性的情绪传递过程，如情绪传染、情绪代理、行为夹带与交互同步、需求互补等过程。通过外显和内隐的情绪共享机制，团队成员的个人情绪得以在团队内部传播与分享，从而达到情绪整合状态，形成团队情绪的组合效应。特定的团队情绪情境会抑制或放大团队成员的情绪。因此，在情绪整合和情绪情境的共同作用下，最终形成了团队情绪。[①]

---

① Kelly J R, Barsade S G. Mood and emotions in small groups and work teams. Organizational Behavior & Human Decision Processes，2001，86（1）：99-130.

团队创业激情作为重要的心理驱动因素，有助于推动团队创业活动的顺利开展，其作用主要体现在个体层面和团队层面，见表 5 - 10。

表 5 - 10　团队创业激情的作用

对个体层面	会影响个体成员的创业激情结构	团队创业激情通过自上而下的情绪过程以及身份过程，对个体成员的积极情绪和身份认同均产生了影响，从而促使个体成员强化以团队创业激情为表征的情绪反应，并且促进个体身份与集体身份相互协调，进而影响了个体成员的激情强度和激情焦点。
	会影响个体行为	团队创业激情可能会导致吸引力—相似性—损耗过程，从而引导团队中认为自己与团体情绪不相似的成员退出团队，使得剩余的团队成员比之前更具情绪相似性。
对团队层面	团队激情多样性	团队激情多样性推动了团队创业激情的产生，而团队创业激情又会反过来影响团队激情多样性。
	团队过程	团队创业激情作为团队层面的心理输入因素，会对团队成员之间的交流与互动、合作与冲突，以及信息与知识分享等团队过程产生影响。
	团队创造力	团队激情对于团队创造力而言至关重要，其操纵着团队创造性想法的生成与选择。
	团队绩效	团队创业激情会促进团队绩效，并且团队创业激情的类型（单焦点或多焦点）会对团队绩效产生不同影响。
		若想充分发挥团队创业激情的正向效应，还需要把握好团队创业激情的程度，正所谓过犹不及，过低或过高的团队创业激情可能会给团队绩效带来负面影响。当团队激情不存在或较低时，会产生较高的情绪冲突，从而导致企业绩效的降低，以及盈利能力和销售量的下降；而当团队创业激情过高，尤其是单焦点的团队创业激情过高时，也有可能阻碍团队绩效的提升。

资料来源：谢雅萍，叶丹容，黄丽清. 团队创业激情研究述评与未来展望. 华南理工大学学报（社会科学版），2019（7）.

5.5　正确认识创业者困境

5.5.1　团队冲突

由于新创企业组织结构和规章制度的不成熟、不完善，创业团队内外部都会存在意见分歧、认知差异从而导致冲突的产生。从管理心理学的视角来看，冲突是因组织之间或组织内部的互不相容、互相排斥而产生的不一致、不协调的互动状态。

IDG、凯雷等投资公司认为，中国 90% 以上创业型企业的失败，不是因为商业模式不对，也不是因为市场不成熟，而是因为合伙人之间的矛盾或者合伙人的人品问题。

表 5 - 11 列出了创业者困境。

表 5 - 11 创业者困境

人员不匹配
- 强调民主，"领袖"缺位
- 盲目自信，过于乐观
- 磨合不够，危机四伏
- 参差不齐，苦乐不均

谨慎选择合伙人
- 合伙比联姻难多了
- 找到勇于主动承担责任的人，并且双方（或多方）都必须是肯承担责任的人

识己，更要识人
- 判断一个人，要看他的行动，而不是他的说辞
- 关注优点而不是缺点
- 排除人品差、无原则之人

创业过程中发生冲突在所难免，冲突的发生是企业内外部某些关系不协调的结果，表现为冲突行为主体之间的矛盾激化和行为对抗。

有效的创业团队指导，包括如何进行冲突管理，使冲突对组织绩效的改善产生积极贡献。在无效或低效的创业团队中，团队成员在一起总是极力避免冲突，否认或者不允许冲突存在，对团队有效性和组织绩效的提高造成了消极影响。

团队内的冲突分为两大类，即认知性冲突与情感性冲突，如表 5 - 12 所示。

表 5 - 12 团队冲突

类别	特点	作用
认知性冲突	论事不论人。 团队成员对企业生产经营管理中出现的与问题相关的意见、观点和看法的不一致性。	是一种正常现象，有助于改善团队决策质量和提高组织绩效，还能够提高决策本身在团队成员中的接受程度。
情感性冲突	论人不论事。 基于人格化、关系到个人导向的不一致性往往会影响团队绩效。 情感性冲突会阻止人们参与影响团队有效性的关键性活动，团队成员普遍不愿意就问题背后的假设进行探讨，从而降低团队绩效。	容易引起冷嘲热讽、不信任和回避等问题。 会阻碍开放的沟通，并降低成员的联合程度。 不只是方案质量会下降，团队本身的义务也不断受到侵蚀。

5.5.2 大学生创业团队的特殊困境

微案例 | 5 - 8 | **成长的烦恼**

公司业务慢慢步入正轨后，新的挑战又来了。由于工作太累，时间一久，不是每个人都能像刘汉通一样一直对公司有着高昂的热情和奋斗的动力。渐渐地，最开始的两位合伙人在公司的时间少了，更多地忙于自己的学业，刘汉通一个人感到力不从心。

到了年底，接近期末的时候，公司里常常只有刘汉通一个人在加班工作。他一个人难以完成巨大的工作量，不得已推掉了很多订单，到最后，公司基本处于停业状态，无法继续进行正常的生产。

矛盾最终还是爆发了，不可避免的争吵之后，大家选择了各自的道路。公司合伙人解散了，对于刘汉通而言，虽然感到遗憾，可是公司还要继续经营下去，他开始寻找新的合伙人。

资料来源：博瑞科技：让 3D 打印走入千家万户.

解析： 刘汉通的做法如下。

(1) 他要认真挑选自己的合伙人。

(2) 急不得，要慢慢寻找真正志同道合的朋友，才能长久共事。

(3) 最看重的是踏实肯干的性格和坚韧的品性。

(4) 只要能够认真学习，其他的都不是问题。

(5) 明确了 8 个人的核心团队，要有多样性。

(6) 规定了明确的分工，对每个人的培养方向也不一样。

微案例 5-9　　雷军谈小米团队

"小米团队是小米成功的核心原因。当初我决定组建超强的团队，前半年花了至少 80% 的时间找人，幸运地找到 7 个牛人合伙，全部是技术背景，平均年龄 42 岁，经验极其丰富。三个本地的加五个海归，来自金山、谷歌、微软等，土洋结合，充满创业热情。"

解析：

当下的社会，看重竞争也看重合作，企业越来越重视团队建设。对于大学生创业来说，大多数项目一个人是很难完成的，很多人会采取团队的形式，所以人力资源对创业成功有着不可小觑的作用。

目前我国大学生创业已经走过一拥而上的高热期，资金的匮乏、政策保障系统的不健全、大学生自身能力的不足、市场意识的缺乏等被认为是制约大学生创业成功的不可忽略的因素。表 5-13 列出了大学生创业团队常见的组建问题。

表 5-13　大学生创业团队常见的组建问题

问题	说明
团队同质化程度高	大学生在校时相对封闭，与社会脱节，社交范围狭窄，毕业后短时间内很难接触到拥有各种技能的人，有创业想法时多与身边的人分享，付诸实践时合伙人大多是周围的人，其中同学占据较大比例。 没有经过充分的利弊分析、优劣势评估的团队在多数情况下并不适合创业。

续表

问题	说明
团队结构稳定性差	内部容易出现矛盾、产生分歧。虽然在年龄、年级、专业方面相仿，有着相似的教育背景，但是每个人的成长环境并不完全一样，个人的价值观、加入团队的动机等方面还是存在很大的差异。 由于进入门槛低，缺少明确合理的成员选择机制，中途随意新加人员，人员配置不当，甚至出现人员冗余状况，退出成本低，人员流动大。尤其是在校大学生面临毕业或者创业面临瓶颈时，为了进一步深造、出国等，很多人选择终止创业，中途退出，造成团队人力资源的流失。
团队负责人经验不足	团队负责人缺乏经验与敏锐的市场洞察力。由于负责人未走出校园或刚走出校园，阅历少，对于各种问题的解决缺乏相关经验，根据主观判断提出相应解决方案的现象普遍，问题的解决不符合市场规律，创业逐渐偏离轨道，走向失败。
缺乏严格的规章制度	熟人组建起来的创业团队，碍于情面，担心清晰明确的权、责、利影响情义，团队在利润分配、人员安排、绩效考核等方面缺乏严格的规章制度，权责不清，人员分配不均，相互推诿，缺乏活力，矛盾频发，效率低下。

资料来源：王鑫. 浅谈大学生创业团队组建的问题与对策. 人才资源开发，2019（2）.

5.5.3　最少的人办最多的事

从创业实践来看，创业团队的成员人数不宜过多，在内部的股权和决策权的划分上执行一些必要的原则。对此，创业者需要认真体会。

微案例

5-10　　　　　　　创业团队的"415"原则

在创业的时候，有一个"415"原则，就是创始团队最初的成员不要超过四个，最好是三个，因为超过四个容易形成帮派。

我们四个都是兄弟，我们一起打江山，我们平均分配股份，我们一人25%。如果是这样的话，这个公司死定了，不管商业模式有多好，不管技术有多好，都死定了。原因是最初创业的时候志同道合，但是稍稍有所进展、有所成就的时候，每个人的主张就不一样了。

在最危急的时候，大家容易形成共识，比如，遇到一伙劫匪，四个人肯定会特别团结。但不是天天有劫匪，四个恨不得穿一条裤子的兄弟，最后可能会产生分歧，你不服我，我不服你，最后公司可能分崩离析，让一个伟大的计划覆灭。这种情况经常出现。

创业者需要从最初的打乒乓球的状态调整到打高尔夫的状态。乒乓球是球过来必须得打，问题出现了，创业者就必须去解决，创业初期都是打乒乓球的阶段。到一定时候，创业者就开始打高尔夫了，朝哪儿打，打多远，所有东西都取决于自己。

所以创业团队不能超过四个股东，必须一股独大，一个人说了算。四个人平均分配话语权，就像一个汽车有四个引擎，分别朝四个方向走，车还能走动吗？所以一股独大非常重要。大到什么地步？必须超过 50％，另外三个人不超过 50％。

资料来源：吴伯凡：没有"415"原则，你的创业团队必定分崩离析. https://news. mydrivers. com/1/370/370782. htm.

解析：

只招最优秀的人，绝大多数团队做不到，但也没什么可抱怨的。因为最终成功的肯定不是绝大多数团队。

创见要足够好，创始人要有足够的人格魅力和真实能力，项目要真的在风口上……尽量保持小团队状态同样很难，但要有信心，因为在这个时代，已经有足够的例子证明小团队才更可能是有核爆能力的单元。

对创业者来说，最重要的是团队。这个团队应该有凝聚力，不能一下子就散了。团队彼此之间谁也离不开谁，离开了以后，自己的价值都会减少。比如五个人在一起，是一个成熟效应，是 5×5 而不是 5＋5，这才叫团队。

微案例 5-11   腾讯创始人马化腾五兄弟——难得的兄弟创业故事

这是一个难得的兄弟创业故事，堪称典范。

多年前的一个秋天，马化腾与同学张志东合资注册了深圳腾讯计算机系统有限公司。之后又吸纳了 3 位股东：曾李青、许晨晔、陈一丹。这 5 个创始人的 QQ 号，据说是从 10001 到 10005。为避免彼此争夺权力，马化腾在创立腾讯之初就和 4 个伙伴约定：各展所长、各管一摊。马化腾是 CEO（首席执行官），张志东是 CTO（首席技术官），曾李青是 COO（首席运营官），许晨晔是 CIO（首席信息官），陈一丹是 CAO（首席行政官）。

之所以说腾讯的创业 5 兄弟"难得"，是因为直到 2005 年，这 5 人的创始团队还基本保持这样的合作阵形，不离不弃。如今，其中 4 个还在公司一线，只有 COO 曾李青挂着终身顾问的虚职退休。

都说一山不容二虎，在企业迅速壮大的过程中，要保持创始人团队的稳定合作尤其不容易。在这个背后，工程师出身的马化腾从一开始对合作框架的理性设计功不可没。

从股份构成来看，5 个人一共凑了 50 万元，其中马化腾出了 23.75 万元，占 47.5％的股份；张志东出了 10 万元，占 20％的股份；曾李青出了 6.25 万元，占 12.5％的股份；其他两人各出 5 万元，各占 10％的股份。

虽然主要资金都由马化腾出，他却自愿把所占的股份降到一半以下。"他们的总和比我多一点点，不要形成一种垄断、独裁的局面。"而同时，他自己又一定要出主要的资金，占大股。"如果没有一个主心骨，股份大家平分，到时候也肯定会出问题，同样完蛋。"

资料来源：腾讯创始人马化腾 5 兄弟：难得的兄弟创业故事. http://www.360 doc. com/content/15/0626/15/809160_480831269. shtml.

解析：

　　马化腾在接受多家媒体的联合采访时承认，他最开始也考虑过和张志东、曾李青三个人均分股份的方法，但最后还是采取了 5 人创业团队根据分工占据不同的股份结构的策略。即便是后来有人想加钱、占更大的股份，马化腾说不行，"根据我对你能力的判断，你不适合拿更多的股份"。因为在马化腾看来，未来的潜力要和应有的股份匹配，不匹配就要出问题。如果拿大股的不干事，干事的股份又少，矛盾就会产生。

　　当然，经过几次稀释，最后他们上市所持有的股份比例只有当初的 1/3，但即便是这样，他们每个人的身价都达到了数十亿元人民币，这是一个皆大欢喜的结局。

　　可以说，在中国的民营企业中，能够像马化腾这样，既包容又拉拢，选择性格不同、各有特长的人组成一个创业团队，并在成功开拓局面后还能依旧保持长期默契合作的，很少见。而马化腾的成功之处，就在于他从一开始就很好地设计了创业团队的责、权、利。能力越大，责任越大，权力越大，收益也就越大。

 游戏与模拟实训

小组合作建高塔

1. 时间：25 分钟。

2. 任务：小组合作建高塔。

3. 程序：

(1) 把参与游戏的学员分成 6 个小组，每组 3 人。

(2) 向每个小组发放材料，要求每组在 10 分钟之内用这些材料建一座塔。

4. 讨论：

(1) 你的小组是如何工作的？

(2) 对比自己小组的塔和其他人的塔，进行客观评价。

(3) 就高塔本身而言，我们获得了团队管理的哪些启示？

信任才敢往前走

1. 时间：20 分钟。

2. 任务：使团队成员间相互信任，了解信任对整个团队的影响。

3. 程序：

(1) 所有队员背对墙壁（或其他坚固物体）站成一排，队员间隔一臂距离。

(2) 任选两个人，让其中一个人蒙上眼罩。没有蒙着眼罩的人把戴着眼罩的搭档带到距离墙壁十米远的地方，面向沿着墙壁站立的那排队员，然后让蒙眼罩的人向前走。

4. 讨论：

(1) 游戏过程中，队员们对蒙着眼罩走路有何感想？

(2) 在第二轮游戏中，大家是不是感觉更自如了？为什么？

(3) 大家对自己的作用有何认识？

（4）当前是什么因素阻碍了我们相互支持？如何克服？

穿越障碍靠沟通

1．时间：20 分钟。

2．任务：让团队成员了解语言沟通方式及技巧，让团队成员认识如何有效地进行沟通。

3．程序：

（1）在空地上划出一块游戏区，在游戏区内用白纸设置障碍，作为"地雷"。同时在游戏区中间放置一张桌子，桌子中央放三个杯子，形成一个杯塔。底部的杯子正放，第二个杯子倒放，第三个杯子盛水放在第二个杯子上。

（2）把团队成员分为两个 10 人的小组。每组设置一位"指挥员"，在"雷区"另一边指导同组蒙上眼罩的其他组员跨越"雷区"。

4．讨论：

（1）在游戏过程中，"指挥员"是如何和蒙眼罩组员进行信息交流的？

（2）蒙眼罩组员在游戏中的感受如何？

（3）用什么办法来进行更有效的沟通？

（4）为什么在沟通时过多人七嘴八舌出主意反而会导致办事效率降低，而且容易造成混乱？

第6章 财务与筹资

▶▶▶

学习目标 ◀◀◀◀

- 理解创业企业筹资的关键点。
- 基本掌握创业启动资金的构成。
- 了解创业资金的来源与渠道。
- 基本理解债务性资金与股权性资金的差别。
- 基本理解新创企业特征与融资类型的关系。
- 基本理解创业企业发展阶段与融资的关系。
- 基本理解创业企业融资的过程。

6.1 花小钱办大事

大部分商业领域的创业者都希望能够获得金钱，但如何有钱是一个有趣的问题，现实世界中，既有通过创业做生意成为巨富的，也有通过另外的方式获得钱财的。

6.1.1 如何有钱

1. 创业 vs. 生意

(1) 山姆·沃尔顿 1962 年创办了第一家沃尔玛。

(2) 比尔·盖茨 1975 年与好友保罗·艾伦一起创办了微软公司。

(3) 李嘉诚 1950 年在筲箕湾创立了长江塑胶厂。

(4) 马云 1999 年创办阿里巴巴。

2. 保护费 vs. 税收

(1) 美国学者曼瑟尔·奥尔森（Mancur Olson）的"流寇和坐寇"（roving bandits, stationary bandits）的理论，描述了早期政府的形成。

（2）吴思的《血酬定律》（2003）记述了东南沿海的海盗，从抢掠开始，演变为收保护费，后来演变成为保护客商的保安队。

（3）田志和、高乐才的《关东马贼》（1992）介绍说，专有一种"吃票"的土匪，一般不抢劫，不绑票，依仗雄厚的武力，在交通要隘、商旅必经的道口、山货下山必经的山门河口等地方设立关卡，对货主、商旅的货物提成。

6.1.2 节俭

几乎所有成就伟业的创业者都表现出了节俭的特点，世界 500 强沃尔玛公司的创始人就非常节俭。

> **微案例 6-1　"抠门儿"的山姆**
>
> 山姆·沃尔顿第一次被《福布斯》杂志列为全美富豪排行榜的首位是在 1985 年 10 月。山姆和沃尔玛商店一夜之间成为全美公众关注的焦点，大批记者拥向山姆的住地。然而，当他们看到这位美国第一富豪过着最俭朴的生活时，不禁大失所望。山姆穿着一套自己商店出售的廉价服装，戴着一顶打折的棒球帽，开着一辆破旧不堪的小货车上下班，车后还安装着关猎犬的笼子。
>
> 尽管山姆成了亿万富翁，但他节俭的习惯一点也没变。他没购置过豪宅，一直住在本顿维尔，经常开着自己的旧货车进出小镇。镇上的人都知道，山姆是个"抠门儿"的老头儿，每次理发都只花 5 美元——当地理发的最低价。但事实上，这位富豪级的"小气鬼"曾经向美国 5 所大学捐出了数亿美元，并在全国范围内设立了很多奖学金。
>
> 山姆的几个儿子也都继承了父亲节俭的品质。美国大公司一般都有豪华的办公室，现任公司总裁吉姆·沃尔顿的办公室却只有 20 平方米，公司董事会主席罗宾逊·沃尔顿的办公室则只有 12 平方米，办公室内的陈设也都十分简单，以至于很多人把沃尔玛形容成"'穷人'开店穷人买"。

6.1.3 了解创业所需资金

初创企业时能确切知道需要多少资金很重要。一方面，融资需要成本，资金不足会影响生产经营和投资活动的正常进行，资金过剩则会影响使用效果，增加融资成本，增大财务风险。企业不希望陷于资金短缺，但也不想为不需要的资本付费。另一方面，在与潜在的贷款方或者投资者商谈时，对自己企业所需资金量的不确定，会给对方留下准备不充分的印象。投资者对于投资风险的考虑会影响投资决策。图 6-1 展示了了解创业所需资金的主要过程。

创业筹资之初考虑的要点如下：

（1）千万不要低估项目潜伏期。

预算启动资金

投资（以固定资产为主，包括企业开办费）

流动资金

预测销售收入

销售收入预测(12个月)

销售和成本计划

预估现金流量

现金流入流出的估算

筹资活动的估算

图 6-1　了解创业所需资金

（2）不要把眼光只瞄准基金和银行贷款。

（3）设计合理的资金组合有利于降低经营风险：1/3 是你的自有资金，外来资金最好不要超过 2/3。

（4）正确认识沉没成本。沉没成本的发生有延迟性，创业者若发现以前的判断是错误的，就不要再去考虑无法收回的沉没成本，撤得越快损失越小。

（5）尽量多留储备金。①启动阶段，至少要备足 6 个月的各种预期费用。②对从开业到盈利阶段的资金做足够的预算与储备：个人和外来资金各占 1/2 比较稳妥，资金断流会影响经营继而导致创业失败；把企业没有收入的时间按 3 个月（或者更长）来计算，储备金应不低于 3 个月的固定成本总和。在现实中创业者租房时是押一付三支付房租。保证储备金充足，账面上始终有足够的盈余，以防出现支付危机。确定了企业战略和财务战略，便可在此基础上确立企业财务需求。

（6）普通创业企业启动资金。不同类型的企业在经营过程中的营运资本、投资和费用有较大的差异，大体可以通过预编财务报表、现金流量表进行盈亏平衡分析，来预测资本的需求。表 6-1 简要列出了创业企业所需的启动资金项目。

表 6-1　创业企业启动资金表

启动资金类型	包含的内容	明细
固定资产	企业用地和建筑	土地、厂房等的购置，建筑安装
	设备	机器、工具、车辆、办公家具等
流动资金	购买并储存原材料和成品	购买原材料和商品存货
	促销	广告、有奖销售、上门推销、举办活动等
	工资	员工的工资
	租金	办公场所、仓库等的租金费用
	保险费用和其他费用	保险费、水电费、交通费、办公用品费
开办费	多项	办公费、验资费、装潢费、注册费、培训费、技术转让费（专利）、营业执照费、加盟费等

（7）经验之谈：信念和干劲比贷款更重要；要把不确定的费用计算进去；找到保本销量；区分毛利和纯利润；理解财务杠杆。

（8）创业者必须有成本的概念。在毛利中，还需要支出店铺房租、人工费、水电费以及固定资产的折旧等，之后才是纯利润。例如，小王在她的服装店里卖了一条裤子，销售收入150元，这条裤子的进价为100元，则毛利就是：

$$150-100=50(元)$$

这里的减项不包括摊位费用和营业费用、固定资产折旧等，仅仅是指进价。还需要扣减店铺房租、人工费、水电费以及固定资产折旧等。

微案例 6-2　美国经济学家斯蒂格利茨对沉没成本的解释

假如你花7美元买了一张电影票，又怀疑这部影片是否值7美元。看了一会儿，你证实了自己的疑虑：这部影片确实很差。

在这种情况下，你是否选择离开这家影院？在做这个决定时，你应当忽略那7美元，它就是沉没成本，无论你离开影院与否，这7美元都不可能被收回。

由于沉没成本发生的延迟性，许多创业者在决策的实施阶段才发现以前的判断是错误的。这个时候，就不要再去考虑已经无法收回的沉没成本了，撤得越快损失越小。

解析：

沉没成本是指已经失去的收益或者付出的代价，不论你采取什么方式和方法，均不能挽回损失。沉没成本与机会成本的不同在于它属于非相关成本，有时是间接的，有时是直接的。由于沉没成本很多时候是在事后发生的，有时无法在决策时将其考虑在内。如果在决策时就把沉没成本考虑在内的话，恐怕会错失商机或者决策失误。

（9）预估现金流量。现金流对于创业者具有生死攸关的意义。如果在某个时间现金支出大于现金流入，创业者就需融入资金，保证银行账户中有足够的现金用来支付。

通常情况下，在企业的启动阶段需要外部资金来应付现金支出，随着企业步入正轨，现金收入逐渐增加，创业者就能够逐渐走出现金流量为负的阶段。

表6-2为现金流量预估表。

表6-2　现金流量预估表

类别	科目	1月份	2月份	3月份	…	全年
现金流入	月初现金					
	现金销售收入					
	赊销收入					
	贷款					
	其他现金流入					
	可支配现金（A）					

续表

类别	科目	1月份	2月份	3月份	…	全年
现金支出	现金采购支出					
	原材料					
	赊购支出					
	员工工资					
	租金					
	营销费用					
	公用事业费					
现金支出	维修费					
	保险费					
	税金					
	其他现金支出					
	现金总支出（B）					
月底现金（A－B）						

　　现金流入估算的主要依据是销售收入和其他各项收入的预计数。现金流入的估算一般分为四步：第一步是将全年的销售收入预计数分解为各月的销售收入预计数；第二步是计算各月销售收入即销货款在本月的回笼数；第三步是估算其他项目的每月现金流入量；第四步是编制现金流入预算表。

　　现金流出主要来自成本项目的现金支出，如直接材料、直接人工和制造费用，还包括销售费用、管理费用和财务费用以及税金的支付、固定资产的购买等。

　　最后，现金净流量是现金流入量减去现金流出量的差额。

　　预估现金流量，最困难的是如何精确地确定每月的现金收入与支出。这需要一些假定，同时需要坚持谨慎原则，以保证有足够的资金来运作。

　　企业除了要使现金收支基本平衡外，还必须随时保持最低限度的现金余额，以保证各项生产经营活动的正常开展。当企业现金余额低于这个限度时，应该考虑融资；当现金余额高于这个限度时，则可考虑还款或安排新的短期投资项目，以提高现金的周转使用率。

6.2　公私财产要分开

6-3　　　　　　　　　　**私企老板需要厘清公私财产**

　　"公司财产也是我的财产，我为何不能动？"不少私企老板一谈到企业与老板个人应公私分明时都会如此反问。在一家私企做CFO的欧阳兰认为，这种账目的混乱会直接影响到企业财税规划。

　　"企业主只是企业法人代表，并不能因此将公司财产与个人家庭财产混为一谈。而事实上，科学的财务规划在某些业务环节更能合理避税。这些都是CFO应该提醒老板的地方。"欧阳兰说。

私营企业老板意识中最匮乏的地方之一就是税务意识。一些企业主将公私账户混为一体，家庭需要资金时便从企业提取，企业资金周转不灵时又将家里的钱往公司砸。"赚了钱都投入企业，花钱时企业掏腰包"，当他们发觉公司账面不平衡时便让财务通过做账来解决，并通过做假账来掩盖业务流程的不合理，甚至虚构出另外一种业务往来以达到少缴税的目的。事实上，这已构成了偷税行为。欧阳兰说，"在一些私营企业中，老板仍然给自己支付极低的工资，而将个人和家庭开支计入公司管理成本中。在他们看来，既然钱都是自己的，无论放在公司还是自己的账户里，没有什么区别。"在这些私营企业主的意识中，将个人生活开支计入企业成本及费用，不仅能少缴个人所得税，还能抵减企业利润，从而减少企业所得税，正可谓"一举两得"。但是，他们并没有意识到问题的严重性。税务部门已经明确将这类纳税档案归为"虚假申报"，属偷漏税行为，一旦被税务稽查部门查出，轻则补税罚款，重则判处刑罚（根据刑法规定，偷漏税行为最高刑罚为无期徒刑）。

欧阳兰表示，私企的CFO应该提醒老板，要通过专业的财务人员或者筹划机构对财务及税务进行规划，使得私企老板可以在增加企业收益和家庭财富间找到平衡点。

资料来源：私企老板需要厘清公私财产. 中国会计网，2018-10-26.

解析：

常见误区是：创业者独自经营的公司，财务公私不分；擅自动用公司的资产；把个人的钱不记账就直接给自己的企业运营使用；不重视财务工作。

自我融资、亲朋好友融资需注意："亲兄弟，明算账"；要打张借条，写明借款的时间、地点、数额与条件，如实说明借款原因，说明投资额度、预期收入、存在的风险、资金状况和缺口，避免尴尬；不断告知真实的经营状况，避免不信任；切实履行承诺，保障各方利益，减少不必要的纠纷；明确是否合作经营，否则潜在风险很大。

6.3　理财术还是金手指

6.3.1　创业资金的来源与渠道

创业资金的主要来源与渠道包括自我资金、亲朋好友融资、企业内部融资等内派性资金，也包括商业银行贷款、担保机构融资、典当融资、设备融资租赁、孵化器融资、集群融资、供应链融资和政府创业扶持基金融资等多种借贷性质外源性资金，还包括以天使投资、风险资本、股份上市等为代表的资金，如图6-2所示。

开始创建新企业的种子资金主要来源于创业者自己，包括个人积蓄、抵押、信用卡等。事实上，创业具有高风险，因此创业者并不愿意将自己的资金投入到创业过程中。但

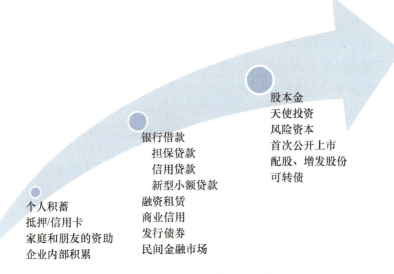

股本金
天使投资
风险资本
首次公开上市
配股、增发股份
可转债

银行借款
　担保贷款
　信用贷款
　新型小额贷款
融资租赁
商业信用
发行债券
民间金融市场

个人积蓄
抵押/信用卡
家庭和朋友的资助
企业内部积累

图 6 - 2　创业资金的来源与渠道

创业者不投入自己的资金，对外部融资不利，外部投资者要求创业者投资全部的可用资产。因此，最终创业者投入多少个人资金取决于创业者与外部投资者谈判时的谈判地位。苹果公司最初的种子资金是乔布斯卖掉了自己的汽车和计算机筹到的 1 350 美元。

　　家庭和朋友的资助被称为爱心资本（love money），包括纯粹赠送、投资等，经常以不计报酬、减免利息等形式出现。新创建的企业早期需要的资金量少且具有高度的不确定性，对银行等金融机构缺乏吸引力，这使得亲朋好友融资成为创业者此时可选的主要融资渠道之一。家庭或朋友除直接提供资金外，更多的是为贷款提供担保。

　　根据世界银行所属国际金融公司（IFC）对北京、成都、顺德、温州四个地区的私营企业的调查，我国的私营中小企业在初始创业阶段几乎完全依靠自筹资金，90％以上的初始资金都是由主要的业主、创业团队成员及家庭提供的，而银行、其他金融机构贷款所占的比重很小。

　　风险投资（venture capital，VC）也称创业投资，是指风险投资者寻找有潜力的成长性企业，投资并拥有这些被投资企业的股份，在恰当的时候取得高资本收益的一种商业投资行为。它是一种股权投资，采取由职业金融家群体募集社会资金，形成风险创业投资基金，再由专家管理投入到新兴的、迅速发展的、有巨大竞争潜力的风险企业中进行运作。

微案例　6 - 4　　　　　　　　　最早的风险投资

　　哥伦布试图向西而不是向东航行（从欧洲到达印度）。由于缺乏足够的资源，哥伦布在 1484 年向葡萄牙的约翰二世请求支持，但是遭到拒绝。第二年，他来到西班牙，请求伊斯贝拉女王和费迪南国王的帮助。尽管西班牙统治者最初拒绝了哥伦布，但女王在与其智囊团商议之后，接受了后者的建议，还是支持了哥伦布的冒险行动。这样，1492 年就成了风险投资产业的开始之年。

　　资料来源：Haemmig M. 风险投资国际化. 复旦大学中国风险投资研究中心，译. 上海：复旦大学出版社，2005：35.

风险投资公司投资于新创企业或具有快速成长潜力的小企业。风险投资公司力争获得30%～40%以上的年投资回报率，并在整个投资期内总和回报达到最初投资的5～20倍。由于风险投资行业的盈利特性，以及为成功的企业提供过融资，该行业受到极大关注。美国有大约650家风险投资公司，每年向3 000～4 000家企业投资。由于这种投资的风险高，有些投资不会成功（成功投资占25%～35%，失败投资占15%～25%），因此投资成功的企业必须足以弥补失败造成的损失。

天使投资起源于纽约百老汇，是自由投资者或非正式机构对有创意的创业项目或小型初创企业进行的一次性的前期投资，是一种非组织化的创业投资渠道。天使投资直接向企业进行权益投资，不仅提供现金，还提供专业知识和社会资源方面的支持，具有程序简单、短时期内资金就可到位等特征。

债务融资是指企业向银行、其他金融机构、其他企业单位等吸收的资本，企业债务融资方式主要包括银行借款、发行债券、融资租赁、商业信用等。

权益融资无须资产抵押，赋予投资者在企业中某种形式的股东地位，分享企业的利润，按事先约定拥有对资产的分配权。创业者向股东筹集资金，获得的资金是创业后所形成的企业资本，代表着对企业的所有权。

6.3.2 创业融资

创业融资涉及三个基本问题：第一，为什么需要；第二，为何融资难；第三，关注什么（见图6-3）。投资人是不会愿意承担比创业者更大的风险的。从资本角度看，创业就像一场考试。

为什么需要	为何融资难	关注什么
• 现金流问题 • 资本投资不足 • 产品开发周期长	• 缺少甚至没有资产，无可抵押 • 没有可参考的经营情况 • 融资规模相对较小	• 需要多少资金 • 从哪里得到这些资金 • 如何找到资金以及融资时的制度安排

图6-3 创业融资的三个基本问题

1. 融资顺位

会计学和财务学的研究显示，一般没有竞争力的企业才会不断通过融资活动（即筹资活动）向股东筹资。

以沃尔玛为例，自上市以来它一直积极地广建卖场，每年的投资金额都十分庞大，它取得资金的融资活动遵循以下顺序，如图6-4所示。

融资顺位理论认为，由于公司经理人与外部投资人信息不对称，公司在进行融资决策时，偏好优先使用交易成本最小的资金来源，即保留盈余，其次为举债，最后才考虑发行新股的方式。

2. 大学生创业融资面临的困境

《2016年应届毕业生就业力调研报告》显示，我国2016届毕业生中进行自主创业的比

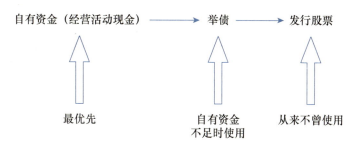

图 6 - 4　沃尔玛的融资顺位

例仅为 3.1%，而欧美等发达国家大学生创业占比达 20%～30%。造成这样局面的一个重要因素就是大学生创业通常面临融资难的问题。大学生创业融资难体现在以下几个方面：融资渠道狭窄单一，大部分大学生创业的资金来源仅限于亲戚朋友；大学生拥有创业的干劲和激情，但缺乏一套科学的融资方案；自身的理论知识和专业素养不足等。[①] 详见表 6 - 3。

表 6 - 3　大学生创业融资

资金来源	面临的困境	大学生创业融资难的原因
个人资金 合伙资金 借款 商业信用	融资渠道有限 融资门槛高 融资额不足 融资成本高 融资连续性不足	无抵押、无资金、无信用记录 创业的动机不强、创业者准备不足 普遍缺乏社会经验、创业项目不成熟 融资意识和能力的缺乏 在融入资金的使用上缺乏责任感 外部环境存在的种种问题

3. 债务性资金和股权性资金的比较

按照财务管理理论，融资渠道是指客观存在的筹措资金的来源方向与通道。目前的来源主要有七个：国家财政资金、银行信贷资金、其他金融机构资金、其他企业单位资金、民间资金、企业自留资金、外商和港澳台资金。与渠道相对应，有七种融资方式：吸收直接投资、发行股票、企业内部积累、银行借款、发行债券、融资租赁、商业信用。概括起来，融资有两个来源，包括债务融资和权益融资。

债务融资的具体方式是利用涉及利息偿付的金融工具来筹集资金，即贷款。其偿付只是间接地与企业的销售收入与利润相联系，包括担保贷款和信用贷款，而典型的债务融资需要某种资产（车、房、工厂、机器或地产等）作抵押。银行贷款的理想候选企业是具有强大现金流、低负债率、已审计的财务报表、优秀管理层、健康的资产负债表的企业。这些标准说明了新创企业为何难以获取银行贷款，因为新创企业不具备这些特征。

权益融资有三种常见形式：天使投资、风险资本、首次公开上市。与债务融资不同，通过权益融资获得的资金不必偿还，投资者通过股利支付、出售股票获取投资回报。

债务性资金和股权性资金的比较见表 6 - 4。

---

① 王依丹，张秀娥. 大学生创业融资难问题探究. 金融视线，2017（12）.

表 6-4　债务性资金和股权性资金的比较

比较项目	债务性资金	股权性资金
本金	到期从企业收回	不能从企业抽回，可以向第三方转让
报酬	事先约定固定金额的利息	根据企业经营情况而变化
风险承担	不承担	承担
对企业的控制权	无	按比例享有
优点	可根据你的要求借入不同的金额 只要偿付了，就不会影响你对公司的所有权	能注入大量的资金 无须支付利息 无偿付资金的义务
缺点	构成还债义务 收取利息——影响获利能力 一般要求有抵押品，银行会低估你资产的价值 如果你是向朋友和亲人借钱的话，你的人际关系就会随着公司破产而被破坏	意味着"卖掉"公司的一部分 风险投资家期望投资会有高回报（至少增长 25%） 投资者可能会要求你买下他们的股票

4. 新创企业特征与适当融资类型的匹配

选择何种类型的融资方式，关键要看获得资金的可能性、企业的资产、当时的利率水平。通常，创业者会将债务融资与权益融资结合起来，满足自己的资金需求。表 6-5 列出了新创企业特征与适当的融资类型。

表 6-5　新创企业特征与适当的融资类型

新创企业特征	适当的融资类型
具有高风险、不确定回报的企业： 弱现金流、高负债率、低中等成长、未经证明的管理层	个人资金、朋友和家庭、自力更生的其他形式
具有低风险、较易预测回报的企业： 强现金流、低负债率、优秀管理层、已审计的财务报表、健康的资产负债表	债务融资
提供高回报的企业： 独特的商业创意、高成长、利基市场、得到证明的管理层	权益融资

5. 分阶段融资

采取分阶段引入投资的方式是比较稳妥的创业融资策略，前期引入投资额度少，可以避免过早地失去控股权；随着创业企业发展，开发出新产品，开始有销售额，实现盈利，下一阶段融资合约的谈判会比较容易，创业者将会有能力、有信用引入更多的创业投资。

通过分阶段融资，投资者可以获得创业团队、技术、项目、市场发展趋势等信息，有利于选择继续投资或放弃投资；创业者可以避免因一次性融资额过大而过早、过度地稀释股权（相应地丧失控制权）。因此分阶段融资是投资者和创业者之间的双边理性选择。表 6-6 列出了创业阶段特征与融资类型。

表 6-6　创业阶段特征与融资类型

创业阶段	特征	资金来源	关注点
种子期	有一个好概念，有待付诸实践；创业者需要投入大量资金开发新产品、新工艺，投入新设备等，而企业没有任何销售收入和盈利记录，风险巨大，风险承担能力有限。	创始人的积蓄、家庭成员和朋友的投资、政府资助是种子期重点考虑的融资手段；商业银行和公众化的证券市场不可能为此时期的创业企业提供资本；天使投资者也常为处于起步阶段的企业提供资金。	测算创业不同阶段的资金需求量，撰写好商业计划书，争取天使投资者的青睐。
发展期	产品原型已经准备好进入商业化；企业产业处于开拓阶段，资金需求量大而急迫；企业成立时间短，业务记录有限，投资机构评估比较困难。	风险资本基金、政府研发资助；传统投资机构和金融机构对其提供资金的难度大。	进一步修改完善商业计划书，吸引包括天使投资在内的风险投资。
成长期	产品开始销售且成长势头良好，希望扩大生产线，实现规模效益，需要大量外部资金的注入；有了一定的商誉和一定的抵押资产或担保。	融资渠道相对比较通畅；银行将为企业融资；可以考虑吸引风险投资等股权融资方式。	视企业的具体情况做选择。
扩展（收获）期	随着销量的增加，公司扩大产量和产品线，企业在一定业绩的基础上迅速扩张，风险显著降低，进入稳步发展的轨道，融资需求规模进一步扩大，企业的市场前景已相对明朗。	专门为创业企业提供融资服务的创业板市场能够也愿意提供支持；部分企业开始进入创业板市场，公开上市 IPO；在公众市场上筹集进一步发展所需的资金。	创业投资合同谈判中最敏感的问题是双方对企业的价值评估和投资后的股权结构。

创业者多数都是对现状不满足，并且能够为改变现状而积极采取行动的人。财务资源是黏合剂，只有资金及时到位才能够将其他资源整合到一起。创业融资的取得仅仅表明创业资源中财务资源的取得，而创业者仅有财务资源是远远不够的，还需要与其他资源相结合，才可能形成一种核心能力，从而取得更好的创业绩效。

一家公司的融资方式可能会从正面或负面改变管理者的动机，从而对公司的价值产生影响。有的创业者从风投那里获得一笔资金之后，可能会感到自己已经挺有钱了。但要搞清楚这只是一种幻觉，那些有丰厚利润的公司才是有钱的公司。资本并不代表利润，那只是投资人希望你用来获取利润的工具。创业者必须认识到，只有时刻把用户放在第一位，企业才可能长期存在下去。换言之，只有顾客才能为企业创造价值。

6.3.3　创业公司财务做账的四个阶段

对创业者来说，创业初期公司的财务管理是非常重要的一环，许多创业者都是技术出身，在财务方面知识欠缺也没经验，但是既然选择了创业，要打造一个企业，就需要其对财务管理足够重视，愿意花时间了解哪些指标对业务最重要，从长期看如何衡量和改善这些指标。

千万不要以为初创的企业小，就可以不重视财务工作。麻雀虽小，五脏俱全。每个公司都要有专人负责资金和财务管理，这个人不一定是专职，但一定要有这样一个岗位。无论是大公司还是初创企业，财务人员都是很重要的。

延伸阅读

初创公司财务会计问题如何解决？

作为初创企业，人力成本肯定是创业者重视的问题，但是财务成本是省不得的，在这里给出几种解决方案：

A. 外包记账公司。优点：省心、省力、省钱，一切对外事务基本可以解决。缺点：流程化办公，一人负责多家公司账目，根据发票草草记账，基本只能完成记账这一项工作，不会根据企业自身情况作出分析、提出建议。

B. 兼职会计。优点：省钱，可以根据公司实际状况做出一定的调整反馈。缺点：对公司的实际经营状况了解不是很全面，账目记录未必能如实反映经营状况。

C. 全职会计。优点：专注，可以根据公司实际经营状况处理账目；开展分析，建立公司的财务制度，对公司经营给出财务角度的建议和意见。缺点：成本相对较高。

关于财务人员的选择，企业可以根据自身实际情况处理，不论选择哪种模式，都应在初期跟财务人员沟通公司的实际经营模式、产品、流程，这样财务人员才能按照企业要求完成财务工作。

资料来源：Kathy. 这些财务观念，创业者一定要懂!. 车库咖啡，2016-12-07.

无论你是第几次创业，你都肯定有好多事情要忙。很多创业者认为建账和记账没有做商业计划、与客户沟通等重要。但是，如果忽略了每个月的这些记录，你会非常麻烦。账目不是单纯地记录公司的钱去了哪里，更不是为了应付税务局，精准的财务记录可以真实反映公司的经营状况，一个公司的运作不是你今天口袋里还有钱，就证明你在盈利的。了解哪些成本不合理，哪些费用有降低的空间，有助于你更好地运作公司。

如果你没时间做这些，可以选择代理记账服务，那么基本的财税问题可以暂时得以解决，但是即使这样，你也不要忽略企业管理者应该具备一定的财务知识，最基本的是要学会看懂财务报表。

延伸阅读

创业公司财务做账要经历这四个阶段

老非以前做过很多成熟公司的审计、咨询、IPO 等工作，并且创业时自己做过账，也帮很多创业朋友理过账，根据多年的观察，发现创业公司财务做账基本要经历以下四个阶段。

阶段 1：公司成立前

很多创业公司在融资还没到位前就开始动工了，如果你不是自己一个人单干，那肯定要记录各项支出，比如购买一些简单的设备、聘请员工等支出，记录清楚了你才好对其他合伙人有所交代，让大家明白钱都花在哪里了。

这个阶段的特点是账务问题简单，只要用 Excel 按流水账的方式记清楚就行了，因为公司还没有成立，没有监管部门，所以只要自己清楚了就没有问题。

总结：该阶段的财务处理方法很简单，创始人自己充当出纳，以 Excel 记录流水账就行了。

阶段 2：公司初创期

公司成立之后，马上就要面对监管部门的监管了，如果不涉及前置或者后置的审批部门，监管部门通常只有市场监管和税务。

税务主要监管四种税收：

（1）你的收入有没有开票，开票后有没有缴纳流转税（包括增值税以及其他附加税等），每月都要申报；

（2）你有没有帮员工代扣代缴个人所得税，这个也是每月都要申报；

（3）如果你的公司挣钱了，就要交企业所得税，这一项是按季申报，没有盈利的话就按季零申报；

（4）其他一些小税种，比如印花税等，虽然金额不大，但如果没交，处罚会很重，小税种一般是不定期申报的。

市场监管部门主要是要求企业每年都要申报资产负债表和利润表及相关数据，了解你的公司是否正常运营，运营的结果如何。

问题来了，创业者已经够忙了，还要应付这些专业又琐碎的事务，该怎么办呢？最简单的方法就是找代理记账公司。代理记账公司会帮你把相关的票据按会计制度的要求贴好、记账，然后到税务后台帮你报税，每年还帮你上平台报相关的年报数据。

但是代理记账公司只能帮你报符合会计制度的账务，俗称外账，而事实上，你的公司还有大量没有发票的各项费用，这些代理记账公司是不会管你的，你自己又请不起专职的会计，所以还是只能创始人自己或者请一个出纳以流水账的形式记录公司各项真实的账目，俗称内账。

总结：本阶段存在代理记账公司的外账和简单流水内账并存的形式，公司可能还无法请专职的会计，所以外账和内账的数据差距是很大的，通常是外账的收入和费用都小于内账，外账只是部分地反映了公司的运营情况，内账才真实地反映了公司的运营状况。

阶段 3：公司发展期

创业一段时期后，弟兄们发现有奔头了，如果输血功能的外部融资和造血功能的公司收入都好转的话，创业公司就会考虑招聘专职的会计，专职会计来了之后，买好财会软件，肯定会对你或者出纳做的流水账摇摇头，然后重新理清楚。

在发展期，大部分的企业还是存在内账外账，有了专职的会计之后，通常外账不用请代理记账公司了，自己能搞定。负责任的会计入职后，通常会把内外账的费用金额做一致，但是费用项目可能会记得不一样。

举个例子，公司印了一些名片，名片店里可能无法提供发票给你，这费用又真实发生了，怎么办？找票呗，你找的票可能是一些出租车票，那么在外账里反映这项支出是交通费，内账里记录的却是办公费用。当然两种不同的费用对于企业的利润是没有影响的，影响的只是记录的费用类别。

总结：本阶段通常由公司自有的专职会计包揽内账外账，收入、费用的金额上通常会做一致（不专业的会计会把外账费用做得更大，收入做得更小），但是具体的费用项目是不一致的，不过通常追求结果一致。

阶段4：公司成熟期

你的公司要有远大前程了，要奔向新三板，甚至去主板了，这时候公司已经有充足的会计人员，作为登上人生顶峰的大老板，你已经不用担心做账这些细节问题了。

在成熟期的企业，基本上不存在两套账了，因为一旦被发现，处罚是非常重的，并且由于你发达了，油水多了，腰已粗了，没有必要为了省钱不开票了。还有一些企业为了利润指标好看，想办法做更多的收入、开更多的票。更夸张的是，自己掏钱而不到公司报销费用，因为如果公司体现的利润多1元钱，你的估值可能多100元，如果你占50%股份的话就多了50元的资产，现在上市公司的PE（市盈率）值都高得离谱。

当然，很多公司在挂牌或者IPO的路上，基本上都存在内部控制、预算管理、财务制度以及账务处理方法的不规范，这个时候也不要急，会有专业的财务咨询公司提供专业的服务。

总结：做账得遵守规范，专职的财会人员做账，基本上只有一套账，不过财务管理成本提高了。

以上总结的是公司创业路上经历的四种财务做账方法，当然老非建议你，在条件允许的情况下，公司一成立，就把内账和外账数据结果做成一致的，这样可以减少后面的麻烦事，让各利益相关方对你的创业项目更加充满信心！

资料来源：黄非说创业. https://www.sohu.com/a/106087486_421261.

图6-5总结了创业公司账务做账的四个阶段。

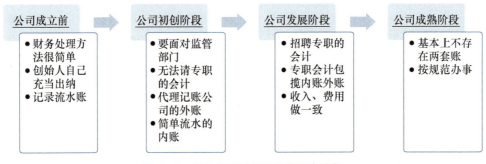

图6-5　创业公司财务做账的四个阶段

6.4　估值与吸引投资

6.4.1　创业公司估值

在创业企业早期，估值取决于创业公司需要多少资金，估值并未反映公司的真正价值，它只体现投资者用投资交换的公司股权。首先风险投资企业会搞清楚创业公司需要多少钱才能成长到业务显著增长的阶段，从而可以开始下一轮融资；其次会分析创业企业发展到一个成熟企业（也可以认为是能够通过 IPO 或并购实现风险投资退出的时期）期间需要多少轮融资以及每轮融资的溢价倍数；最后，估算经过多轮融资后，目前所占的股份会在成熟企业中被稀释为占比多少，将成熟企业的价值乘以这个股份比例就是退出时能回收的投资。

目前国内评估风险投资的项目，仍然习惯于运用现金流贴现模型（DCF）进行估值，即对未来若干年的现金流进行预测，然后通过贴现率得到评估值。其采用的收益法模型与传统企业的评估方法没有区别，开始投资后根据企业每年的现金流情况进行折现。

通过一个合理的贴现率来对未来产生的现金流进行贴现，最后加总所得即为公司价值。在该过程中通常需要根据公司所处行业前景、竞争对手、产品周期、成本波动等因素将现金流分为若干阶段再贴现。但估值过程中变量较多，容易对估值结果造成影响。

针对非公开招股的公司，公司价值的估算方法还有重置成本法，该法通过在现实条件下将评估对象（即创业公司）重新购置或营建一个全新状态时所需总成本减去应计提损耗，以所得差值来确定公司价值。该法以公司初创时支出的现金作为基础进行折算，从而确定公司市值的最低值。但是其缺少对于公司运营过程所产生的相关的无形价值及其预期收益增长价值的估算，从而低估公司价值，在估值谈判中将对公司产生不利影响。

市场法也是常用方法，是依据一些基本的财务指标如现金流、利润、业务收入及账面价值等，再以可比近期业务和可比公司为参照物，根据比拟不同来确定其定价乘数。之后将公司的各项指标代入而得到其估值。

市场法操作简单，但难点在于找寻参照物及大量实际数据。对可比上市公司与创业公司、可比近期交易与标的交易的差异性评价及其对应的修正也是难点。对于特殊的创业公司及其附属的无形资产的估值涉及复杂的会计准则，因此现实中的估值也会有所出入。市场法根据不同的定价乘数可分为市盈率 P/E 系数法、市净率 P/B 系数法、市销率 P/S 系数法、市现率 P/CF 系数法。

此外，还有股利贴现法，根据戈登模型（Gordon Model）对未来股利进行贴现；自由现金流贴现估值法（FCF），该法适用于公司的股利分发与利润增长率无显著相关性，但公司有历史现金流且未来现金流与盈利显著相关，能够预测的情形；剩余收益贴现估值法（RI），该法把公司目前的价值分为当前股权账面价值与预期未来收益，通过对后者进行贴现再与前项加总即为公司价值，其模型适用于未发放股利的创业公司，且当期和可预期的时期内会产生稳定现金流。[①]

6.4.2 不同阶段估值的秘密

1. 一个典型的企业融资历程

微案例 6-5   互联网企业的融资历程

让我们先看一个虚拟的社交类企业的融资历程（见图6-6）。

图 6-6   一个虚拟的社交类企业的融资历程

天使轮：公司由一个连续创业者创办，创办之初获得了天使投资。

A轮：1年后公司获得A轮，此时公司MAU（月活跃用户数）达到50万人，ARPU（单用户贡献）为0，收入为0。

A＋轮：A轮后公司用户数发展迅猛，半年后公司获得A＋轮，此时公司MAU达到500万人，ARPU为1元。公司开始有一定的收入（500万元），主要是因为开始通过广告使得少量的流量变现。

B轮：1年后公司再次获得B轮，此时公司MAU已经达到1 500万人，ARPU为5元，公司收入已经达到7 500万元。ARPU不断提高，因为公司已经通过广告、游戏等方式找到了有效的变现方法。

C轮：1年后公司获得C轮融资，此时公司MAU为3 000万人，ARPU为10元，公司的广告、游戏、电商、会员等各种变现方式多点开花。公司收入达到3亿元，公司开始盈利，假设净利润率为20％，利润为6 000万元。

IPO：公司每年保持收入和利润30％～50％的稳定增长，1年后上市。

---

① 谢育钒. 中国创业公司估值研究. 金融经济，2017（16）：29-30.

　　这是一个典型的优秀互联网企业的融资历程，该企业由连续创业者创办，每一轮都获得著名风投机构投资，成立 5 年左右上市。我们从这个公司身上，可以看到陌陌等互联网公司的影子。

　　资料来源：创业融资：天使、A 轮、B 轮、VC、PE——不同阶段估值的秘密. 创业融资，2017（8）：71-72.

2. 在什么时候应该用什么估值方法

　　在互联网行业，常用的估值方法有 P/E（市盈率）、P/S（市销率）、P/GMV（市值/交易流水）、P/订单量、P/用户数，等等。到底在什么时候应该用什么估值方法，一直是业界争论不休的问题。从企业发展阶段看，各阶段的投资人不同，其进入、退出情况也不同，如图 6-7 所示。

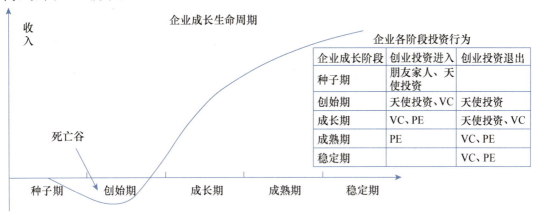

企业成长阶段	创业投资进入	创业投资退出
种子期	朋友家人、天使投资	
创始期	天使投资、VC	天使投资
成长期	VC、PE	天使投资、VC
成熟期	PE	VC、PE
稳定期		VC、PE

图 6-7　企业各阶段投资行为

　　疑问是：（1）到底在什么时候应该用什么估值方法？（2）为什么发展得好好的公司会"B 轮死""C 轮死"？（3）不同的经济周期、市场环境、政策环境，有何不同的影响？

　　按时间顺序倒着来讲。

　　上市后，公众资本市场给了公司 50 倍市盈率。细心而专业的读者会立即反应过来，这个公司的股票投资价值不大了，PEG（市盈率/增长）>1，看来最好的投资时点还是在私募阶段，钱都被 VC 和 PE 挣了。

　　C 轮的时候，不同的投资机构给了公司不同的估值，有的是 50 倍 P/E，有的是 10 倍 P/S，有的是单个月活跃用户估值 100 元人民币，但最终估值都是 30 亿元。不信大家可以算算。每种估值方法都很有逻辑，一个拟上创业板的公司给 50 倍市盈率；一个典型的互联网公司给 10 倍市销率，这在美国很流行；或者一个用户给 15～20 美元的估值，看看Facebook、Twitter 等公司的估值，再打点折扣。

　　B 轮的时候，不同的投资机构给了不同的估值方法，分歧开始产生了。某个机构只会按 P/E 估值，它给了公司 50 倍市盈率，但公司没有利润，所以公司估值为 0；某个机构按 P/S 估值，它给了公司 10 倍市销率，所以公司估值 10×0.75 亿＝7.5 亿元；某个机构按 P/MAU 估值，它给每个 MAU 100 元人民币，所以公司估值达 100 元/人×1 500 万人＝15 亿元。不同的估值方法，差异居然这么大！看来，此时 P/E 估值方法已经失效了，

P/S、P/MAU 继续适用，但估算出来的价格整整差了一倍。假设公司最终在 7.5 亿~15 亿元之间选了一个中间值 10 亿元，接受了 VC 的投资。

A 轮的时候，P/E、P/S 都失效了，但如果继续按每个用户 100 元估值，公司还能有 5 亿元（＝100 元/人×500 万人）估值。此时能看懂公司的 VC 比较少，大多数 VC 顾虑都很多，但公司选择了一个水平很高、敢按 P/MAU 估值、坚信公司未来会产生收入的 VC，按 5 亿元估值接受了投资。

在天使轮的时候，公司用户、收入、利润啥都没有，P/E、P/S、P/MAU 都失效了，这时是怎么估值的呢？公司需要几百万元启动资金，由于创始人是著名创业者，所以 VC 都多投了一点，那就给 2 000 万元吧，再谈个适中的占比例 20%，最后按 1 亿元估值成交。

总结一下，这个互联网公司天使轮的估值方法是拍脑袋；A 轮的估值方法是 P/MAU；B 轮的估值方法是 P/MAU、P/S；C 轮的估值方法是 P/MAU、P/S、P/E。也许上市若干年后，互联网公司变成传统公司，大家还会按 P/B（市净率）估值。大家回想一下，是不是大多数的融资都是类似的情况。表 6-7 总结了各阶段估值方法。

表 6-7　各阶段估值方法

阶段	估值方法	描述
上市若干年后	按 P/B（市净率）估值	互联网公司变成传统公司
IPO	资本市场给了公司 50 倍市盈率	
C 轮	不同的投资机构给了公司不同的估值	有的是 50 倍 P/E，有的是 10 倍 P/S，有的是每个 MAU 估 100 元人民币，但最终估值都是 30 亿元
B 轮	分歧开始	● 某个机构只按 P/E 估值，给了公司 50 倍市盈率，但公司没有利润，所以公司估值为 0 ● 某个机构按 P/S 估值，给了 10 倍市销率，所以公司估值 10×0.75 亿＝7.5 亿元 ● 某个机构按 P/MAU 估值，每个 MAU 100 元人民币，所以公司估值达 100 元/人×1 500 万人＝15 亿元
A 轮	P/E、P/S 都失效，能看懂公司的 VC 比较少，VC 顾虑都很多	选择了一个水平很高、敢按 P/MAU 估值、坚信公司未来会产生收入的 VC，按 5 亿元估值接受了投资
天使轮	用户、收入、利润啥都没有	拍脑袋，给 2 000 万元，按占比 20%，1 亿元估值成交

3. 不同的估值方法殊途同归

对互联网公司来说，P/MAU 估值体系的覆盖范围是最广的，P/E 估值体系的覆盖范围是最窄的。在此，我们姑且把这种覆盖体系叫作估值体系的阶数。P/MAU 是低阶估值体系，容忍度最高；P/E 是高阶估值体系，对公司的要求最高。

我们来看一个公式：净利润（E）＝收入（S）－成本费用＝用户数（MAU）×单用户贡献（ARPU）－成本费用。一般来说，如果企业没有 E，还可以投 S；如果没有 S，还可以投 MAU。但最终还是期待流量能转换为收入，收入能转换成利润。不同的创业企业处于不同的阶段，有的处于拼命扩大用户量的阶段，有的处于绞尽脑汁让流量变现的阶段，有的处于每天琢磨怎么实现盈利的阶段。然而，最终大家是要按盈利来考察一个公司的，那时候不同阶数的估值方法是殊途同归的。

为什么发展得好好的公司会"B 轮死""C 轮死"？有的公司用户基数很大，但总是转换不成收入，如果在融下一轮的时候（假设是 B 轮），投资人坚决要按高阶估值体系 P/E 估值，那么公司的估值算下来是 0，融不到资，所以会出现 B 轮死；有的公司收入规模不错，但老是看不到盈利的希望，如果在融下一轮的时候（假设是 C 轮），面对的是只按净利润估值的 PE 机构，公司 P/E 估值为 0，融不到资，就会出现 C 轮死。

不同的经济周期，估值体系的使用范围会平移。在牛市，估值体系会往后移，这能解释为什么过去两年很多一直没有净利润的公司都获得了 C 轮、D 轮，甚至 E 轮融资，而且来自传统的 PE 机构，因为它们降阶了，开始使用 P/S 这个低阶工具了；在熊市，估值体系会往前移，这能解释为什么今年下半年以来，一些收入和用户数发展良好的公司都融不到资，甚至只能合并来抱团取暖，因为连很多 VC 都要求利润了，大家把低阶的估值体系雪藏了。

中国为什么一直缺少人民币 VC？部分原因是，中国的公众资本市场只认 P/E 这个高阶估值体系。我们看看创业板的发行规则："（1）连续两年连续盈利，累计净利润不少于 1 000 万元……或（2）最近一年净利润不少于 500 万元，营业收入不少于 5 000 万元……" 必须要有这么多的利润，才能上市，才能在二级市场具有价值，这个估值体系要求实在太高了。当企业只有用户数、只有收入规模时，哪怕用户数是 10 亿人，收入规模有 100 亿元，只要没有利润，估值为 0。人民币 VC 很少，因为它们只用市盈率这个工具，不然没有退出渠道。但美股、港股都有 P/S 的测试指标，只要达到一定规模就可以成为公众公司上市。如果公司在上市后相当长的一段时间内都可以只按 P/S 估值（最终可能还是要按 P/E 估值），就会打通大多数公司的发展阶段，让每一轮的估值都变得顺畅起来。

图 6-8 对不同的估值方法做了总结。

不同估值方法殊途同归	·净利润(E)＝收入(S)－成本费用 ·净利润(E)＝用户数(MAU)×单用户贡献(ARPU)－成本费用 ·可以投其中任何一个参数（即估值方法） ·最终还是期待流量能转换为收入，收入能转换成利润
"B 轮死""C 轮死"？	·有的公司用户基数很大，但总是转换不成收入 ·如果在融下一轮的时候（假设是B轮），投资人要按P/E估值，公司的估值是0，融不到资——B轮死 ·有的公司收入规模不错，但老是看不到盈利的希望 ·如果在融下一轮的时候（假设是C轮），面对的是只按净利润估值的PE机构，公司P/E估值为0，融不到资——C轮死
不同的经济周期或市场环境	·牛市，估值体系会偏乐观、宽松，即使PE机构也用P/S估值 ·熊市，估值体系会偏悲观、紧缩，很多VC也要求利润
政策环境	·创业板发行规则："(1)连续两年连续盈利，累计净利润不少于1 000万元……或(2)最近一年净利润不少于500万元，营业收入不少于5000万元……" ·当企业只有用户数、只有收入规模，哪怕用户再多、规模再大，只要没有利润，估值为0 ·人民币VC很少，PE很多

图 6-8　不同的估值方法

6.5　从创业到上市

创业者通常会看到天使轮 A 轮、B 轮、C 轮、D 轮等词，这些词语的含义是什么，创业者与融资的对应关系意味着什么，请从下面这个微案例入手分析。

微案例　6-6　从创业到上市要经历什么

创办公司

张三和李四分别出资 12 万元和 8 万元，共计 20 万元，合伙开了一家公司——三四餐饮服务有限公司，按出资来确定股份占比。公司的主营业务是经营面包店，张三李四从 20 万元的注册资本里拿出 5 万元，支付了一年的店面租金，并对店面做了一些装修。又用 5 万元买了相应的设备、工具、器材等用品，还剩下 10 万元用来经营面包店。凭借优质的口感和公道的价格，这家面包店很快就吸引了大量的顾客，每天生意兴隆，很快就占领了街区的面包市场。

天使投资

只开一家店肯定满足不了张三李四的胃口，虽然现在面包店有盈利，但是盈利并不太多，等到攒够了扩张店铺的资金，就错过市场机会了。于是，张三李四想到了天使投资。他们找到了当地有名的土豪——王五，人称"钻石王老五"，希望王五提供 20 万元资金来使公司发展壮大。王五评估了三四餐饮服务有限公司的财务账单，发现面包店平均每个月有 5 万元的营业收入（以下简称营收），除去租金、水电、工资、原料等成本，每个月的净利润大约是 1 万元。这样下来，每年的净利润大概是 12 万元。通过简单的市盈率计算，王五觉得三四餐饮服务有限公司的融资前估值大概是 40 万元，这个估值得到了张三李四的认可。于是王五注资 20 万元，作为天使投资人占股 33%，张三的股份稀释到 40%，李四的股份稀释到 27%。天使轮之后，公司估值 60 万元。

没多久，擅长经营的张三李四就用这笔资金在旁边一个街区开了一家分店，并占领了整个东城区的面包市场。由于经营有方，公司每个月的营收水涨船高。半年后，公司每个月的营收达到了 12 万元，净利润有 4 万元。

A 轮融资

过了一段时间，张三发现西城区也有一家生意很好的面包店，如果要往西城区扩张，必须遏制住那家店的发展势头。为了占领整个城区的面包市场，必须再次进行融资。王五给张三李四介绍了赵六控股的六六大顺投资管理有限公司来进行 A 轮投资。

赵六同样对三四餐饮服务有限公司的本轮融资前估值做了评估，最后敲定下来的融资前估值为 150 万元，赵六再注资 50 万元，这样 A 轮融资后公司估值为 200 万元。公司的股权结构再一次发生变化，赵六占股 25%，王五占股约 25%，张三占股约 30%，李四占股约 20%。

张三李四迅速用这 50 万元在西城区开了两家分店，并采用低价策略打败了竞争对手，独占整个城区的面包市场。半年之后，凭借 4 家分店，三四餐饮服务有限公司的每月营收达到了 20 万元。

又过了一段时间，张三发现，如果向产业链的上游延伸，收购一家面粉生产商，这样更有利可图。于是，聪明的张三萌生了并购的念头。但同样的问题产生了，钱从哪里来？张三将自己的想法告诉了 A 轮投资者赵六，赵六认可张三的想法，于是引荐了另外一个投资人，同样财大气粗的投资机构零零七创投有限公司。零零七创投有限公司的老板凌凌漆对公司进行研究之后，觉得有一定的投资价值，于是双方坐下来商讨本轮的公司估值。

张三觉得此轮融资前公司估值应该涨到 400 万元，凌凌漆觉得只值 300 万元。双方你来我往，讨价还价之后，将投资前估值定在 350 万元。凌凌漆答应投 150 万元进来，这样 B 轮融资之后，公司的总估值达到了 500 万元，公司的股份占比为凌凌漆 30%，赵六 17.5%，王五 17.5%，张三 21%，李四 14%。

张三用这 150 万元并购了一家面粉生产商，直接进行面粉供应，降低了面包的成本，提高了企业的利润率。张三确实是做经营的好手，不到一年又抢占了周边几个市场。

C 轮融资

一年之后，三四餐饮服务有限公司在当地已经很有名气了。随着业务的扩大，张三意识到必须把业务扩展到全省。通过各地连锁经营、集团统一运作的方式，加以一定的杠杆，加速公司的成长。本来，张三想找银行贷款来进行商务运作。但是，三四餐饮服务有限公司还只是一个小企业，而银行的主要贷款对象是国有企业，对中小企业不屑一顾。没有办法，张三又找了凌凌漆，希望他们一起进行新一轮融资。

各方再次因为公司的估值问题而产生了不同的意见，张三李四觉得公司应该值 1 000 万元，凌凌漆觉得只值 800 万元。一番商讨之后，凌凌漆同意将投资前估值定为 1 000 万元，但是需要签对赌协议。如果两年内三四餐饮服务有限公司不能实现年净利润 100 万元，张三和李四就需要各自无偿出让 6% 和 4%，一共 10% 的股份给凌凌漆。张三对自己的经营能力非常有信心，答应了凌凌漆的对赌协议。

C 轮融资中，凌凌漆追加了 250 万元的投资，这样 C 轮之后，公司估值达到了 1 250 万元，其中凌凌漆占股 44%（20%＋30%×0.8），赵六占股 14%，王五占股 14%，张三占股 16.8%，李四占股 11.2%。

利用 C 轮融资的这 250 万元，张三迅速攻城略地，很快就抢占了全省的面包市场。但是面包行业利薄，公司的年利润始终达不到 100 万元，由于签了对赌协议，张三很焦急。

张三李四辛辛苦苦这么多年，结果两人合起来的股份被稀释到不足 30%，离公司上市遥遥无期。

在这个故事中，张三李四的命运到底会怎么样？他们什么时候才能实现财务自由？

资料来源：http://mini.eastday.com/a/170422163312144-2.html。

解释：

从创业到上市，创业公司一般经历下面几个阶段的投资。

（1）天使轮：提出模式。

● 主要关注创始人和赛道。

● 早期的时候，创业者对现金的需求量和依赖度没那么高。

（2）A轮：证实模式。

● 要关注产品和团队。

● 当团队、产品、赛道都明晰了，就能看见效果，这个时候公司的模式就显现出来了。

● 从天使轮到A轮，钱会慢慢变少，因为你在扩张、快跑，同时人数在增加。不断严格要求自己，保持基本的生命线，把控好12~18个月的发展。

（3）B轮：发展、复制模式。

● 主要关注模式、数据、团队、预期。

● 对资金的依赖度、需求量一下就上去了。

● 人越多，效率越低，事越弄不清楚。

● 怎么这么乱？怎么老在变？咱们到底在干什么？

（4）C轮：形成规模，成为行业龙头，达到上市要求。

● 主要关注团队。

● 对创始人的业务能力的依赖感下降，更看重团队及系统化的管理。

● 坐在办公室里、开会的时间越来越多。

（5）D轮：主要关注财务、法务、数据和业绩。

● 上市前：主要关注倍率、周期、回报性。

另外，企业是否一定要上市？上市是企业的荣耀还是枷锁？需要具体情况具体分析，一般而言，企业愿意上市——它能获得市场的认同，有助于把品牌做得更大，能获取更多的资源，能找到更多的人才。但是，如果能做到上述四点，企业可以不上市，靠自己滚动发展。毕竟，上市还要解决投资人怎么退出的问题。

 游戏与模拟实训

启动资金需求分析

选择自己团队感兴趣的创业项目，思考企业发展战略和财务战略，明确企业的财务需求，测算创业初期启动创业项目所需要的资金量。

1. 时间：30分钟。

2. 任务：预测创办企业的资金需求，确定资金筹集渠道。各组总经理负责本组活动的组织和管理，要求每位成员必须分担不同的角色和职责。各组必须在规定时间内提交资金使用计划表（见表6-8）和资金筹措渠道表（见表6-9），逾时不予考评。

3. 程序：

（1）每个小组1分钟竞聘确定总经理，总经理分配成员角色。

（2）总经理带领团队开展5分钟头脑风暴：开办一个企业需要哪些钱？

表 6 - 8 资金使用计划表

项目	具体项目	金额（元）	比例（%）
房租	厂房、办公室等的租金		
固定资产购置	企业用地、建筑物、设备等		
原材料采购	原材料成本、运输费用、半成品成本等		
人力资源	工资、保险费等		
营销费用	广告费、加盟费、市场推广费等		
其他费用	市场调查费、培训费、工商注册费等		
合计			

表 6 - 9 资金筹措渠道表

筹措渠道	注意事项	金额（元）	比例（%）
自有资金	易获得、成本低		
私人拆借	利率较高		
银行贷款	利率合理、限制条件多		
合计			

财务测算及其相关表格

1. 固定资产投入预测

（1）设备。根据预测的销售量，假设达到100%的生产能力，确定企业需要购买的设备。完成表6-10。

表 6 - 10 设备需求表

名称	数量（台）	单价（元）	总费用（元）

（2）交通工具。根据交通及营销活动的需要，确定拟购置的交通工具。完成表6-11。

表 6 - 11 交通工具需求表

名称	数量（辆）	单价（元）	总费用（元）

（3）固定资产和折旧概要。完成表6-12。

表 6 - 12　固定资产和折旧

项目	价值（元）	年折旧（元）
合计		

2. 流动资金预测（3 个月）

（1）原材料和包装。完成表 6 - 13。

表 6 - 13　原材料和包装

项目	数量	单价（元）	总费用（元）
合计			

（2）其他经营费用（不包括折旧费和贷款利息）。完成表 6 - 14。

表 6 - 14　其他经营费用

项目	费用（元）	备注
业主的工资		
雇员的工资		
租金		
营销费用		
公用事业费		
维修费		
保险费		
登记注册费		
其他		
合计		

3. 融资策略选择

（1）已有资金数额。

（2）资金缺口融资途径与策略选择。

4. 销售收入预测（12 个月）

完成表 6 - 15。

表 6 − 15　销售收入预测表

销售的产品		1月	2月	3月	4月	5月	6月	7月	8月	9月	10月	11月	12月	合计
(1)	销售数量													
	平均单价													
	月销售额													
(2)	销售数量													
	平均单价													
	月销售额													
(3)	销售数量													
	平均单价													
	月销售额													
(4)	销售数量													
	平均单价													
	月销售额													
(5)	销售数量													
	平均单价													
	月销售额													
合计	销售总量													
	销售总收入													

5. 销售和成本计划

完成表 6 − 16。

表 6 − 16　销售和成本计划表

项目		1月	2月	3月	4月	5月	6月	7月	8月	9月	10月	11月	12月	合计
销售	含流转税销售收入													
	流转税（增值税）													
	销售净收入													
成本	业主工资													
	员工工资													
	租金													
	营销费用													
	公用事业费													
	维修费													
	折旧费													
	保险费													
	登记注册费													
	原材料													
	(1)													
	(2)													
	(3)													
	(4)													
	总成本													
利润（税前）														

续表

	项目	1月	2月	3月	4月	5月	6月	7月	8月	9月	10月	11月	12月	合计
税费	企业所得税													
	个人所得税													
	城建税与教育费附加													
	净收入（税后）													

6. 现金流量计划

完成表6-17。

表6-17　现金流量计划表

	项目	1月	2月	3月	4月	5月	6月	7月	8月	9月	10月	11月	12月	合计
现金流入	月初现金													
	现金销售收入													
	赊销收入													
	贷款													
	其他现金流入													
	可支配现金（A）													
现金流出	现金采购													
	（1）													
	（2）													
	（3）													
	（4）													
	业主工资													
	员工工资													
	租金													
	营销费用													
	公用事业费													
	维修费													
	贷款利息													
	保险费													
	登记注册费													
	设备													
	其他													
	税金													
	现金总支出（B）													
	月底现金（A－B）													

第 7 章　商业模式与产品

▶▶▶ ─────────────────────────────

学习目标 ◀◀◀◀

- 理解商业模式的含义。
- 理解核心竞争力的来源。
- 理解创业公司扬长避短的重要性。
- 基本掌握差异化的要点。
- 理解产品策略的关键点。
- 基本掌握起名的要点。
- 理解文化制胜的重要性。

7.1　商业模式构建

7.1.1　创意是商业模式的萌芽

有关初始商业模式的看法基于一系列假设，与其说是企业的商业模式，还不如说是创业者的一种创意，是没有实现的构想。哈默（Gray Hamel）认为，经营模式就是已经付诸实践的经营理念，经营理念则是存在于经营者头脑中的关于如何经营、如何满足顾客需求的想法或概念。

不管如何称呼（如创意、商业概念或经营理念），商业创意来自机会的丰富和逻辑化，并最终演变为商业模式。创意终归是机会被识别以后的合理化、逻辑化产物，而创意被差异化以后便成为商业模式。

从创业研究的视角来看，机会是经由创造性资源组合传递更高价值来满足市场需求的可能性（Schumpeter，1934；Kirzner，1973）。换言之，机会主要指"不明确的市场需求，或者未被利用的资源或能力"。随着市场需求日益清晰以及资源日益得到准确界定，

微案例 7-1　　　　　　　　一支画笔下诞生的灵感

2012年10月，中山大学大四学生王子和莫子皓打算做一些不一样的事，回馈社会。这个想法源于一段往事，进而成为米公益的第一颗种子。

王子曾跟随学校组织的支教团，去山区小学上美术课，教孩子们画画，他发现孩子们缺少画笔。王子便问带队的队长，能否买一些笔在下次支教时带给孩子们。结果遭到拒绝，队长表示，过去有很多志愿者有过类似考虑，但他们承诺了之后没有做到，或者以后很难再来，孩子们就会产生失落感。王子又问：如果我不买，他们又没有画笔，那怎么办？

队长也难以回答这一问题，事实上，当时的他们并没有能力去改变这一现实。王子想到，这个问题或许源于整个公益行业的运行机制。个体之力太过分散，很难跟公益需求实现匹配，一人一时的恻隐之心也只是杯水车薪，结果无非是头痛医头脚痛医脚。那么能否改变这种现状呢？公益资金的供给方、需求方，以及执行者，有没有实现更好匹配的方法呢？

后来，王子跟莫子皓成功组建了一个20多人的结构完整的优秀团队。这20余人全部都是中山大学各个学院里数一数二的能人，有着财务、技术、宣发等不同领域的专业背景。

新组建的米公益团队对当时的公益市场做了深入的分析，经过大量调研和团队头脑风暴之后，他们想到一个三位一体的商业模式，将用户、公益机构和企业联系到一起，构成一个三角模式，由企业出钱、公益机构负责工作、用户投入碎片时间，与公益社区一起成长。

资料来源：王强，占烁，米壮，等. 粒米虽小，公益事大——米公益：不止更好的自己. 商学院管理案例与教学创新案例库2018年度案例.

机会将超脱其基本形式，逐渐演变成商业概念（business concept），包括如何满足市场需求或如何配置资源等核心计划。

随着商业概念自身的提升，它变得更加复杂，包括产品/服务概念（即提供什么），市场概念（即向谁提供），供应链/营销/运作概念（如何将产品/服务推向市场）（Cardozo，1986）。进而，这个准确并差异化的商业概念逐渐成熟，最终演变为完善的商业模式（business model），将市场需求与资源结合起来。[①]

商业模式的定义的演变如表7-1所示。

表7-1　商业模式的定义

最初的定义	蒂蒙斯的定义
早在20世纪50年代就有人提出了"商业模式"的概念，但直到40年后（20世纪90年代）才流行开来。	指一个完整的产品、服务和信息流体系，包括每一个参与者及其起到的作用，以及每一个参与者的潜在利益与相应的收益来源和方式。

---

① 王伟毅，李乾文. 创业视角下的商业模式研究. 外国经济与管理，2005（11）.

多种定义的共同关注点	国内代表性专家学者的定义
在分析商业模式的过程中，主要关注一类企业在市场中与用户、供应商、其他合作方的关系，尤其是彼此间的物流、信息流和资金流。	清华大学雷家骕教授概括出的商业模式定义为：一个企业如何利用自身资源，在一个特定的包含了物流、信息流和资金流的商业流程中，将最终的商品和服务提供给客户，并收回投资获取利润的解决方案。

　　商业模式是一个涉及经济收入、营运流程和企业战略等不同管理内容的复杂系统，尽管如此，它并非从天而降。商业模式源于创业者的商业创意和对商业机会的丰富和逻辑化。创业者面对没有被满足的市场需求时，创业精神驱动其研究和分析市场机会，并创造性地开始商业设计，通过市场调查和小规模销售，不断接近真实的消费者需求，形成更加清晰的商业概念；随着商业概念的提炼，它变得复杂和完善，包括向市场提供什么产品或服务、向谁提供、如何通过价值链运用和渠道设计将产品和服务推向目标消费群体等。创业者发现商业机会，形成商业创意，并不断通过整合资源满足不断变化的市场需求，在商业概念逻辑化、合理化、差异化的演进过程中，最终形成相对稳定、成熟的商业模式，见图 7-1。

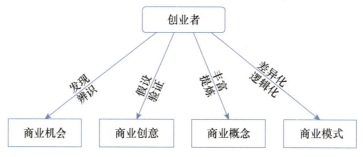

图 7-1　商业模式的形成过程

7.1.2　商业模式的逻辑

　　商业模式是指企业整合资源和能力、进行战略规划，以充分开发创业机会，实现利润目标的内在逻辑。

微案例　**7-2**　　　**商业模式就是赚钱的模式**

　　1997 年 10 月，亚信总裁田朔宁到美国去融资，美国著名投资商罗伯森问田朔宁："亚信的商业模式是什么？"田朔宁听了一头雾水。罗伯森说："一块钱通过你的公司绕了一圈，变成一块一。商业模式就是指这一毛钱是在什么地方增加的。"

"商业模式"一词 1957 年首次出现在论文中，1998 年蒂蒙斯对商业模式的概念进行了系统定义。他认为，商业模式可以作为产品、服务和信息流的框架，其基本要素包括产品、服务、信息、商业参与者、价值以及收入来源等。

从本质上看，商业模式描述企业如何运作，好的商业模式可以回答：谁是顾客？顾客珍视什么？管理者如何通过商业活动赚钱？如何以合适的成本向顾客提供价值？图 7-2 展示了商业模式的逻辑。

图 7-2　商业模式的逻辑

价值发现明确了价值创造的来源，这是对机会识别的延伸。通过可行性分析，可发现创业者所认定的创新性产品和技术只是创建新企业的手段，企业最终盈利与否取决于它是否拥有顾客。创业者在识别创新产品和技术的基础上，进一步明确和细化顾客价值所在，确定价值命题，是商业模式核心逻辑的起点。

价值匹配就是寻找合作伙伴，整合社会资源，以实现价值创造。创业者发现了新的商业机会，然而新企业不可能拥有满足顾客需要的所有资源和能力，即便新企业愿意亲自去打造和构建客户需要的所有功能，也常常面临着很大的成本和风险。因此，为了在机会窗口内取得先发优势，最大限度地控制机会开发的风险，几乎所有的新企业都要与其他企业形成合作关系，整合价值网络资源，以使其商业模式有效运行。

价值创造包括制定竞争策略、享有创新价值，这是价值创造的目标，是新企业能够生存下来并获取竞争优势的关键，因此是有效商业模式的核心逻辑之一。许多创业企业是新技术或新产品的开拓者，却不是创新利益的占有者。这种现象发生的根本原因在于这些企业忽视了对创新价值的获取。

总的来看，价值发现、价值匹配和价值获取是有效商业模式的三个逻辑性原则，在其开发过程中，每一项都不能忽略。新企业只有认真遵循这些原则，才能真正开发出同时为顾客、企业以及合作伙伴创造经济价值的商业模式。

微案例　7-3　　　　　　海底捞：提供星级服务

海底捞是从街边麻辣烫创业起步的。1994 年，张勇在四川省简阳市开设了第一家海底捞火锅店。2007 年 4 月，四川省简阳市海底捞餐饮有限责任公司正式成立。目前，海底捞在全国拥有 1 万余名员工、50 家直营分店，连续多年保持快速增长的态势。

海底捞产品并无高科技含量，也极易被模仿，然而消费者却对海底捞趋之若鹜。深层次、全方位满足顾客潜在的需求是其快速发展的根本原因。

餐厅排队等候，原本是一个令人难耐的过程，海底捞却把它变成一种愉悦。持号码等待就餐的顾客可以一边关注屏幕上的座位信息，一边享受免费的水果、饮料、零食，不会饿肚子；如果是一大帮朋友在等待，服务员还会主动送上扑克牌、跳棋之类的桌面游戏供大家打发时间；可以趁等候的时间到餐厅上网区浏览网页；还可以享受免费的美甲、擦皮鞋等服务。待客人坐定点餐时，围裙、热毛巾已经一一奉送到眼前。服务员还会细心地为长发的女士递上皮筋和发夹，以免头发垂落到食物里；戴眼镜的客人则会得到擦镜布，以免热气模糊镜片；服务员看到你把手机放在台面上，会不声不响地拿来小塑料袋装好，以防手机沾到油渍……这就是海底捞的粉丝们所享受的"以便宜的价格买到星级的服务"的全过程。

毫无疑问，这样贴身又贴心的超值服务，让人流连忘返。商家在为消费者创造超额价值的同时也获得了丰厚的回报。

一个成功的公司能找到一种为客户创造价值的方法，即帮助客户完成一件重要的工作。客户价值主张有独特的、可测量的、可持续的特征，正确地构建和传递客户价值主张能为企业绩效做出重要的贡献。价值创造的水平取决于目标客户对新任务、新产品或者新服务的新颖性和专有性的主观评价，即价值创造以客户价值主张为基础。对企业来说，价值创造过程也是企业商业模式的重要组成部分。

企业的主要目的是创造和实现价值，而客户是价值的决断者，因此，客户价值主张、价值创造、价值实现构成了企业商业模式的核心内容。

7.1.3　商业模式的构成要素

与所有经典故事一样，商业模式的有效设计和运行需要人物、场景、动机、地点和情节。为了使商业模式的情节令人信服，人物必须被准确安排，人物的动机必须清晰，最重要的是情节必须充分展示新产品或服务是如何为顾客带来价值和利益的，又是如何为企业创造利润的。

目前，主要的商业模式研究是在电子商务领域（Mahadevan，2000）。早期研究关注网络企业如何获取收益的问题，随后的研究开始区别基于产品提供、价值创造过程、企业构架以及其他变量的模式类型。关于商业模式组成要素的研究也相对丰富起来，但对关键组成要素仍没有形成一致意见。表 7 - 2 描述了有关商业模式组成要素研究的概况。

表 7 - 2　商业模式组成要素概览

文献	组成要素	要素数量	电子商务或一般企业
Horowitz（1996）	价格、产品、分销、组织特征、技术	5	一般企业
Viscio and Pasternak（1996）	全球化核心、治理、业务单位、服务、关系	5	一般企业
Timmers（1998）	产品、服务、信息流结构，业务参与者及作用，参与者利益，收入来源，市场营销战略	5	电子商务企业
Markides（1999）	产品创新、顾客关系、基础设施管理、财力	4	一般企业
Donath（1999）	理解顾客、营销战术、公司治理、内部网络能力、外部网络能力	5	电子商务企业
Gordijn et al.（2001）	参与者、市场细分、价值提供、价值活动、利益相关者网络、价值界面、价值点、价值交换	8	电子商务企业

续表

文献	组成要素	要素数量	电子商务或一般企业
Linder and Cantrell (2001)	定价模型、收入模式、渠道模式、商业过程模式、由网络加强的商业关系、组织类型、价值主张	7	一般企业
Chesbrough and Rosenbaum（2000）	价值主张、目标市场、内部价值链结构、成本结构与利润模式、价值网络、竞争战略	6	一般企业
Garffier（2003）	市场供应、能力、核心技术投资、盈亏平衡	4	电子商务企业
Hamel（2001）	核心战略、战略资源、价值网络、顾客界面	4	一般企业
Petrovic et al.（2001）	价值模式、资源模式、生产模式、顾客关系模式、收入模式、资本模式、市场模式	7	电子商务企业
Dubosson-Torbay et al. (2001)	产品、顾客关系，合作伙伴，网络与基础设施，财务界面	4	电子商务企业
Afuah and Tucci（2001）	顾客价值、业务范围、价格、收入、相关活动、互补性、能力、可持续性	8	电子商务企业
Weill and Vitale（2001）	战略目标、价值主张、收入来源、成功要素、渠道、核心能力、顾客细分、IT 基础设施	8	电子商务企业
Applegate（2001）	观念、能力、价值	3	一般企业
Amit and Zott（2001）	交易内容、交易结构、交易治理	3	电子商务企业
Alt and Zimmerman (2001)	使命、结构、流程、收入、合法性、技术	6	电子商务企业
Rayport and Jaworsla (2001)	价值集、资源系统、财务模式、市场空间	4	电子商务企业
Betz（2002）	资源、销售、利润、资本	4	一般企业

资料来源：王伟毅，李乾文. 创业视角下的商业模式研究. 外国经济与管理，2005（11）.

7.2 通用工具：商业模式画布

奥斯特瓦德（Osterwalder）和皮尼厄（Pigneur）提出的商业模式画布是一种描述、可视化、评估和创新商业模式的通用工具，是目前广泛运用的商业模式分析工具之一。

该分析法从"为谁提供？提供什么？如何提供？成本多少及收益多少？"四个视角描述了企业创造价值、传递价值、获取价值的基本原理，用九个板块展示企业创造收入逻辑的、相互关联的元素：价值主张、客户细分、客户关系、渠道通路、收入来源、成本结构、核心资源、关键业务和重要合作（见图7-3），这九个元素通过分别覆盖价值主张、客户界面、基础设施和财务生存能力四个方面，对组织的商业模式进行较为全面的分析；并定义商业模式画布为"一种用来描述商业模式、可视化商业模式、评估商业模式以及改变商业模式的通用语言"。

其中客户细分介绍了企业为谁创造价值，企业的客户定位是什么，往往要求区分客户

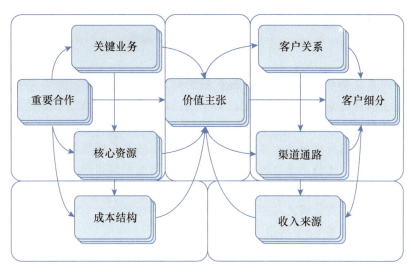

图 7-3　商业模式画布

种类、客户需求、客户痛点；价值主张则回答了企业希望给客户提供什么价值，满足客户哪些需求；渠道通路则是企业向客户传递价值，解决客户痛点的方式渠道，例如生产企业通过直销、零售等提供产品，服务企业则提供门店服务、上门服务等；客户关系关注企业是如何吸引并留住客户的，关注企业与客户之间的关系。

核心资源指的是企业产生核心竞争力的资源能力，可以是实体资产、人力资产、技术专利、渠道等等，要考虑核心资源是否容易被复制；关键业务是企业能够创造价值、传递价值、取得收入的重要业务，要考虑关键业务的形式类型；重要合作指在企业经营过程中与企业产生重要合作的其他企业或客户，可以是上游企业、下游企业，也可以是个人客户群体。

收入来源则是回答企业如何取得收入，能够取得哪些收入，例如产品销售、使用收费、租赁收费、广告收费、授权收费等等；成本结构指企业经营、管理等活动产生的成本，可以通过优化成本结构来优化企业的盈利状况。

商业模式画布理论作为可视化的模型（见图 7-4），也可以将九个元素归入定位、业务系统、盈利模式等企业运营中的关键要素，使得模型本身更为清晰。

重要合作 谁可以帮我，所在行业中的合作方有哪些，如何和他们进行合作	关键业务 我要做什么，关键业务的形式、种类、来源	价值主张 我怎么帮助他人，企业应该向客户传递怎样的价值	客户关系 怎样和对方打交道，如何吸引和维护客户	客户细分 我能帮助谁，客户种类、痛点、需求
	核心资源 我是谁，我拥有什么，有哪些核心资源，是否容易被复制		渠道通路 怎样宣传自己和交付服务	
成本结构 我要付出什么，成本有哪些，哪些比较重要			收入来源 我能得到什么，收入来源的种类，如何收费	

图 7-4　商业模式画布理论模型

7-4 哔哩哔哩商业模式

哔哩哔哩是深受年轻人喜爱的在线视频网站，又称"B站"，2009年创办，2018年3月在美国纳斯达克上市，截至2018年8月24日，公司市值30.38亿美元。2017年中国在线视频用户数逼近5.8亿，手机移动在线视频App用户数超过5亿，付费用户数量快速增长，在线视频行业市场规模接近1 000亿元。现阶段，中国在线视频网站三巨头是爱奇艺、优酷土豆、腾讯视频，这三家视频网站占所有在线视频用户数量的近80%，其他视频网站用户量较少，哔哩哔哩虽然是一个小众的视频网站，却非常受年轻人的欢迎，其商业模式与爱奇艺、腾讯视频、优酷土豆有较大的不同。哔哩哔哩的商业模式画布如图7-5所示。

重要合作 庞大的UP主	关键业务 提供ACG（动画、漫画、游戏）相关内容	价值主张 打造一个服务于对二次元感兴趣的年轻用户的娱乐平台	客户关系 建立活跃的用户活动社区	客户细分 年轻的泛二次元用户
	核心资源 构建二次元生态圈		渠道通路 在线视频网站和手机App	
成本结构 收入分成48%，宽带成本24%，其他28%			收入来源 游戏83%，直播7%，其他10%	

图7-5　哔哩哔哩商业模式画布

哔哩哔哩建立了一个泛二次元年轻用户的生态圈，通过PUGC（专业用户生产内容）等方式提供动画、漫画、游戏等内容，并通过搭建服务于广大UP主的平台来获取流量，主要通过游戏或直播获得分成收入。哔哩哔哩与主流视频网站不同，首先它聚集了一批同质化、黏性高的二次元年轻用户；其次它主要靠游戏或者直播获得分成，而主流视频网站主要靠广告和会员获得收入。哔哩哔哩也有劣势，它针对二次元用户，市场相对较小，未来可以通过提供更为综合的服务获取更多的客户与收入。

哔哩哔哩作为在线视频网站行业较为典型的公司，其商业模式具有自己的特色和成功之处。现阶段中国在线视频网站行业竞争激烈，大部分企业还处于亏损状态，哔哩哔哩已经有了较好的盈利前景。分析哔哩哔哩的商业模式、总结其优势与劣势，对于为在线视频行业提供对策建议、促进行业发展具有重要意义。

资料来源：周杏颖. 基于商业画布模型的哔哩哔哩商业模式研究. 价值工程，2020（1）.

7.3　扬长避短：核心竞争力

一个创业公司显然不同于已经在商场上摸爬滚打、站稳脚跟的企业，它有核心竞争力吗？如果有，那又是什么呢？

微案例 7 - 5　　　　　高瓴资本张磊：投资就是投人

　　投资和教育，这是张磊常年挂在嘴边的两件事。他喜欢说的是"投资就是投人"，要找靠谱的，真正有格局观、有胸怀又有执行力的创业者。

　　从投资者的角度来说，风险投资很多是需要退出的，但人才永远是不需要退出的投资。通过这些年的实践，张磊深刻意识到，教育是对人生最重要的、最明智的投资。他希望用创新的方式倡导普惠教育，以此在社会转型的过程中承担责任、创造价值。

　　在投资方面，张磊喜欢"想干大事"的企业家；在教育方面，他喜欢与具有伟大格局观的企业家共同发现人才、培养人才。他最大的乐趣就是帮助杰出的人实现更大梦想。

　　资料来源：张磊的 27 条理念：投资就是投人！. http://www.sohu.com/a/303794802_100010216.

微案例 7 - 6　　　　　吴世春：投资就是投人

　　我们每一个年轻聪明的大脑都是一个富矿。比如罗敏，他在最早的时候下注，肯定能获得最大的回报；比如叶凯，他要做的游戏我从来没有玩过，我也从来不玩游戏。单就是因为相信这几个人能做成事，所以我就投了他们第一笔钱。

　　我们投罗敏的时候，他在做汽车团购，失败了。后来他找我们说要做家教，我们又给他一笔钱，也失败了。2014 年 3 月，他说要做校园分期，我们又给了他一笔钱，把前面的股份转了一些过来。我认为，你如果信任一个创始人，就应该不断地相信他，知道他最后能够成功。很多人在第一次亏了很多钱，就会放弃。但是我们比较傻一点，前面投了钱，已经交过了学费，我们还得继续交下去。

　　我们觉得投一个企业，主要投团队，主要投人。我们有一个公式叫作一流的团队，哪怕给他三流的方向，他也能做出一个二流以上的项目。趣店一开始的方向并不是最牛的，校园市场实际上比较贫瘠，复购率不是很高。

　　所以对我们来说，一个企业的价值，90％在团队身上；一个团队的价值，80％在创始人身上。我们真的相信投企业就是投人。叶凯的游戏我们不懂，但我们都投了他；罗敏失败几次，我们还坚持不断地下注，最后等来了回报。

　　资料来源：吴世春. 投资就是投人，创始人都有这 4 个特质，我们才拿下 2 个 1 000 倍以上的回报！. https://pe.pedaily.cn/201710/421738.shtml.

　　解析：

　　什么是创业公司的核心竞争力？核心竞争力是 1990 年普拉哈拉德（Prahalad）和哈默（Hamel）在《哈佛商业评论》上首先提出的概念，是一个企业（人才、国家或者参与竞争的个体）能够长期获得竞争优势的能力，是企业所特有的、能够经得起时间考验的、具有延展性的，并且是竞争对手难以模仿的技术或能力。但创业公司的核心竞争力存在一定悖论，如表 7-3 所示。

表 7-3　创业者的核心竞争力悖论

创业者最大的竞争优势是什么？ ● 这是一个陷阱	悖论与思考： ● 创业公司要钱没钱、要人没人、要资源没资源、要规模没规模
创业者的核心竞争力是什么？ ● 产品？ ● 团队？ ● 资本？	核心竞争力是什么？ ● 创业者自己？远见（头脑）？ ● 每个公司的核心都不一样，这源自创始人所拥有的资源、技能、经验等，是哪一项？ ● 不同时期，核心竞争力的重点不同

创业企业 CEO 的思想力本质上是创业公司根本的竞争力，他如何想、如何带领团队前进、做怎样的决策，这些都离不开思想；要打败竞争对手，最重要的是把自己的全部潜能彻彻底底发挥到极致！

天使轮的投资商会转弯抹角来考你，最好的回答就是直说："信不信由你，我们创业公司最大的竞争力就在于我！"

7.4　打造拳头产品还是服务

7.4.1　创业产品打造

每一个公司都应该也会有自己的独到之处，这里首先涉及的问题就是如何打造产品。

 7-7　　砸冰箱——砸出"零缺陷"

海尔最出名的，莫过于 20 世纪 80 年代的砸冰箱。

那是 1985 年，海尔创业的第二年，正值改革开放初期。中国打开国门，众多企业引进了电冰箱生产设备、技术，"大干快上"。那是一个供不应求的年代，被形容为"纸糊的冰箱也能卖出去"。但这一年，海尔砸掉了 76 台不合格的冰箱。

事情源自一位用户来信抱怨说自己攒了多年钱才买的冰箱上有道划痕。张瑞敏由此查出了仓库里有 76 台冰箱有类似问题。

员工希望将这些有瑕疵的冰箱作为福利降价卖给员工。但张瑞敏的决定却是：砸了！

这个当时被不少人认为是"败家"的砸冰箱事件，却砸出了海尔员工"零缺陷"的质量意识，宣布了海尔全面质量管理的开始。其产生的效果是：1989 年，当市场供大于求、冰箱纷纷降价时，海尔冰箱不可思议地提价 12％，用户还排队购买。

著名经济学家艾丰有一个观点："企业不是等做大了以后再搞名牌战略，而是应该用名牌战略把企业做大。"

高质量，是一个世界级品牌应具备的基础条件。从"砸冰箱"事件可以看出海尔创世界级品牌的起步有多早，决心有多大！

这一"砸"，不仅使海尔在 1991 年成为中国家电行业唯一入选"中国十大驰名商标"的品牌，更重要的是将"零缺陷"的质量意识砸进了海尔成长的基因中。

2009 年 6 月，在海尔内部刊物《海尔人》报上，刊登了这样一篇文章：一位美国客户来到位于青岛开发区的海尔工厂验货时，情不自禁地伸出手想摸摸生产线上的冰箱。一位工人立刻拦住了他，递来一双白手套，希望客户戴上白手套，不要将手印留在冰箱上。尽管没说一句话，但这位普通海尔员工的质量意识深深打动了客户，为公司赢来大笔订单。

那把砸冰箱的海尔大锤，由此在海尔乃至中国企业创品牌的道路上都具有了标志性的意义，被中国国家博物馆收藏。

资料来源：人民网家电频道.

微案例 7-8　詹姆斯·戴森对产品的极致追求

我们来揭秘戴森成功的秘诀：专注一件事，坚持把它做到极致。

1978 年，31 岁的戴森已是三个孩子的父亲。他们一家人居住在一个满是尘土的农舍里，家里有一台破旧的胡佛牌真空吸尘器。一天，这台吸尘器又坏了，喜欢钻研的戴森决定自己动手修理。拆开吸尘器后他发现，他遇到的是自吸尘器 1908 年问世以来就未解决的简单问题：当集尘袋塞满脏东西后，就会堵住进气孔，切断吸力。

一开始，戴森研制了几百个模型都没有成功，换作别人，或许早就中途放弃了。但戴森没有，他意志坚定、永不言输，哪怕背负高息银行贷款，戴森还是用 5 年的时间，在研制了 5 127 个模型后，发明了不需集尘袋的双气旋真空吸尘器，引发了真空吸尘器市场的革命。

而戴森卷发器成功的表因在于"黑科技营销传播"激发了用户的好奇心并打消了用户对卷发的主要顾虑，成功的内因却在于戴森研发产品不变的信念——专注、坚持、做到极致。

资料来源：雷军. 把自己逼疯，把别人憋死，才能成功!. 盛世向荣文化传媒，2018-10-25.

解析：

(1) 有灵魂的产品。

①把产品做简单。

②将细节做到精致。

③先有伟大的产品才有可能有伟大的结果。

④如何知道自己的产品不够好。

a. 用户留存率低。

b. 成长缓慢。

⑤所谓的灵气。

a. 天生气质或后天练习。

b. 经常花时间去琢磨。

c. "招人喜欢的人""有趣的人"。

⑥如何注入灵魂。

（2）有知觉的产品。

（3）透过表象看本质。

（4）一切目标：解决痛点。

7.4.2　创业产品层次

产品层次分析的核心是满足目标客户的需求。顾客是上帝，这是产品分析始终要遵守的第一原则。要从这一点出发来分析产品，始于客户，终于客户。产品分析要围绕客户需求进行，例如，手机产品分析要围绕客户对个性化、外形、功能等方面的需求来进行。在营销学中，产品的含义可分为5个层次（见图7-6）。

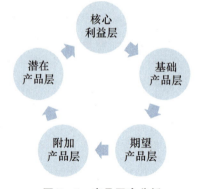

图 7-6　产品层次分析

1. 核心利益层

产品的核心利益是产品的基本效用或基本功能。客户愿意购买产品，其基本出发点是核心利益。价值（效用）＝功能/成本（总成本）。

2. 基础产品层

基础产品形态指产品的外观及主要特征，比如式样、质量、特色、包装、品牌等。要吸引消费者，除满足基本需求外，还要在外观等方面进行延伸。

3. 期望产品层

这是指消费者希望的一些属性特征。要从满足客户需求的角度考虑设计产品，而不是从我能提供什么或者其他厂商能生产什么的角度来考虑。

4．附加产品层

附加产品层指产品的附加价值。能够给消费者提供的附加价值（服务或承诺）如免费安装、送货、维修等。要从服务创新的角度去考虑，增强企业对消费者的服务意识。

5．潜在产品层

这是对未来产品的开发。依据企业提供的产品，可将创业机会分为两个类型：提供现有产品的创业机会、提供改进产品的创业机会。例如手机开发有 LG 巧克力手机、手机电视、顺应 5G 时代发展趋势的新型手机。

7.5　老字号都源于小公司

7.5.1　公司不怕小

很多人都羡慕大公司今天的辉煌，事实上，大公司也好，老字号也好，都不是一蹴而就的，都是一步一个脚印走过来的。

微案例

7-9　　　　　　　　　　　　　**"狗不理"包子**

"狗不理"创始于 1858 年。清咸丰年间，河北武清县杨村（现天津市武清区）有个年轻人，名叫高贵友。其父四十岁得子，为求平安养子，为其取乳名"狗子"，期望他能像小狗一样好养活（按照北方习俗，此名饱含着淳朴挚爱的亲情）。

高贵友 14 岁来津学艺，在天津南运河边上的刘家蒸吃铺做小伙计。他心灵手巧又勤学好问，加上师傅们的精心指点，做包子的手艺不断长进，练就一手好活，很快就小有名气了。

三年满师后，高贵友精通了做包子的各种手艺，自己开了一家专营包子的小吃铺——"德聚号"。他用肥瘦鲜猪肉 3:7 的比例加适量的水，佐以排骨汤或肚汤，加上小磨香油、特制酱油、姜末、葱末等，精心调拌成包子馅料。包子皮用半发面，在搓条、放剂之后，擀成直径为 8.5 厘米左右、薄厚均匀的圆形皮。包入馅料，用手指精心捏褶，同时用力将褶捻开，每个包子有固定的 15 个褶，褶花疏密一致，最后上炉用硬气蒸制。

高贵友手艺好，做事认真，从不掺假，制作的包子口感柔软，鲜香不腻，形似菊花，色香味形都独具特色，引得十里百里的人都来吃包子，生意十分兴隆。来吃他包子的人越来越多，高贵友忙得顾不上跟顾客说话，这样一来，吃包子的人都戏称他"狗子卖包子，不理人"。久而久之，人们喊顺了嘴，都叫他"狗不理"，把他卖的包子称作"狗不理包子"，而原店铺字号却渐渐被人们淡忘了。

解析： 详见表 7-4。

表 7-4　老字号都源于小公司

公司名称	创建情况	公司名称	创建情况
张一元 （茶庄）	安徽歙县定潭村人张文卿于清光绪二十二年（公元 1896 年）在花市大街摆设茶摊。	"狗不理"包子	创始于 1858 年，河北武清县杨村（现天津市武清区）高贵友，14 岁来津学艺，在天津南运河边上的刘家蒸吃铺做小伙计，三年满师后，高贵友精通了做包子的各种手艺，于是就独立出来，自己开了一家专营包子的小吃铺——"德聚号"。
马聚源 （帽子店）	最初只是个小摊子，清嘉庆十六年（公元 1811 年），直隶马桥人马聚源，于前门外鲜鱼口中间路南，以其名开办马聚源帽店。		
荣宝斋 （笔墨纸砚）	始建于清康熙十一年（公元 1672 年），创办者是一个浙江人，姓张，他最初用其在京做官的俸银开了一家小型南纸店。张家代代不够争气，经营无方，1840 年后，濒于破落，到了难以维持的境地。清光绪二十年（公元 1894 年），将店名改为"荣宝斋"，取"以文会友，荣名为宝"之意。	内联升 （鞋店）	清咸丰三年（公元 1853 年）创办，赵廷是河北省武清县人，从十几岁开始就在东四牌楼一家靴鞋店学徒，学得一手好活计。他出师后，得到当时清朝官员丁将军的帮助，筹资白银万两，在东交民巷开办了内联升靴鞋店。
全聚德 （烤鸭店）	创建于清同治三年（公元 1864 年），由河北蓟县人杨传仁创办，他初到北京时在前门外肉市街做生鸡鸭买卖。杨全仁对贩鸭之道揣摩得精细明白，时常到各类烤鸭铺子里去转悠，探查烤鸭的秘密，寻访烤鸭高手。	同仁堂 （中药行）	创建于清康熙八年（公元 1669 年），创始人乐显扬的三子乐凤鸣子承父业，1702 年在同仁堂药室的基础上开设了同仁堂药店，他不惜五易寒暑之功，苦钻医术，刻意精求丸散膏丹及各类型配方，分门汇集成书。
泥人张 （彩塑）	创始人是张长林，自幼随父亲从事泥塑制作，练就一手绝技。	都一处 （烧麦馆）	创业于清乾隆三年（公元 1738 年），起初叫"王记酒铺"，由山西人王瑞福创办。"都一处"牌匾的来历与乾隆有关。

7.5.2　取个好名字

创办一家公司，首先要起名，好的名字能够帮助消费者识别，也能助力公司发展。

微案例 7-10　　　　　　　白加黑

白加黑感冒药卖得好，和先进行市场分析，然后取了一个好名字息息相关。早在 1995 年，在基本没有互联网的时代，白加黑上市半年狂销 1.6 亿元，在竞争激烈的感冒药市场上分割了 15％的份额，位居第二，在中国营销传播史上堪称奇迹。

白加黑其实很简单，只是把感冒药分成黑白两种，把感冒药中的镇静剂扑尔敏（主要不良反应为嗜睡、困倦）放在黑片中，其他什么也没做。听听人家的广告语"治疗感冒，黑白分明"，广告传播的核心信息是"白天服白片，不瞌睡；晚上服黑片，睡得香"。把吃了扑尔敏想睡觉的副作用，转化为正面的优势。产品名称和广告信息都在清晰地传达产品概念。

回想一下白加黑的包装盒，白加黑的原名是氨酚伪麻美芬片（氨麻苯美片）。会不会直接崩溃？给你 1 分钟，把这个名字记住并且一字不错地写下来；再给你 10 秒钟，把"白加黑治感冒，白天服白片，不瞌睡；晚上服黑片，睡得香"背出来。哪一个能记得住，有利于传播？可以见得，取一个好名字多么重要！

解析：

（1）关键点：好听、好记、好意、好说、好看、好用。

（2）战术战法：借用人名、地名、植物、器物、数字、缩写、外文、俗称、经典等等；价值主张；功效命名；目标寓意；时空错位。

（3）注意事项：多音字、多义字、歧义字、生僻字慎用；输入法支持；未被注册成为商标。

7.5.3　做好差异化

差异化是营销和品牌的灵魂，没有差异化的营销一般都会失败。营销卖的不是实体价值，而是感知价值，只要能让消费者对产品和品牌的感知价值产生变化，就实现了差异化。那么如何对产品进行精准差异化定位呢？

从战略上看，差异化也称特色优势战略，是指企业力求在顾客广泛重视的一些方面做到行业内独树一帜。如表 7-5 所示，它选择许多用户重视的一种或多种特质，并赋予其独特的地位以满足顾客的要求。它既可以是先发制人的战略，也可以是后发制人的战略。

表 7-5　差异化战略

		战略优势	
		低成本地位	独特性
战略目标	整个产业范围	成本领先战略	差异化战略
	特定细分市场	成本聚焦战略	差异化聚焦战略

创业实践中成本的差异化、功能的差异化、营销的差异化、产品设计的差异化、卖点提炼的差异化等等，都是实战中差异化聚焦的方向。

表 7-6 列出了差异化的 22 个焦点。

表 7 - 6　差异化的 22 个焦点

1. 原材料和原产地	12. 解决痛点
2. 重量	13. 公司实力
3. 大小	14. 品牌故事
4. 手感	15. 价格
5. 颜色	16. 热点事件借力
6. 味道	17. 节日特供
7. 造型设计	18. 促销专享
8. 功能创意	19. 具体数字化
9. 产品构造	20. 服务
10. 细分市场	21. 情感故事
11. 新技术	22. 历史

7.6　文化制胜

7.6.1　创客文化

创客，来自英文单词"maker"。诞生于英国、兴盛于美国的创客概念通常被认为缘于黑客文化，指志趣相投的一群人一起分享想法、技能和工具。美国 O'Reilly Media 的创始人戴尔·多尔蒂（Dale Dougherty）创办期刊 *Maker*（2005）并发起创客嘉年华（Make Faire）活动，将创客定义为把技术当作玩具，在玩中学习技术的发烧友。美国《连线》杂志前主编克里斯·安德森（Chris Anderson）的专著《创客：新工业革命》，将单打独斗的创客与创客运动联系起来，他认为，典型的创客"是一群具备特定知识含量，具备创新、实践、共享、交流的意识，愿意挑战技术难题并将创意转变为现实的人"。

如今将创客运动重新定义为数字 DIY（自己动手做），特指在开源社区中分享设计成果和开展合作，将发明、创意、创新变成产品的人和行为，"将 DIY 精神工业化"，由此，创新不再局限于世界上那些大公司自上而下推进，而是由业余爱好者、创业者和专业人士等无数人自下而上开拓。创客的多寡、创客运动的兴盛与否成为一座城市创新活动的表征。

创客文化具有以下特征：一是具有鲜明的时代性，以技术发展为基础，以创新和实践推动产品多样化、智能化。二是用户创新是创客文化的核心，创客依据用户个性化需求进行创新创业活动。在互联网时代，日趋多元化的个性需求为创客的发展带来前所未有的机遇。创客借助互联网，直接面对用户，根据用户体验与反馈，实现个性化定制。基于互联网创新理念，越来越多的传统企业向互联网企业转型。三是创客文化富含草根色彩，在本质上体现了大众创业、万众创新的理念。四是行动与分享是创客文化的又一特征，创客热衷于将创意变为现实，乐于创新并将创新成果分享，吸引了越来越多的人加入创客行列。

"创客"大约 2010 年起进入中国，并在深圳、上海、北京基于开源硬件社区迅速建立起创客空间。2011 年，"北京创客空间"发起人之一张浩在邮件中将"maker"翻译成

"创客"，由此，"创客"一词定型并广泛流传。2014 年 9 月夏季达沃斯论坛上，李克强总理发出"大众创业、万众创新"的号召，并将此写入次年的政府工作报告，上升到国家战略层面。受此影响，中国"创客"的内涵从具有开放分享精神、对自由不懈追求、自己动手做和钻研技术的核心层面泛化为"创新创业"的"双创"运动。[①]

在美国，车库是重要的生活生产空间，具有工作室和加工车间的功能，人们常借助于工具和零件在车库内将想法付诸实践。车库是美国一些知名企业的诞生地，如苹果、微软、亚马逊等。

微案例　7-11　创客空间

与创客相仿，创客空间也源于欧美的黑客文化。维基百科认为"创客空间"与"黑客空间"同义，并认为最早的创客空间是德国程序员沃·荷兰（Wau Holland）于1981 年 9 月 12 日在德国汉堡创立的混沌电脑俱乐部（Chaos Computer Club，CCC）。在美国，第一个创客空间广义上是指 2001 年设立于麻省理工学院的 Fab Lab（微观装配实验室），狭义上是指米奇·奥德曼（Mitch Altman）2007 年在旧金山创办的Noisebridge（噪音桥）。Fab Lab 的产生改变了创新的模式，即通过 3D 打印机、切割机、数控机床、微处理器等工具，为产品的制造、专业原型的生产与科技的融合提供更大的可能性。随后，Fab Lab 在世界范围内成立更多的分部，截至 2019 年 3 月 31日已有 1 667 家。而 Noisebridge 的创立灵感则来自欧洲的黑客空间，如奥地利的 Meta Lab、德国的 C-BASE。作为非营利机构，Noisebridge 向公众免费开放，鼓励所有热爱分享、创造、合作、研究和学习的人加入。

"创客空间"的概念传到中国后，被本土化地演化成"众创空间"。政府报告中将"众创空间"定义为：顺应网络时代创新创业特点和需求，通过市场化机制、专业化服务和资本化途径构建的低成本、便利化、全要素、开放式的新型创业服务平台的统称。因此，这是一个集合名词，内涵为创业服务平台，外延涵盖了孵化器、加速器、实验工场、创意空间等等，远比创客空间更具包容性，是创新创业各类载体的统称，但外延扩大后，也削弱了创客空间对原创性、共享机制的坚守。

资料来源：马中红，吴映秋. 青年创新创业文化的认知、评价和实践——基于深圳青年群体的调研. 青年探索，2019（4）.

7.6.2　创业文化

创业文化是体现一个人或群体在追求财富、创造价值、促进生产力发展，满足社会、群体及个人需求过程中所形成的思想观念、价值体系和意识的文化范畴。

Schumpeter（1934）提出，创业文化是由个人价值观念、管理技能、经验和行为组成

---

① 马中红，吴映秋. 青年创新创业文化的认知、评价和实践——基于深圳青年群体的调研. 青年探索，2019（4）.

的一个组合体。根据这些要素可以认为创业文化具有以下特质：首创精神、风险倾向、创新能力、企业与经济环境关系的管理。

创业文化既包括个体精神，也包括社会意识。这种支持创业的社会意识涉及社会对待创业的认知态度和鼓励创业的氛围。

创客文化与创业文化有联系。首先，创客文化是创业文化的重要组成部分。创新是二者的灵魂，对创客而言，创新是一种信仰，是创客文化的灵魂。创新是创业活动的本质所在，是创业型经济发展的基础。其次，二者相互促进，相互影响。一方面创业文化的形成能使创客队伍发展壮大，另一方面创客队伍的扩大反过来又推动了创业文化环境的优化。

创业文化的核心是一种大众普遍认同的价值观，具有无形的、不可低估的向心力以及激励作用和经济效用。随着经济社会的迅猛发展，文化生产力对社会的推动作用日趋显著。创业文化作为先进文化的重要组成部分，其产生和发展影响着社会整体的创业思想和创业行为，是一种宝贵的社会财富。

创业文化的基本功能如表7-7所示。

表7-7　创业文化的基本功能

导向功能	通过价值导向、行为目标指引、规章制度约束，引导越来越多的人树立正确的创业价值观，提升大众创业兴趣，产生创业渴望，扩大创业需求。 如果一个国家或地区的公民普遍具有创业意识和创业精神，就能加快推动创业型经济的形成与快速发展。
同化功能	能使各种创业主体在不知不觉中被其感染同化，也就是说，创业文化在潜移默化中感染创业主体，引导并规范创业主体的思想和行为。 形成积极的处事态度，形成敢于竞争的意识、争取成功的勇气、坚忍不拔的毅力、团结协作的精神，创业能力和素质不断提升。
激励功能	创业文化环境的形成能激发人们创业的热情以及对创业成功的渴望，进而激励更多的人参与到创业活动中。 高质量的创业活动在增加就业、催生产业中的作用日益彰显，不仅能为社会创造财富，更为实现人生价值提供了新的选择。

7.6.3　企业文化

随着公司发展壮大，创业公司逐步进入规范化发展的轨道，企业文化将成为协调大型公司内部行为准则的必备要素。

微案例　7-12　　　　　　　　　　**京东的企业文化**

核心企业文化：

（1）诚信：内部坦白、诚实、守信

（2）客户为先：客户利益第一、为客户着想、为客户多做事

（3）激情：积极、主动、勤快、向上

（4）学习：谦虚、好学、进步、用脑

    (5) 团队精神：合作、诚信、步伐一致

    (6) 追求超越：创新、竞争

    京东的发展首先得益于组织中人的发展，人的发展带动了企业发展，"人"是京东发展的核心助推器。京东相信，人的潜能是无限的，人是京东最基本的源动力，对人的深入关怀和挖掘，就是对京东发展战略的彻底实践。同时，京东坚信，创新是京东发展的不二法则，而唯有人能够推动创新发展，唯有京东人不断追求发展、创新方能为消费者持续创造价值。

经营理念

    合作：国际化带来竞争全球化，中国电子商务领域风云变幻，京东商城作为首当其冲的旗帜性企业，不可避免会迎来更为激烈甚至白热化的商业竞争。面对愈发激烈的市场竞争，京东时刻告诫自己：我们不仅要协同战略合作伙伴加强密切合作，更要与对手在充分竞争的基础上展开合作。

解析：

    (1) "积行成习，积习成性，积性成命。"——《荀子》

    (2) "信仰决定思想，思想决定措辞，措辞决定行动，行动决定习惯，习惯决定价值观，价值观决定命运。"——甘地

    (3) 公司真的要有文化吗？

    ①只想给用户提供极致的服务是不够的，要做到把这种观念刻到骨子里，每时每刻，心心念念都在琢磨怎么才能做到极致。

    ②优秀的团队都恪守自己的原则——无论大小。

微案例 7-13   阿里、IBM 的企业文化

    马云曾说：我考了两三次重点大学都没考上，考大学考了三年，找工作找了八九次没有一个单位录取我。从各方面来看，我不像是一个有才华的人，无论长相、能力、读书都不是这个社会最好的，为什么我有运气走到今天？我觉得我可能看懂了人性。人有善良的一面也有邪恶的一面，我们都希望灵魂不断追求好的一面，但如果不能把自己不好的一面控制住，把美好的一面放大，你不会成功的。我这几年所做的工作就是通过价值观、使命感，把公司优秀的年轻人善良的一面放大。

    1965 年，美国有蓝色巨人之称的 IBM 专门在纽约的管理发展部聘请了在好莱坞有 15 年剧本写作和故事编辑经验的彼得奥拓作为咨询人员，通过有效叙事的训练教给 IBM 的经理整理故事和讲故事的经验。

    从公司实践来看，企业文化建设主要包括使命和愿景的确立、核心价值观的提炼以及企业文化的传播等，如表 7-8 所示。

表7-8 企业文化如何建设

任务	具体解释	原因/效果
使命和愿景的确立	使命就是回答企业存在的理由和价值，即回答是什么。愿景就是企业渴求的状态，即回答将成为什么样的企业。	没有梦想的企业是绝对走不远的！愿景必须宏大，给企业未来50年甚至100年确定标杆和方向；在使命中必须明确企业的业务和目标，并且这个目标是动态发展的，具有激励性的。
核心价值观的提炼	价值观就是企业中的道德，是员工行为的基本准则。制度只是一个硬约束，不可能管得了员工所有的行为，员工的行为绝大部分靠价值观来约束。	如果一个公司不提炼自己的价值观，让员工去猜，或者成为一种潜规则，员工的行为肯定会出现混乱，与公司的期望会产生很大的偏差。公司一定要提炼自己的价值观，价值观必须简单、明确，要把企业最核心的行为准则表达出来。
企业文化的传播	通过讲故事阐明道理。企业家思想的传承，也应该从讲故事开始。用讲故事的方式来诉说事件、诠释相关思想，比较容易引发人们的兴趣、产生较深远影响、很快见诸行动。	可以促使员工愿意敞开心扉，进而达到传承企业家思想、教育引导员工的效果。

 游戏与模拟实训

用画布设计商业模式

1. 时间：40分钟。

2. 任务：以小组为单位，根据商业模式画布理论，设计一个创业项目的商业模式；将你们小组讨论和分析的结果写在附表上；在全班进行展示并分享小组的设计过程与结果。

3. 讨论：你认为哪个企业的商业模式最具创新性、最独特？为什么？

第 8 章　互联网＋

▶▶▶

学习目标 ◀◀◀

- 理解当前世界已经进入互联网时代。
- 理解互联网＋带给各行各业的深刻变革。
- 理解互联网如何改变一切。
- 识别互联网创业的机遇。
- 互联网无处不在，找到蓝海。
- 领悟互联网对产业融合的深刻意义。
- 掌握长尾理论及其应用。
- 培养互联网思维。
- 基本掌握互联网创业的关键方法。

8.1　人人都是电商

互联网的发展并非一帆风顺，在 2000 年美国纳斯达克崩盘之后很长时间里，大家对互联网的发展产生了怀疑，即使在 2010 之后，移动互联网开始走上历史舞台，社会上也充满了怀疑。最为著名的争论是其中的两场赌局。

微案例　8-1　马云和王健林对赌 1 亿

2012 年 12 月，在 CCTV 经济年度人物颁奖盛典上，阿里巴巴马云与万达集团王健林就"电商能否取代传统的店铺经营"展开辩论。席间，两人打赌，到 2020 年，如果电商在中国零售市场的份额超过 50%，王健林将给马云 1 亿元人民币，反之，马云输给王健林 1 亿。这就是轰动一时的"马云王健林对赌 1 亿"，也是传统商业跟互联网电商之间的正式宣战。

资料来源：虎龙吟. 马云王健林一亿赌约引发五巨头群殴. http://it.sohu.com/20140828/n403853373.shtml.

解析：

互联网时代已经到来，这将深刻影响到中国、影响到世界、影响到未来的所有人。21 世纪的核心词是创新、想象力、变革。

"马王赌约"本质上是传统商业和互联网电商对未来的看法和预测。不管最后的结果如何，马云、王健林两人都将殊途同归，因为两人的最终目标是实现线上和线下的互通，未来一定是线上线下的融合。

微案例 8-2　　董明珠和雷军 10 亿赌局

2019 年 8 月 28 日，在中国质量协会 40 周年纪念大会上，格力电器董事长董明珠表示，跟雷军的 10 亿赌约已经结束了，10 个亿她不要了，想再跟雷军赌 5 年。

小米董事长雷军则回应称："我觉得可以试一下。"这个口气明显不够硬，只是顺着话头往下接而已。雷军碰到董明珠这么强硬的人，以后不知道是否要绕着走。

但在记者看来，下一个 5 年，雷军赢的概率比较大，不是因为格力不够好，而是因为小米的扩张太快，双方营业范围差异太大。

上一次董明珠险胜。

2013 年，董明珠和雷军因 5 年后营业额谁高而打赌 10 个亿。雷军说如果小米赢，董明珠输雷军 1 元钱，这本来是"小赌怡情"，董明珠则"大赌明志"，她将筹码增大了 10 亿倍。

胜负已分的 2019 年，董明珠接受采访时说，当时雷军提出小米 5 年超过格力，她认为不可能，觉得 1 元赌约没有意义，"不能刺痛他，不能刺激到他认真拼命去干，1 元钱无所谓，当时更想用 10 亿刺激他，我希望他能超过我。看看互联网企业和制造业究竟区别在哪里"。

资料来源：10 个亿不要了，董明珠和雷军再摆赌局！周期五年，这次 PK 你更看好谁？. https://www.sohu. com/a/337101577_100023965.

解析：

这个赌，董明珠其实是险胜。

2019 年 4 月 28 日晚，格力电器宣布其 2018 年总营收为 2 000 亿元，小米 2018 年总营业额为 1 749 亿元。董明珠以 251 亿元的优势赢下了赌局。

之所以是险胜，是因为在 2013 年，小米成立刚刚 3 年，全年营收不足 300 亿元，而格力电器的营收已经达到 1 200 亿元。两者相差甚远，当时雷军要挑战格力，就像一个孩子要挑战成人一样。

如果这个赌期是 6 年，董明珠可能就输了。

8.2 互联网改变了一切吗

微案例 8-3   "电子商务"一词可能被淘汰

有人讲互联网经济或者电子商务是虚拟经济,我认为它不是虚拟经济,而是未来经济。

我认为电子商务没有冲击传统商业,更没有打击传统商业。电子商务只是把握了互联网的技术、互联网的思想,知道未来的经济将完全基于互联网,我们抓住了互联网的基础,在这上面创造出一个适应未来的商业模式,那就是电子商务。

电子商务冲击各行各业,冲击就业,冲击传统行业是昨天的思想,是对未来的无知,对未来的不拥抱。

很多我们习以为常的、很正常的事情,很多我们昨天做得非常好的事情,很多我们认为是最佳就业机会的事情都会被颠覆和改变。人类将会失去很多就业机会,人类也会诞生很多新的就业机会。

"电子商务"这个词可能很快就会被淘汰,从明年开始阿里巴巴将不再提电子商务这一说,因为电子商务只是一个摆渡的船,只把货从河岸这一头搬到另一头。

资料来源:马云 2016 年 10 月 13 日在杭州·云栖大会上的演讲.

解析:

每次技术革命大概都需要 50 年,前 20 年基本是纯技术公司的斗争,纯技术公司的竞争、发展,而未来的 30 年基本上是技术的应用,技术被应用到方方面面、社会各行各业。

纯电子商务将成为一个传统的概念。

8.2.1 "互联网"是不是颠覆性的

1. 正方

马云认为电商必胜。他说:"今天真正创造一万亿的不是马云,创造一万亿的是可能不会回头的店小二、年轻人、90 后、80 后、我们在街上不会点头的快递人员,他们正在改变今天的中国经济,而只有他们才是未来经济的希望。所以我不是取代你,而是帮助他们取代你。"

"新零售、新制造、新金融、新技术、新能源,将会从方方面面对各行各业发动巨大的冲击和影响,把握者胜,逆流者亡。"

马云在演讲中强调:"希望大家不是把它当作唯命是听的警示,而是把它当作改变自己的机遇，全速开始，包括政府的治理。同样的道理，我们希望未来政府招商，以前传统的五通一平将会变成新的五通一平：你是否通新零售，是否通新制造，是否通新金融，是否通新技术，是否通新能源，一平就是你是否能够提供一个公平创业的环境和竞争的环境。

"未来的变革远远超过我们的想象，过去基本上是以知识驱动的科技革命，我想未来的趋势不仅是知识驱动，还是智慧驱动、数据驱动。

"希望大家把握未来世界变化远远超过大家的想象，这个想象就是我们要求的事。大学必须改造原来的教育体系，原来大学只传授，但其实'教、育、学、习'是不一样的概念。教是传授知识，学是学知识，习是学得智慧，希望未来大学多关注创造力和想象力培养。如果纯是有知识的话，我相信未来的大学生面临的挑战也会越来越大。因为 21 世纪以后，核心词是创新，是想象力，是变革。所以未来的机器会比你聪明的时候，不要沮丧，我们比机器更厉害的，是我们对文化的把握，对愿景的思考，想象力是人类巨大的机会所在。"

2. 反方

在 2012 中国经济年度人物颁奖现场，万达集团董事长王健林与阿里巴巴集团董事会主席马云针尖对麦芒地火拼一把。

"互联网＋"其实不是颠覆，而是信息更加对称，交易成本的降低和运营效率的倍数提升，比如互联网＋农业/家具/零售等。

实体店与网店并不冲突，实体店不仅不会受到冲击，还会借助"互联网＋"重获新生。传统的电器卖场今后要转型为可以和互联网互动的店铺，可以展示商品，让消费者亲身体验产品。比如你是网上卖鲜花的，或者出租舞蹈服装的，思考一下如何改进。

8.2.2 "互联网＋"时代

　　　　制定"互联网＋"行动计划，推动移动互联网、云计算、大数据、物联网等与现代制造业结合，促进电子商务、工业互联网和互联网金融健康发展，引导互联网企业拓展国际市场。

——《2015 年国务院政府工作报告》

对于创业者而言，互联网时代就是一个创业的时代。众所周知，数字革命，特别是移动互联网时代的到来，如同一把双刃剑，一方面给传统产业带来危机和焦虑，另一方面也让传统产业获得勃勃生机。传统产业与互联网互联互通、相互融合，不断涌现出新的市场需求；数量庞大的用户与更广泛的产业领域连接在一起，技术创新喷薄而出，改变了传统产业的业态模式；"互联网＋"催生了新的商业业态和商业模式，形成了更为强大的生产力，也蕴藏了无限的商业机会。

所谓"互联网＋"，就是以互联网为主的一整套信息技术（包括移动互联网、云计算、大数据技术等）和互联网思维在企业发展各环节的融合、渗透、延伸、演进。具体而言，"互联网＋"以云网端为基础设施，以大数据为新生产要素，以大规模社会化协同的分工体系为支撑，具有平台经济、贴近用户等特点，是我国工业化和信息化深度融合的"升级版"。

"互联网＋"是现实的物理运动空间与虚拟的智能网络的结合。"互联网＋"运用在存量的实体经济中，将促进企业转型升级与产业结构调整优化；"互联网＋"运用在增量的新创企业中，将进一步推进"大众创业、万众创新"；"互联网＋"运用在经济发展绿色化方面，会推动经济的绿色集约式发展。与传统仅注重技术的信息化不同，"互联网＋"更注重人，提倡以平台经济为主要模式，以消费者的需求为中心，为消费者带来更方便、更快捷的消费体验，满足个性化需求。

表 8-1 列出了"互联网＋"的价值。

表 8-1　"互联网＋"的价值

价值	说明
有利于传统产业改造	通过利用大数据、物联网等手段，促进工业互联网发展，实现传统产业的结构调整与转型升级。
有利于催生新兴产业和新兴业态，培育新的经济增长点	"互联网＋"加速了产业间的融合，经济潜力巨大。与制造业、生活性服务业、农业的联系日益紧密，一、二、三产业间的深度融合导致更多新业态的出现。有助于促进现代服务业及战略性新兴产业的发展。
促进商品生产、流通、消费各环节的变革，使产品及服务更加贴近用户	"互联网＋"使生产者得以直接与消费者进行衔接，生产方式逐渐由大规模、单一品种的刚性生产向小规模、个性化定制的柔性生产转变。通过构建扁平化的营销渠道结构等，简化流通环节，缩减交易时间及降低成本。
有利于促进商业模式的革新	通过平台模式的发展和平台效应的发挥，实现资源要素的跨界整合与效率提升。催生了一系列新的商业模式，电子商务平台、众筹平台、在线教育平台等屡见不鲜。
有利于个人思维模式的变革	通过树立新的互联网思维理念，带动和推进中国社会更深层次的变革。互联网已经成为一种全民共知、共享、共赢的生活方式。"互联网＋"使得政府转变了治理模式。
有利于降低创业门槛和创业成本	为创业提供了更好的条件，包括更公平的创业环境、更开放的创业空间、更低的创业门槛和创业成本、更活跃的风投资本等。扩大创业投资的范围，促进创业浪潮发展，使我国迈向创业型经济。

资料来源：辜胜阻，曹冬梅，李睿. 让"互联网＋"行动计划引领新一轮创业浪潮. 科学学研究，2016（2）.

8.2.3　"互联网＋"的本质

互联网的作用实质上是赋予企业新的能力，形成更多更快的"新竞争手段"而颠覆传统企业，"互联网＋"在实践中要求实体经济中的企业与互联网企业建立紧密联盟来进行数字化渗透并改变价值创造方式（不同于传统的"＋互联网"模式只要求实体企业与 IT 企业组成松散的交易关系甚至完全外包），"互联网＋"是一种以"跨界经营"为表象的颠覆和创造性破坏现象。表 8-2 对互联网与"互联网＋"的本质做了比较。

表 8-2　互联网与"互联网＋"的本质

互联网的本质	"互联网＋"的本质
● 互联网和水电一样，它不神秘但威力巨大 ● 一百年前，能够用上电能的企业是非常了不起的，但今天呢？ ● 未来二三十年所有的企业都会是互联网企业？	● 实体产业价值链环节解构 ● 与互联网价值链"跨链"重组的共生现象 ● 由整合所带来的新产品、新服务和新商业模式在原产业中创造出全新的价值创造方式

续表

互联网的本质	"互联网＋"的本质
互联网：效率大幅提升 ● 提高交易效率，其巨大的连接与聚合能力，能够将碎片化、零散、弱小的信息或资源以极低成本、极高效率快速整合起来 ● 使信息迅速通畅，打破信息不对称，减少交易环节与交易成本，快速达成交易	互联网时代的特征 ● 在线化 ● 透明化 ● 去中介化 ● 数字化 ● 小众化 ● 平台化 ● 去中心化
互联网技术不断变革 ● 万变不离其宗："互联网＋360行" ● 1.0时代是"互联网＋信息" ● 2.0时代是"互联网＋交易" ● 3.0时代是"互联网＋综合服务" ● 4.0时代是"互联网＋金融服务"	玩法变革的时代 ● 粉丝 ● 羊毛出在猪身上 ● 口碑 ● 社群 ……

8.3　创业的蓝海

微案例 8-4　以"牛顿眼"看世界

"牛顿眼"这一公司名源于大科学家牛顿的名言，"如果我看得更远一点的话，是因为我站在巨人的肩膀上"，其英文缩写NE更是有着致敬通用电气GE的意味。从名称可以看出，这个项目应该是在电气行业。事实也正是如此，"牛顿眼"有着一个伟大的梦想——让中国的科技工作者和中小企业都能在这个平台上交流，实现专业工程师知识与资源的流动，助力中小企业，助力学术发展。

"每个科技工作者都是一个个体，他所能掌握和攻克的领域是一个相对小的点。而一个产业的形成发展，一个企业的发展都是需要技术深度的面。这些面在哪里，去哪里找？不知道，没有一个平台让我们互通有无，那我们就不得不去重复已有的劳动。"百度？那太滞后了！这样的重复工作，是资源的一种无形浪费。

后现代的科技研究都是以前人成果为基础的，实现知识的流动，让每一个科技工作者都站在巨人的肩膀上，是"牛顿眼"的理念。

在这个理念之下，既可以有技术咨询，也可以有成果交易。所谓技术咨询，比如说企业设备的集成电路出现故障，而这个小企业的几个工程师都是电气专业，这时就可以在"牛顿眼"平台上请教电路工程师。

若进行成果交易，就可以在"牛顿眼"上买卖研究成果，后来者可以在这个成果之上继续研究，从而节约精力，推动科研发展。

在这个平台上，不只是科技人才之间可以实现知识的流动，企业也是如此。战略管理中，有外包一说，是指将非核心的业务活动交给更擅长的企业完成。"牛顿眼"平台就同时提供这样一个外包的功能，中小企业人才有限，许多难以完成的工作，或者不必耗费精力的非核心工作，可以在这个平台上找到有此专长的科技人员，外包出去，从而解决中小企业能力不足的问题。

资料来源：牛顿眼：我有一个梦想. 苏州牛顿眼网络技术有限公司.

思考：

创业者选择创业项目是因为：

- 机缘巧合？
- 兴趣爱好？
- 专长？
- 经验积累？
- 自身资源优势的整合？
- 资金实力？
- 竞争？
- 运营与拓展？

随着社会经济的快速发展和互联网技术的普及，以及近年来各级政府对自主创业的大力扶持，希望借助互联网实现创业的人数呈逐年上升趋势，由此也衍生出丰富多彩、各具特色的互联网创业类型。在"全民创业"的常态下，传统产业与互联网相结合的项目越来越多。"互联网＋"的发展趋势是大量"互联网＋"模式的爆发以及传统企业的"破与立"。

表 8-3 列出了典型的互联网创业类型。

表 8-3　典型的互联网创业类型

电子商务创业	网络代理商
- 目前最主流、最适合、最受欢迎； - 通过第三方电子商务平台或者自建网上商城销售产品或服务，并通过电子化的支付方式完成交易，收益来自销售利润及其他增值服务； - 跨境电子商务、移动电子商务、社交化电子商务、农村电子商务、O2O 电子商务。	- 做传统商家的网络代理商； - 帮助传统商家在网络上拓展团购业务，并负责团购业务的日常管理工作； - 为商家在网络上发放各种优惠券（卡），向商家收取一定数额的服务费或佣金； - 帮助商家管理或推广网站； - 为传统商家提供广告代理业务； - 运用相应的营销工具帮助商家做好客户关系管理等。
自媒体创业	劳务技术创业
- 以微博、微信为主要工具； - 纯线上经营，即自媒体所有人通过媒体内容经营聚集一定数量的粉丝之后，寻找合适的广告主在平台上做广告，获取广告收益； - 仿效明星、名人、大公司 CEO 等的做法，依托前期在自媒体上积累的人气和个人影响力，通过线下渠道变现； - 一般需要媒体创办人具有一定的社会身份。	- 利用专业技能在猪八戒网、时间财富网等威客类网站上进行文案写作、外语翻译、创意、设计美工等劳务技术创业； - 做网商的服务商，如电子商务策划、网站代管、网店装修服务、代理快递业务等； - 以软件开发的形式在网络上提供劳务技术，如定制性开发、服务收费、搭载广告、增值服务等。

App 创业	自己的网站
• 基于移动互联网，主流平台（iOs 和安卓）； • 目前比较热门的应用软件主要有手机工具、移动社交、手机游戏、移动电子阅读、移动定位服务、手机搜索、移动支付等； • 基于微信公众平台的应用开发以及 Web、App、轻应用等； • 最关键的还是把产品做好。	• 创建并运营自己的网站； • 成败的关键在于选择合适的商业模式以及创业者的综合策划和运营能力； • 出于兴趣和爱好创建并运营网站，通过努力经营获取可观的流量，进而吸引广告主投放广告； • 出于明确的商业目的创建网站，并以此作为创业的方向和实现盈利的工具； • 为自己的企业或创业项目进行宣传而创建推广性质的网站。

长远来看，互联网与经济社会各领域的融合发展将进一步深化，基于互联网的新业态将成为新的经济增长动力，互联网支撑"大众创业、万众创新"的作用将进一步增强，互联网将成为提供公共服务的重要手段，形成网络经济与实体经济协同互动的发展格局。

携程网创始人梁建章认为，互联网是一个千载难逢的机会，它不需要太多行业性的经验就可以去颠覆一个行业原来的运行规则，"我不一定要懂得怎样造酒店，怎样经营酒店，只要知道酒店的信息怎样展示会更好，就能完成这个交易"。

创业者选择创业项目，关键在于整合自身的资源优势，综合考量专长、兴趣爱好、资金实力、经验积累等方面的因素。

8.4 互联网思维

8.4.1 互联网思维的正反方

1. 正方

"互联网思维"一词最早的提及者应该是李彦宏，他 2011 年在一些演讲中提到这个概念，是指要基于互联网的特征来思考。但他的描述非常碎片化，并没有引起大范围的重视。

2012 年，雷军开始频繁提及一个相关词语——"互联网思想"。几年来，雷军一直试图总结出互联网企业的与众不同，并进行结构性的分析。从他的两篇文章中，可以追溯他思路的变化：2008 年的《关于互联网的两次长考》，2012 年的《用互联网思想武装自己》。2012 年，在几乎每一场公开演讲中，雷军都会提到"互联网思想"，但当时小米影响力有限，除了众多米粉十分推崇之外，并没有其他人包括媒体跟进。

2013 年，随着雷军的曝光度不断提高，罗振宇等自媒体人士开始频繁提及"互联网思维"（好像是从罗振宇开始"思想"变成了"思维"），TMT（电信、媒体和科技）行业的一些记者也开始引用。2013 年 11 月 3 日，《新闻联播》在一篇报道中使用了这个词。

2013 年 11 月 8 日，马化腾在"道农沙龙"的发言中，以这个词作为结语："互联网已经改变了音乐、游戏、媒体、零售和金融等行业，未来互联网精神将改变每一个行业，传统企业即使还想不出怎么去结合互联网，但一定要具备互联网思维。"

行业领军人物和新闻联播的连续引用，将这个词迅速推上了风口浪尖。之后就像我们看到的那样，各类媒体纷纷摇旗呐喊，各种解读日益喧嚣，一时好不热闹。

2. 反方

微案例 8-5　　褚时健究竟是怎么做到的?

不少人认为褚橙的火爆主要靠出色的互联网营销和褚时健的名气，曾经的"中国烟草大王"二次创业，褚时健背后有着太多的故事。

杨先生以前做矿产生意，3 年前看到褚橙火爆，于是也投资了几千万，在哀牢山上租下 3 000 亩土地种植冰糖橙。

杨先生、褚时健还有好几家农户都在同一家养鸡场买鸡粪。大多数人都是直接拎着袋子，过秤，交钱，可褚时健不一样，他会把鸡粪倒出来，然后放在手掌上捏一捏，看看水分多少，看看有没有掺过多的锯末，他会据此跟卖鸡粪的讨价还价。

"鸡粪那个臭啊! 我是根本做不到的。"杨先生说，当看到褚老用手捻鸡粪肥时，自己惊呆了。"你们能想象吗? 一个 80 多岁，曾经叱咤风云的人，一袋子臭鸡粪倒在地上，用手抓起来捻。他眼睛又不太好，还要凑到脸前看!"

60 岁的玉溪大营街书记任新民，十分佩服褚时健，"我就没看到像他那么认真的人。他太认真，真是认真。在褚时健山上的房间里，我看到一大摞翻得起了角的柑橘种植图书，里面有密密麻麻的眉批、标注。"

褚橙团队最不服气的，是不少人认为褚橙的火爆主要靠出色的互联网营销和褚时健的名气。

真正做过企业的人都明白，一招鲜并不灵。褚橙正是在气候、水、肥料、间伐、控梢、剪枝、病虫害防治、果农管理、管理团队、营销 10 大方面都优于同行，才厚积薄发，脱颖而出。

解析:

黄铁鹰在《褚橙你也学不会》中表示，褚橙团队没有互联网思维，有的只是信息化应用思维。他以褚橙的成功为例，进行了论述。

(1) 褚橙被称为一颗"互联网橙子"，却不靠互联网。

(2) 互联网解决不了土壤问题，解决不了食品安全质量问题，解决不了马桶盖的品质问题，我们现在最挠头的很多问题都不是互联网带来的，根本不是。

(3) 互联网解决不了怎么把二流变一流的问题。

每个行业的人都会给自己的行业鼓捣一些门槛，来显示自己圈中人的身份。商业的本质没有区别，互联网只是在商业的某些元素上比较特殊，需要更加关注这些特殊点所能产生的商业价值。每个传统行业也有自己的特殊点，只不过没有像互联网这个平台被大肆宣传。

例如，传统的零售业讲究三元素:流量(王府井为什么摊位贵，因为地段好，流量大)，接触(客户到你的店里试用试穿，在结账处看见口香糖，这些都是和客户的接触)，收入（客户买了你的东西）。网上零售和传统零售一样，都是在怎么增大流量、增加接触、增加收入上动脑筋，没有本质区别。

更有观点认为，互联网思维背后（没有说出来的营销）隐藏着：

（1）博傻思维：

所有的消费者（至少80%吧）都是傻瓜，他们厌恶选择，愿意从众，喜欢炫耀。

博傻思维的本质就是，不要以为消费者聪明，你不骗他们，他们还要扁你。

（2）粉丝经济：

相信并且善于制造粉丝。他们不问是非，只用屁股思考。

当然，你必须善于制造话题，通过互联网营销，借助种子选手，激发大量的粉丝。

（3）造梦手段：

所有的消费者都是赚便宜没够，吃亏难受，所以必须制造让他们占了大便宜的幻觉。

8.4.2　什么是互联网思维

微案例 8-6　一个淘品牌，为什么要煞费苦心地做这些呢？

2012年6月在天猫上线，65天后成为中国网络坚果销售第一；2012年"双11"创造了日销售766万元的奇迹，名列中国电商食品类第一名；2013年1月单月销售额超过2 200万元；之后累计销售过亿，并再次获得IDG公司600万美元投资。这是哪个品牌？

这个品牌就是三只松鼠。三只松鼠为什么能够成长这么快？我们从侧面看一下，看看三只松鼠货品包裹里，除了坚果，不能吃的有哪些。卡通包裹，一个带有品牌卡通形象的包裹；开箱器；快递大哥寄语；坚果包装袋；封口夹；垃圾袋；传递品牌理念的微杂志；卡通钥匙链，俘房用户心的小玩具；还有湿巾。

微案例 8-7　雕爷牛腩为什么这样安排？背后的逻辑是什么？

有一个毫无餐饮行业经验的人，开了一家餐馆，菜品只有12道，在北京只有两家分店。仅两个月时间，就实现了所在商场餐厅坪效第一名。绿茶单位坪效大约是100元，将太无二大约在60元，而这家餐厅是200元，VC投资6 000万元，估值4亿元。这家餐厅叫什么？雕爷牛腩。

雕爷牛腩有什么特色？只有12道菜，比麦当劳还少，花了500万元买断香港食神戴龙牛腩配方；每双筷子都是定制、全新的，吃完饭，筷子和牙签放入一个精致的纸套，还可以带回家；专用牛腩面碗，还有发明专利，上方很厚重，端着手感好，对着嘴喝汤的地方则很薄、很光滑，嘴感好；每个月都会更换菜单，如果粉丝认为某道菜不好吃，这道菜就会在菜单上很快消失。

　　老板每天花大量时间盯着大众点评、微博、微信，针对菜品和服务不满的声音，立刻回馈；开业前烧掉 1 000 万元搞了半年封闭测试，其间邀请各路明星、达人、微博大号免费试吃；制造话题：韩寒携老婆到店吃饭，因为没预约而被服务员婉拒；不让 12 岁以下儿童进入；邀请苍井空到店，被微博大号"偶遇"并发微博。

1. 互联网思维的"独孤九剑"

　　互联网思维是在（移动）互联网、大数据、云计算等科技不断发展的背景下，对市场、用户、产品、企业价值链乃至整个商业生态进行重新审视的思考方式。

　　这里的互联网，不单指桌面互联网或者移动互联网，而是指泛互联网，因为未来的网络形态一定是跨越各种终端设备的，包括台式机、笔记本、平板、手机、手表、眼镜，等等。

　　不是因为有了互联网，才有了这些思维，而是因为互联网的出现和发展，这些思维得以集中性爆发。

　　不论是传统企业，还是互联网企业，都要主动拥抱变化，大胆地进行颠覆式创新，这是时代发展的必然要求。

　　一个真正牛的人一定是一个跨界的人，能够同时在科技和人文的交汇点上找到自己的坐标。一个真正厉害的企业，一定是手握用户和数据资源，能够纵横捭阖敢于跨界创新的组织。

　　李彦宏说："互联网和传统企业正在加速融合，互联网产业最大的机会在于发挥自身的网络优势、技术优势、管理优势等，去提升、改造线下的传统产业，改变原有的产业发展节奏，建立起新的游戏规则。"

　　互联网九个典型思维将重塑企业价值链，涉及商业模式设计、产品线设计、产品开发、品牌定位、业务拓展、售后服务等企业经营所有环节（见图 8-1）。

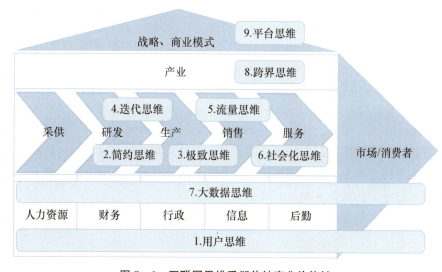

图 8-1　互联网思维重塑传统商业价值链

　　依托波特的价值链模型，我们梳理一下互联网思维体系（见表 8-4）。用户思维、大数据思维贯穿整个价值链条的始终；简约思维、极致思维、迭代思维主要体现在产品研发、生产和服务环节；流量思维、社会化思维主要体现在销售和服务环节；平台思维体现在战略、商业模式和组织形态层面；跨界思维主要基于产业层面。

表 8-4　互联网思维的"独孤九剑"

一、用户思维（市场、消费者） 1. 得粉丝者得天下； 2. 兜售参与感； 3. 用户体验至上。 二、简约思维（产品规划、产品设计） 1. 专注、少即是多； 2. 简约即是美。 三、极致思维（产品/服务、用户体验） 1. 打造让用户尖叫的产品； 2. 服务即营销。 四、迭代思维（创新流程） 1. 小处着眼，微创新； 2. 精益创业、迅速迭代。 五、流量思维（经营模式） 1. 免费是为了更好地收费； 2. 坚持到质变的"临界点"。	六、社会化思维（关系链、传播链） 1. 利用社会化媒体，口碑营销； 2. 利用社会化网络，众包协作。 七、大数据思维（企业资产、竞争力） 1. 数据资产成为关键竞争力； 2. 你的用户不是一类人，而是每个人。 八、平台思维（商业模式、组织形态） 1. 打造多方共赢的生态圈； 2. 善用现有平台； 3. 把企业打造成员工的平台。 九、跨界思维（产业边界、产业链） 1. 携用户以令诸侯； 2. 用互联网思维，大胆颠覆式创新。

资料来源：赵大伟. 互联网九大思维 20 条法则. http://www. 360 doc. com/content/16/0411/12/26639277. 549692962. shtml.

2. 互联网"七字诀"：专注、极致、口碑、快

微案例　8-8　参与感

这是一家创业仅 3 年的企业。2011 年销售额 5 亿元；2012 年销售额达到 126 亿元；2013 年上半年销售额达到 132.7 亿元，预计全年销售达到 280 亿元，有可能突破 300 亿元。在新一轮融资中，估值达 100 亿美元，位列国内互联网公司第四名。这家企业大家肯定能猜到，就是小米。

小米，3 年时间，估值 100 亿美元；联想，30 年时间，港股市值 100 亿美元；诺基亚，拥有 140 多年历史，目前市值 146 亿美元。从这个意义上讲，小米应该算是一个商业奇迹。没有互联网，是不可能实现的。小米又是怎样利用互联网的呢？

很多互联网营销专家概括小米的成功是新营销的胜利，涨粉丝、做服务、社会化媒体营销，等等。这些都没触及本质。

雷军自己是怎样总结的？雷军说小米销售的是参与感，参与感是小米成功的最大秘密。

在互联网时代，按照"七字诀"的方法去做任何事都会战无不胜、攻无不克。说实话，用互联网方式做企业，就是用"七字诀"做企业（见图 8-2）。

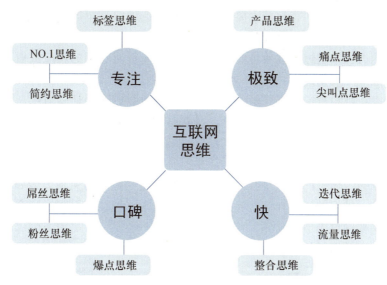

图 8-2　专注、极致、口碑、快

资料来源：感恩，互联网七字诀：专注、极致、口碑、快. https://blog.csdn.net/chentaowangyuanyuan/article/details/47665157.

（1）专注。什么是专注？大道至简，越简单的东西越难做，但越容易传播。简单的东西才能积聚力量，只有专注才能做好。重质量不重数量，在"少就是多"的时代里，怎样把东西做得精致、有价值，才是问题的关键。苹果公司推出的手机款式不多采用的就是精品策略。

（2）极致。就是做到别人达不到的高度。说起来容易，做起来难。要把别人看不到的东西也做得非常精致。iPhone 的图标做得很精致，而且越做越好，这就是极致。产品做到极致的时候是不可能被抄袭的。即便目前与目标有差距，也不能绝望，要通过每天脚踏实地、一步一步的努力，离目标近一点，再近一点。

（3）口碑。口碑的真谛不是人家说你好，说你便宜，而是你的产品超出用户的期望值。口碑的核心是超越预期。

（4）快。"天下武功唯快不破"，前提是在确保质量的情况下提速，这是突破所有瓶颈最关键的问题。

8.5　融合创新

8.5.1　传统行业的痛点

目前传统行业中有许多痛点，有些痛点是通过移动互联网、物联网或者新的经济因素能够迅速解决的，如果能找到这些痛点并迅速采取措施，这就是一个巨大的商机。目前传统行业的痛点一般有以下几种：

（1）渠道成本。传统行业要把产品送到客户手中，需经历一个漫长的过程，要经过各级分销商，如省级分销、地级分销、仓储分销、零售商等，再卖给客户。

在这个过程中，企业同客户是隔离的，广告促销沟通也是单向的，是广而告之，并且成本奇高，每个环节的成本很高，效率却不高。

（2）库存压力。渠道过长导致企业与客户割裂，企业对市场的反应灵敏度降低，库存压力加大，制造业尤为如此。

从供给侧改革视角看，我国许多商品产能过剩，大量的库存难以消化。

（3）品牌苍白。就算是全国知名商标，品牌估值80亿元、100亿元，甚至几百亿元，但是90后、00后知道吗？知道了又有谁会去买呢？未能占领新一代消费者的心智，品牌难以取得好的销售业绩。

（4）客户断裂。传统的企业跟客户之间未能真正建立稳定的关系。例如，企业把服装卖给了某个顾客，顾客的画像如何？要怎么再找到他呢？他在哪里呢？当企业有新的服装要卖给他时，又要通过渠道、仓储、传播才能找到他，还不一定是原来的那个他，如果不是以前的那个他，就要额外增加说服他的成本和时间。

8.5.2　"互联网＋"融合创新

融合创新和变革转型是"互联网＋"的核心，也是创业的蓝海。这表现在互联网促进产业转型升级，提高实体经济的创新力和生产力上。以互联网培育发展新业态、新模式，形成了新的经济增长点和创业蓝海。这种融合不是简单的机械相加，是要在商业模式、管理、营销、生产、研发等多个环节创新、融合与落地，如表8-5所示。

表8-5　融合创新与落地

"互联网＋"融合创新	"互联网＋"落地路径
● 不是简单的机械相加 ● 利用互联网技术、方法和思维去改造和优化传统产业销售、研发、生产、物流、信息、人力等方面存在的效率低下问题，打破信息不对称的局面 ● 通过连接在人、物、商品、信息之间建立关联 ● 将产生开放、协作、参与和共赢，产生大数据 ● 改变的是商品的销售、生产或研发过程，但并不能替代商品的生产或服务本身	● 商业模式互联网化 ● 打破基于信息不对称的行业垄断、环节、既得利益 ● 企业管理互联网化 ● 以用户为中心的组织变革 ● 用户驱动的管理体系 ● 互联网精神下的文化重塑 ● 生产管理互联网化 ● 用户"智造"产品 ● 人人创客 ● 营销模式互联网化

8.6　互联网商业模式

8.6.1　长尾理论

互联网创业具有门槛低、轻资产、发展快等明显的特点，越来越成为新一代创业者，特别是成长于移动互联网时代的高校大学生的选择。当前大部分大学生的创业项目与互联网相关，相对集中在 O2O、物联网、智能硬件以及电子商务等领域。目前互联网是产业经济的风口，再加上近年来世界互联网高速发展，技术创新给互联网经济带来"长尾"，互联网创业面临新的机会。

长尾（long tail）最早由克里斯·安德森（Chris Anderson）于 2004 年提出，用来描述亚马逊和 Netflix 这样的网站的商业和经济模式。安德森从 eCast 首席执行官那里了解到数字音乐点唱的"98 统计法则"：听众对占 98% 的非热门音乐有无限的需求，非热门音乐总体市场巨大无比，听众几乎盯住所有东西。于是他开始研究亚马逊、谷歌、eBay 和 Netflix 等互联网零售商的销售数据，并与沃尔玛等传统零售商的销售数据进行对比，得出结论：观察到的网络销售统计现象符合大数定律的统计规律，在平均销售数量和销售种类的二维空间中，大头市场后面拖着一条长长的尾巴。

安德森认为，产品的需求曲线除了有利润丰厚的头部曲线，也拖着一条长长的尾巴。他认为，随着互联网经济的快速发展，传统的商业和文化的未来会被改写，其需求不在曲线的头部，不在热门的场频，而是集中在无限延长的需求曲线的尾巴上。在追求利润最大化的现代企业竞争中，很多企业过于注重需求曲线的头部，扎堆进入商业红海，导致不良竞争和产能过剩，处于尾部的蓝海市场却往往被忽略。

延伸阅读

长尾理论的经济分析

安德森把长尾理论表述为：由于成本和效率的原因，商品储存和展示的场地及渠道足够宽广，商品生产成本急剧下降以至于个人都可以进行生产，并且商品的销售成本也足够低，这时几乎任何以前看似需求极低的产品，只要有人卖，就会有人买。这些需求和销量不高的产品所占据的共同市场的份额，可以和主流产品的市场份额相比，甚至更大。

从单纯的统计现象看，长尾理论表达的是较为平缓的帕累托分布现象。帕累托分布通常用来表述一种收入分配关系，在此则用来表述销售的分配关系。如图 8-3 所示的旧经济和长尾经济销售分配图，横轴表示按顺序排列的销售产品类型，纵轴表示平均的销售量。

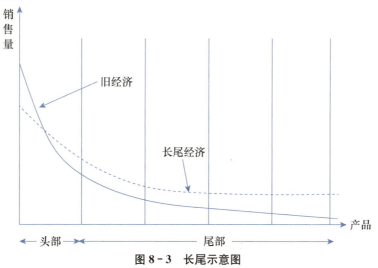

图 8-3　长尾示意图

图8-3中更为陡峭的分布曲线描述的是传统经济的销售分布。注意在传统经济中，分布曲线的头部更大，在收入分配统计中通常20％的人占有80％的收入；在销售统计分配中通常则指80％的销售额来自20％的产品，这条法则被称为"二八法则"或者帕累托法则。图中更为平缓的分布曲线描述的是长尾经济的销售分布，在长尾经济中，分配曲线的头部并没有消失，只是头部所占的份额远低于80％，曲线后面长长的尾巴代表利基市场，其所占销售的份额再也不能被认为不重要而被丢弃。因此，长尾理论可以看作是对二八法则的超越，虽然二八法则在新经济中仍有应用的价值，但是长尾理论足以开拓出在市场容量上与头部市场相提并论甚至有所超越的利基市场。

资料来源：杨连峰. 长尾理论的经济分析. 生态经济，2010 (12).

长尾理论作为互联网经济的重要理论，有其深刻的经济理论基础，它适应了知识经济背景下的市场规律，充分满足了消费者的个性化需求，实现精益制造、小规模定制，并通过互联网进行低成本营销。安德森2004年10月发表的《长尾》成为《连线》杂志历史上被引用最多的一篇文章。长尾理论经过互联网博客的广泛传播，不断丰富素材与案例，安德森2006年推出了影响商业世界的畅销书《长尾理论》，其分析框架如表8-6所示。

表8-6　安德森的分析框架

经济假设	丰裕经济、多样性经济、文化经济和小批量定制
新生产者	生产工具普及，廉价生产
新营销	传播工具普及，低成本营销
利基市场	品种丰富性、低搜索成本和样本推销
供需连接	低搜索成本：口碑、畅销榜、博客、Google等过滤器，消费者情感连接

8.6.2　互联网商业模式

微案例　8-9　免费的背后

对百合网而言，普通会员只要不想升级为VIP会员，似乎不必付费，可高高兴兴享受完全的免费。但事实上，普通会员也是需要付费的，普通会员如果要阅读VIP会员发来的没有"贴邮票"的"求爱信"，就要购买百合网的"红豆"。当然，如果普通会员想免费获得"红豆"，也是有办法的，如普通会员可以在百合网上"领取任务"，只要按时、按质地完成了任务，就将获得数量不等的免费"红豆"。这些普通会员节约了钞票，但付出了劳动，因此他们依然"付费"了。

解析：

单方免费，多方收费。如果仅从一个方面来看，以上三种类型都可以称为免费商业模式，因为它们都在一定程度上对某一方的顾客"免费"了。但如果从系统的、整合的角度来看，以上三种免费商业模式事实上并非真正免费，依然是收费商业模式。

诸如百合网、淘宝网，看似对消费者免费，但它们依然要从第三方收取相应的费用，而第三方的付费依然来自消费者。羊毛最终出在羊身上。

微案例 8-10　阿姨帮：一个男人带领一帮阿姨"自我颠覆"（家政 O2O）

阿姨帮是一款基于 LBS 的家政 O2O 应用，是类似优步、Homejoy 的垂直平台，力图作为制定服务标准的渠道连接起海量的阿姨和消费者，定位是全品类家政服务。创始人万勇曾在中国雅虎、搜狗、360 任职，一直从事浏览器相关的研发工作。目前阿姨帮的业务涉及日常保洁、大扫除、新居开荒、衣物干洗、鞋具洗护等，用户可以通过阿姨帮应用或者直接登录阿姨帮网站预约阿姨。

与国内其他家政服务 O2O 公司的普遍做法不同，阿姨帮对小时工采取统一聘任和管理的制度，区别于中介的角色，对人员培训、服务评价等进行系统管理。这个模式在保障服务质量之余，无疑增加了运作成本和难度，使实现盈利存在更多不稳定因素。

解析：

中国电子商务研究中心助理分析师沈云云认为，家政服务 O2O 行业看似市场纷争才起，实则在资本强势进驻的鼓舞下，新型家政消费习惯、市场及资本格局正逐步形成。对于家政服务 O2O 这个"香饽饽"，很多大平台也不甘放弃，但阿姨帮有的是更加接地气的服务和更加精细的业务。

微案例 8-11　e 袋洗：把洗衣服变成互联网产品（洗衣 O2O）

e 袋洗是老牌洗衣服务品牌荣昌推出的一款基于移动互联网的 O2O 洗衣服务产品，区别于传统洗衣按件计费的洗衣模式，客户只需将待洗衣物装进指定洗衣袋里，预约上门取件时间，稍后将由专人上门取件。

e 袋洗布局"小区众包"的物流模式，即以社区为单位进行布点，每个社区点配备一个配送员，并以地推的形式加强推广力度，力求将洗衣模式标准化，并以线上线下相结合的 O2O 模式改造洗衣行业。目前 e 袋洗的每日订单量在 1 000 单左右，开展业务的地区有北京、上海、深圳。

解析：

e 袋洗的核心是基于本地洗衣实体提供洗衣服务，本质上洗衣流程没有改变，但对消费者而言更加快捷。e 袋洗不失为传统企业在产品内注入移动互联网基因的成功转型案例。

8-12　　婚礼纪：以请帖为切入点的婚庆平台（婚庆O2O）

婚礼纪是一款专注于结婚婚庆的移动应用，专注婚礼行业垂直细分市场，最初以请帖为切入点，逐步打造服务新人的平台，帮助新人解决婚礼筹备的难题。目前，婚礼纪的产品主要分为"购物""婚博汇""请帖""故事"四类，提供婚庆购物、婚礼主题展示、请帖制作、结婚故事记录等服务。

婚礼纪已从O2O工具发展为O2O平台。

解析：

面对潜力巨大的婚庆市场，婚礼纪不同于到喜啦、喜事网等婚庆平台直接切入婚宴预订的模式，而是围绕婚庆其他环节，发掘新的需求点，符合现在青年人对婚嫁的个性化需求，"私人定制"和"一站式服务"已经成为婚庆行业发展的新方向。

经过20多年的发展，互联网已经形成了多样化的商业模式，创业者可以根据需要进行选择和再创造。

如果销售实物商品，可以借鉴亚马逊、京东等电子商务网站的模式。

自从谷歌在搜索结果旁边投放广告以来，广告已经成了互联网行业默认的首选变现方式。实际上，广告本来是平面媒体的主要商业模式，现在互联网行业已在广告领域抢了风头。

在互联网时代有的产品如果前期就收费，很可能会吓跑用户，所以需要借助一些巧妙的做法。免费增值商业模式就是让一部分用户免费使用产品，另一部分用户购买增值服务，来获取利润的。

实践中，采取免费增值商业模式的产品，可能只有较小比例的免费用户会转化为付费用户。这就需要创业者努力做好产品，努力黏住更多的用户，当用户数量达到一定程度时，商业模式的选择就会比较从容，赚钱概率就会加大。

常见的互联网商业模式如表8-7所示。

表8-7　互联网思维下的商业模式

模式类别	具体模式	说明
实物商品的商业模式	自己生产、自己销售	自己直接生产、直接销售给用户。
	外包生产、自己销售	把生产环节外包出去，自己负责直接销售给用户。
	只生产、不销售	自己负责生产，交给分销商销售。
	只销售、不生产	自己作为分销商，或者提供销售商品的交易市场。

续表

模式类别	具体模式	说明
广告	展示广告	展示广告一般形式是文字、横幅广告图片、通栏横幅、文本链接、弹窗等，通常是按展示的位置和时间收费，也就是常说的包月广告或包天、包周广告。这是目前最常见的模式。
	广告联盟	广告联盟相当于互联网形式的广告代理商，广告主在广告联盟上发布广告，广告联盟再把广告推送到各个网站或 App。百度联盟、谷歌广告联盟是最大的两个广告联盟。网站流量还没达到一定程度时，都会选择跟广告联盟合作，只有做到一定流量后，才会跟广告主直接建立合作关系。广告联盟一般是按广告的点击次数收费。
	电商广告	最常见的就是阿里妈妈，京东、亚马逊、当当都有自己的电商广告，凡客当年也是靠这个突然蹿红的。这些广告一般是按销售额提成付费。很多导购网站就完全靠广告获得收入，特别是海淘导购网站，会接入各个海外购物网站的广告，佣金不少。
	软文	软文是指把广告内容和文章内容完美结合在一起，让用户在阅读文章时，既得到了他需要的内容，也了解了广告的内容。很多媒体网站或者微博、微信大号，都是靠软文赚钱。
	虚拟产品换广告效果	你还可以为用户提供虚拟产品，但代价是用户必须接受一定的广告，比如看完某段广告、注册某个网站的用户、下载某个 App。
	用户行为数据	通过分析用户在你的网站或 App 上的操作方式，可以分析用户的习惯和心理，从而有利于在产品设计和商业规划上做出正确的决策。很多企业都需要用户使用习惯的数据，淘宝数据魔法就提供这样的服务，比如告诉企业什么地方、什么商品、什么风格、什么尺码最受用户欢迎。
交易平台模式	实物交易平台	用户在你的平台上进行商品交易，通过你的平台支付，你从中收取佣金。天猫就是最大的实物交易平台，天猫的佣金是其主要的收入来源。
	服务交易平台	用户在你的平台上提供和接受服务，通过你的平台支付，你从中收取佣金。威客平台猪八戒就是这样收取佣金的。优步的盈利模式是向司机收取佣金。
	沉淀资金模式	用户在你的平台上留存有资金，你可以用这些沉淀的资金获得回报。传统零售业用账期压供应商的货款，就是为了用沉淀资金赚钱。现在这个套路也用到互联网行业，很多互联网金融企业、O2O 企业寄希望于这个模式。

续表

模式类别	具体模式	说明
直接向用户收费	定期付费模式	这种商业模式类似于手机话费的月套餐，定期付钱获得一定期限内的服务。相对于一次性付费直接买软件，定期付费的单笔付费金额比较小，所以用户付费的门槛相对较低。比如 QQ 会员，就是按月/按年付费，现在的价格差不多是每个月 10Q 币。
	按需付费模式	按需付费是用户实际购买服务时才需要支付相应的费用。比如，在爱奇艺想看某部电影，花 5 元钱，这是按需付费。如果付费成为爱奇艺的 VIP 用户，在一段时间内所有会员免费的电影都可以看，这就是定期付费模式。
	打印机模式	打印机模式是指，先以很便宜的价格卖给消费者一个基础性设备，比如打印机，用户要使用这个设备，就必须以相对较高的价格继续购买其他配件，比如耗材。剃须刀也是采用类似的商业模式，刀架的价格近乎白送，通过卖刀片赚钱。家用游戏机也是这种模式，索尼和任天堂以低于成本的价格卖游戏机，然后用很高的价格卖游戏光盘。因为日本打印机公司爱普生首先采用这种商业模式，所以称为打印机模式。
免费增值模式	限定次数免费使用	这种模式是在一定次数之内，用户可以免费使用，超出这个次数就需要付费。
	限定人数免费使用	这种模式是指用户数量在一定人数之内，就是免费的，如果用户数量超出这个限定额，就要收费。比如很多企业邮箱服务就采用这种模式，如果你的公司注册了某个域名，打算用这个域名做你的企业邮箱，企业邮箱服务商可以要求，5 个以内邮箱地址免费，超过 5 个就要购买服务。
	限定免费用户可使用的功能	免费用户只能使用少数几种功能，如果想使用所有功能，就得付费。
	应用内购买	应用的下载和常规使用是免费的，但是在使用的过程中，可以为特定的功能付费。最常见的就是游戏，购买虚拟装备或者道具之类的就得付费。再比如在微信内购买付费的标签。
	试用期免费	让用户在最初一定的期限内免费使用，超过试用期之后就要付费。
	核心功能免费，其他功能收费	苹果应用程序商店里的 App，有不少都是这种模式，一个产品分为免费版和付费版。免费版里基本功能都有了，但是要获得更多的功能，就要付费。比如照片的处理应用，免费版有几个基本的滤镜效果，差不多够用，如果想要更炫更酷的滤镜，就要下载付费版。
	核心功能免费，同时导流到其他付费服务	比如微信，微信聊天是免费的，但是微信内置了很多其他服务，有可能是收费的。
	组织活动	通过免费服务聚集人气，然后组织各种线下活动，这些活动可以获得广告或赞助，可以在活动中销售商品或服务。比如，很多媒体通过组织线下行业峰会赚钱。有的社区会组织线下展销会、推荐会，比如装修展销会、婚纱摄影秀等，销售商品或服务。

资料来源：何规. 互联网创业的基本商业模式. 商业文化，2016（11）.

游戏与模拟实训

从关注到成为粉丝

1. 时间：20～40 分钟。

2. 任务：小组讨论后，确定某个典型的粉丝的成长路径。

3. 程序：

(1) 将全体人员分成每组 4～6 人的若干小组。

(2) 2 分钟内，讨论选定一名同学，他（她）是某个品牌（或者某种产品、某项活动）的粉丝。

(3) 10 分钟内，小组同学和选定的同学一起回顾，列出从关注到成为粉丝的全过程，并提炼出若干要点。

4. 讨论：

(1) 在形成对品牌（或者产品、活动）的情感的过程中，你关心什么？

(2) 作为创业者或者运营商，应该怎样正确认识并加以利用呢？

(3) 对比实际生活中接触到的一组优秀案例、一组较差设计，谈一谈你的体会。

玩转微信

1. 时间：20～40 分钟。

2. 任务：给出某产品，请小组同学讨论后，提出能够提高微信点击率和转化率的方案。

3. 程序：

(1) 将全体人员分成每组 4～6 人的若干小组。

(2) 在 10 分钟内，对给定的产品加以讨论，确定吸引点击的方案。

4. 讨论：

(1) 在决定是否点击某条微信链接的过程中，作为用户，你关心什么？

(2) 作为创业者或者运营商，应该怎样玩转微信吸引用户呢？

(3) 对比实际生活中接触到的一组优秀案例、一组较差设计，谈一谈你的体会。

宝贝描述训练

1. 时间：20～40 分钟。

2. 任务：创业公司有一款产品，为其网上展示做出描述。

3. 程序：

(1) 将全体人员分成每组 4～6 人的若干小组。

(2) 在 10 分钟内，尽可能多地想出产品描述方案。

4. 讨论：

(1) 在看到产品描述时，你作为顾客关心什么？

(2) 作为创业者设计产品时描述的关键点是什么？

(3) 对比实际生活中接触到的一组优秀案例、一组较差设计，谈一谈你的体会。

电商之路

1. 时间：20～40 分钟。

2．任务：在某电商公司的界面，为其产品群展示做出描述。

3．程序：

（1）将全体人员分成每组 4～6 人的若干小组。

（2）在 10 分钟内，小组讨论案例企业的产品群的构成、特点等。

4．讨论：

（1）很多电商喜欢玩爆款，你的看法是什么？

（2）如果你是这家电商，产品群设计的关键点是什么？

（3）对比实际生活中接触到的一组优秀案例、一组较差设计，谈一谈你的体会。

开箱体验训练

1．时间：20～40 分钟。

2．任务：针对你曾经收到的产品，为打开快递箱前后的情形做出描述和评价。

3．程序：

（1）将全体人员分成每组 4～6 人的若干小组。

（2）在 10 分钟内，选择不超过三种产品，对接收快递前后和开箱前后的情况进行描述。

4．讨论：

（1）在打开快递箱时，你作为顾客关心什么？

（2）作为创业者或者运营商，你怎么认识开箱体验的成本问题？

（3）对比实际生活中接触到的一组优秀案例、一组较差设计，谈一谈你的体会。

神回复

1．时间：20～40 分钟。

2．任务：给出情景清单，小组同学讨论后，提出回复方案。

3．程序：

（1）将全体人员分成每组 4～6 人的若干小组。

（2）在 10 分钟内，对给定的顾客评价给予讨论和回复。

4．讨论：

（1）在决定是否给店家差评时，作为用户，你是怎么考虑的？

（2）作为创业者或者运营商，应该怎样回复呢？

（3）对比实际生活中接触到的一组优秀案例、一组较差设计，谈一谈你的体会。

第9章 规则与风险

▶▶▶

学习目标 ◀◀◀◀

- 理解设立企业法人的意义。
- 基本了解如何选择适合的企业组织形式。
- 了解创立企业的一般流程。
- 基本掌握与创业有关的政策法规。
- 理解公司注册地点选择的考量因素。
- 理解人情和生意之间的基本逻辑。
- 基本了解主要的商业贸易骗术。
- 了解风险的含义及创业主要的风险点。

9.1 创业的规定动作

9.1.1 选择适合的企业组织形式

开办企业选择何种组织形式，要根据国家有关法规的要求和企业的具体情况来决定。还需要结合自己的偏好、中长期需求、税收环境等来权衡每种组织形式的利弊，确认最符合企业需求的组织形式。各种组织形式没有绝对的好与坏，创业者必须分析研究各种组织形式的优缺点，根据创办企业的实际情况作出选择。

我国法定的企业组织形式有公司制企业（包括有限责任公司和股份有限公司）、合伙企业和个人独资企业三种，不同的企业组织形式在股东组成、股东出资、公司设立和增撤资、运行机制等方面有很大的不同。另外，中国还有一种特殊的经营主体形式——个体工商户，其在社会经济中发挥着独特且难以替代的重要作用。上述四类主体的比较见表9-1。

表 9 - 1　四类主体的法律形态比较

企业法律形态	业主数量和注册资本	成立条件	经营特征	利润分配和债务责任
个体工商户	1. 业主是一个人或一个家庭； 2. 无资本数量限制。	1. 有相应的经营资金和经营场所即可； 2. 可以起字号。	资产属私人所有，可以雇帮手或学徒工（不超过 8 人）；业主本人既是所有者，又是劳动者和管理者。	1. 利润归个人或家庭所有； 2. 由个人经营的，以其个人资产对企业债务承担无限责任； 3. 由家庭经营的，以家庭财产对企业债务承担无限责任。
合伙企业	1. 业主两个人及以上； 2. 无资本数量限制。	1. 有两个及以上合伙人，并都依法承担无限责任； 2. 有书面合伙协议； 3. 有合伙人的实际出资； 4. 有合伙企业的名称； 5. 有经营场所和必要的生产经营条件。	依照合伙协议共同出资、合伙经营，共享收益、共担风险。	合伙人按照合伙协议分配利润，共同对企业债务承担无限连带责任。
有限责任公司	1. 由 50 个及以下的股东组成； 2. 注册资本 3 万元以上。	1. 股东符合法定人数； 2. 股东出资额达到法定资本最低额； 3. 股东共同制定公司章程； 4. 有公司名称，建立符合有限责任公司要求的组织机构； 5. 有固定的生产经营场所和必要的生产经营条件。	公司设立股东大会、董事会和监事会，并由董事会聘请职业经理人管理公司、经营业务。	股东按出资比例分配利润，并以出资额为限承担有限责任。
股份有限公司	1. 有 2 人以上 200 人以下为发起人； 2. 上市后股东数不受限制； 3. 注册资本的最低限额为人民币 1 000 万元。	1. 发起人符合法定人数； 2. 有符合公司章程规定的全体发起人认购的股本总额或者募集的实收股本总额； 3. 股份发行、筹办事项符合法律规定； 4. 发起人制定公司章程，采用募集方式设立的经创立大会通过； 5. 有公司名称； 6. 有公司住所； 7. 有相关经营产品的范围等。	适用于成熟、大规模类型公司，设立程序较为严格和复杂，不太适用于初创型和中小微企业。	公司全部资本为等额股份，股东以其所持股份为限对公司承担责任，公司以其全部资产对公司债务承担责任。
个人独资企业	1. 业主是一个人； 2. 无资本数量限制。	1. 投资人是一个自然人； 2. 有合法的企业名称； 3. 有投资人申报的资金； 4. 有固定的生产经营场所和必要的生产经营条件； 5. 有必要的从业人员。	财产为投资人个人所有，业主既是投资者，又是经营管理者。	1. 利润归个人所有； 2. 投资人以其个人资产对企业债务承担无限责任。

个人独资企业是最常见的企业组织形式，只有一个出资者；对债务承担无限责任；不作为企业所得税的纳税主体。由于个人独资企业创设条件简单，易于组建，所以大多数的小企业按个人独资企业组织设立。

合伙企业组织形式是创业团队成员共同创业最常用的企业组织形式，有两个以上所有者（出资者）；对企业债务承担连带无限责任；按照出资比例分享利润或分担亏损；一般不缴纳企业所得税。

有限责任公司有 1～50 个出资者；股东出资须达到法定资本最低限额；不能公开募集股份；对公司的债务承担有限责任。

股份有限公司在企业组织形式中占据主导地位，对债务承担有限责任；法人地位不受某些股东死亡或转让股份的影响；股份转让比独资企业和合伙企业的权益转让更容易；具有更大的筹资能力和弹性；对公司的收益重复纳税。

选择一种适合的企业组织形式不是一件容易的事，如果创业者最初选择的组织形式不再适合企业的发展，也可以在企业经营过程中择时变更。创业者选择企业组织形式时，必须考虑的重要因素如表 9-2 所示。

表 9-2　企业组织形式选择的考量因素

因素	要点
承担责任	企业参与者个人对企业负债的责任被控制在具体的有限数量范围内。
资产保护	如果企业失败，企业组织形式将决定个人资产的风险有多大。 股份有限公司、有限责任公司（包括一人有限公司）的股东承担有限责任，无须以个人资产清偿债务，个人资产风险小；而合伙企业和个人独资企业的投资者对企业债务承担无限责任，不足部分需要用个人资产清偿，个人资产风险大。
税收	不同的企业形态意味着企业缴纳的税收不同。 合伙企业和个人独资企业无须缴纳企业所得税，投资者缴纳个人所得税即可。
个人关系	不同企业形态对参与者的所有权、管理权和风险承担能力都有规定。
财务管理	选择企业形态时需要考虑未来是否容易筹集资金。 股份有限公司可以向社会公开募集资金，未来可以发行股票、上市交易，有利于筹集更多的资金，对企业的发展壮大有利；有限责任公司次之；而合伙企业和个人独资企业的投资者难以筹集到更多的资金。
资金分配	不同的企业形态决定了不同的资金分配方式，如营业利润、资金收益、税务减免等。
企业环境	系统的苛刻性和技术风险。

9.1.2　企业注册流程

企业注册流程包括核名、入资、验资、预约、刻章、办理组织机构代码证、办理税务登记证、银行开户等（见图 9-1）。

上面是一般企业注册的流程。作为创业公司，需要考虑适合自己的企业形态，遵照一般流程，做好各种文件准备及提交工作，如表 9-3 所示。

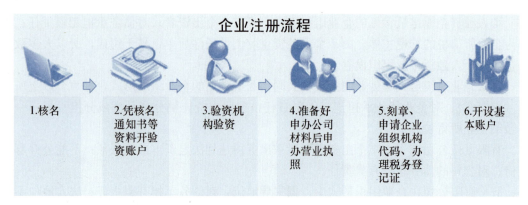

图 9 - 1　企业注册流程

表 9 - 3　创业企业注册

● 合法创业组织形式：有限责任公司、股份有限公司、个人独资企业、合伙企业及个体工商户。 ● 企业注册的一般流程：不同组织形式的企业注册的具体流程及所需主要资料、前置行政许可等各不相同。 ● 办理社会保险登记。	企业注册相关文件 ● 设立登记申请书； ● 投资人身份证明； ● 验资证明； ● 非货币财产权转移手续的证明文件； ● 董事、监事和经理的任职文件及身份证明复印件； ● 法定代表人任职文件及身份证明复印件； ● 公司章程； ● 企业住所证明； ● 国家市场监督管理总局规定提交的其他文件。

　　近年来，在"双创"政策的引领和推动下，我国进行了多次注册制度改革，以简化流程，提供便利。

延伸阅读

注册资本登记制度改革

　　根据 2014 年 2 月 18 日国务院批准的《注册资本登记制度改革方案》，新创企业注册资本登记便捷高效，规范统一，宽进严管。

　　（1）实行注册资本认缴登记制。公司股东认缴的出资总额或者发起人认购的股本总额（即公司注册资本）应当在工商行政管理机关①登记。公司股东（发起人）应当对其认缴出资额、出资方式、出资期限等自主约定，并记载于公司章程。有限责任公司的股东以其认缴的出资额为限对公司承担责任，股份有限公司的股东以其认购的股份为限对公司承担责任。公司应当将股东认缴出资额或者发起人认购股份、出资方式、出资期限、缴纳情况通过市场主体信用信息公示系统向社会公示。公司股东（发起人）对缴纳出资情况的真实性、合法性负责。

　　（2）现行法律、行政法规以及国务院决定明确规定实行注册资本实缴登记制的银

---

　　①　工商行政管理机关已并入市场监督管理局。

行业金融机构、证券公司、期货公司、基金管理公司、保险公司、保险专业代理机构和保险经纪人、直销企业、对外劳务合作企业、融资性担保公司、募集设立的股份有限公司，以及劳务派遣企业、典当行、保险资产管理公司、小额贷款公司实行注册资本认缴登记制问题，需另行研究决定。在法律、行政法规以及国务院决定未修改前，暂按现行规定执行。

（3）已经实行申报（认缴）出资登记的个人独资企业、合伙企业、农民专业合作社仍按现行规定执行。

（4）鼓励、引导、支持国有企业、集体企业等非公司制企业法人实施规范的公司制改革，实行注册资本认缴登记制。

（5）放宽注册资本登记条件。除法律、行政法规以及国务院决定对特定行业注册资本最低限额另有规定的外，取消注册资本最低限额。

（6）简化住所（经营场所）登记手续。申请人提交场所合法使用证明即可予以登记。

（7）推行电子营业执照和全程电子化登记管理。电子营业执照载有工商登记信息，与纸质营业执照具有同等法律效力。全程电子化登记管理包括网上申请、网上受理、网上审核、网上公示、网上发照等。

2020 年初暴发的新冠肺炎疫情对经济发展和社会生活造成了较大冲击，部分互联网平台顺势推出了相关代办理及配套服务优惠政策，对创业者也是一种帮助。

微案例 9 - 1　　　　疫情当前，足不出户办理业务

一、活动对象
阿里云官网注册会员用户。

二、活动时间
2020 年 2 月 5 日至 2020 年 2 月 29 日。

三、活动规则

1. 活动期内，用户通过活动页面购买指定工商财税类、知识产权类、域名类产品，可享受相应的产品优惠。（具体以活动页面展示为准）

2. 云上公司/个体工商户注册仅需 9.9 元（不含刻章费），公司注册（不含刻章费）武汉地区 0 元，其他地区仅需 9.9 元。（见图 9 - 2）

3. 商标自助注册申请及提货券购买使用规则：

（1）直接购买用户，提货券将于支付完成时发放至相应的阿里云账号。

（2）提货券自发放后有效期为 2020 年 3 月 31 日，用户应在指定的有效期内激活开通，过期将失效作废。

（3）使用操作步骤：

A. 首先请登录阿里云账号；

B. 右上导航控制台—费用—进入费用，左侧菜单栏—提货券管理—使用提货券；

　　C. 激活提货券后，按照提示进入商标控制台，依照提示将您的商标注册方案提交至系统；

　　4. 商标自助注册申请、软件著作权登记的优惠活动只针对阿里云新用户首购专享。

　　5. 除特殊情况外，用户参加本活动购买的产品，不支持退订。如因特殊原因发生退订的，退订前需交回通过本活动所享受的相关权益，例如补足差价、退还已使用的代金券金额、交回奖品等。

　　6. 如用户在活动中存在隐瞒、虚构、作弊、欺诈或通过其他非正常手段规避活动规则、获取不当利益的行为，例如作弊领取、恶意套现、网络攻击、虚假交易等，阿里云有权收回相关权益，取消用户的活动参与资格，撤销违规交易，必要时追究违规用户的法律责任。

　　7. 活动名称仅为方便用户理解参考使用，不具有效力，实际活动内容以具体活动规则为准。

　　四、名词及解释

　　https://tm.aliyun.com/channel/activity2020? utm_content=se_1005023977

图 9-2　云上公司/个体工商户注册优惠

9.1.3　新企业选址策略和技巧

　　公司注册地址一般指公司主要办事机构住所地。《中华人民共和国公司法》规定，公司注册地址是公司设立的必要条件，在公司章程中必须记载。根据《企业法人登记管理条例》和《公司登记管理条例》登记注册的公司，公司住所只能有一个，但经营场所无数量限制。公司注册地一般是可用于办公的确定建筑物所在地，由于建筑物用途及其产权情况等不同，其被申请用作注册地时，需要提交的文件资料差别极大。

公司注册地不仅与公司纳税、签订合同履约地、法律诉讼司法管辖权等事务密切关联，也与公司嵌入的区域相关产业或产业集群、区域经济环境及政府政策环境等密切相关，这些直接关系到企业的利益和竞争力，关乎企业长远发展，新创企业更应注重注册地选择。

企业选址是一项带有战略性的经营管理活动，要有战略意识。选址工作要考虑到企业生产力的合理布局，要考虑市场的开拓，要有利于获得新技术、新思想。整体上选址要考虑的要素如表 9-4 所示。在微观上，一般的选址技巧包括：选择路口位置；选择同行密集的地段；选择地势较好的道路；选择正确的人流走向。

表 9-4　新企业地址的选择

影响选址的因素	合格的注册地址类型
● 产业区位 ● 地理交通区位 ● 企业本身 ● 市场因素 ● 商圈因素	● 写字楼 ● 商业用房 ● 居民楼 ● 虚拟地址注册
企业选址战略 ● 经济战略 ● 就近战略 ● 聚合战略 ● 人气战略	注册地选择的筹划 ● 在总体税负较低的地点注册 ● 财政扶持 ● 注册地产业聚集状况和创业氛围 ● 政务环境

9.2　正确认识政策与规制

9.2.1　创业政策

自 2000 年以来创新创业逐渐成为热点问题，中央和地方相继出台各项创新创业政策，有力地促进了创新创业的发展。2013 年 10 月召开的国务院常务会议强调，"调动社会资本力量，促进小微企业特别是创新型企业成长，带动就业，推动新兴生产力发展"。此后，李克强总理在 2014 年 9 月召开的夏季达沃斯论坛上首次正式提出"大众创业、万众创新"的概念，"双创"逐步成为国家战略，创新创业也成为近年来我国经济建设的热点。表 9-5 列出了近年来代表性的政策文件。

表 9-5　中央层面创新创业政策文件

发布时间	发布部门	政策文件名称	政策内容简要
2010 年 5 月 4 日	教育部	《教育部关于大力推进高等学校创新创业教育和大学生自主创业工作的意见》	在高等学校开展创新创业教育，积极鼓励高校学生自主创业，提高自主创新能力，建设创新型国家。

续表

发布时间	发布部门	政策文件名称	政策内容简要
2015 年 6 月 11 日	国务院	《关于大力推进大众创业万众创新若干政策措施的意见》	充分认识推进大众创业、万众创新的重要意义；创新体制机制，实现创业便利化。
2015 年 9 月 23 日	国务院	《关于加快构建大众创业万众创新支撑平台的指导意见》	把握发展机遇，汇聚经济社会发展新动能；创新发展理念，着力打造创业创新新格局；全面推进众创，释放创业创新能量。
2017 年 7 月 21 日	国务院	《关于强化实施创新驱动发展战略进一步推进大众创业万众创新深入发展的意见》	进一步优化创新创业环境，加快科技成果转化，拓展企业融资渠道，推进大众创业、万众创新深入发展。

资料来源：郑石明，李佳琪，李良成. 中国创新创业政策变迁与扩散研究. 中国科技论坛，2019（9）.

　　除国务院和部委层面的双创成果之外，各地政府也十分关注创新创业，表 9 - 6 简要介绍了十多年来地方政府主导的创新创业政策演变历程。

表 9 - 6　地方政府创新创业政策

阶段	政策
政策试点阶段	2006 年以前，部分地方政府创新创业政策初现。2001 年，北京市政府出台《北京市技术创新、创业资金管理办法》，率先推出创新创业方面的政策；2004 年，广西壮族自治区人民政府印发《广西壮族自治区激励专业技术人员创新创业若干规定（试行）》，在西南部地区率先发声，涉足创新创业专业领域，为专业技术人员制定激励政策；2006 年，《江苏省政府关于鼓励和促进科技创新创业若干政策的通知》印发，标志着地方政府正式出台创新创业政策。
试点扩散阶段	2006—2014 年，地方创新创业政策开始呈现扩散态势，政策数量明显上升，以北京市、江苏省为代表的先行地区带动其他省份进行创新创业政策方面的尝试。2008 年，《浙江省地方税务局关于贯彻省委推进创业富民创新强省决定的实施意见》出台，以政策带动浙江省的创新创业发展。除此之外，上海市、天津市、重庆市、湖北省、福建省、吉林省等也学习先进地区，出台相关创新创业政策，以推动经济发展。
全面扩散阶段	2014 年至今，地方创新创业政策迅速增加，不论是政策数量还是政策采纳者数量都大幅度提高。本阶段中央开始加大对创新创业政策主体的关注，先行地区在中央的支持下开始出台创新创业政策各类细则，深入贯彻落实中央政策；未行地区也在中央的号召下，开始制定与实施创新创业政策。

资料来源：郑石明，李佳琪，李良成. 中国创新创业政策变迁与扩散研究. 中国科技论坛，2019（9）.

9.2.2　知识产权方面的法律法规

　　知识产权是指人们就其智力劳动成果所依法享有的专有权利，通常是国家赋予创造者对其智力成果在一定时期内享有的专有权或独占权。知识产权保护制度的设立是为了守护自主创新者的创新成果，防止其他人模仿。如果没有知识产权保护，大部分技术创新会难以实施。

从我国的立法现状看，知识产权法不是一部具体的制定法，主要由著作权法、专利法、商标法等法律法规或规章、司法解释、相关国际条约等共同构成。

知识产权的种类很多，与企业最相关的知识产权主要有专利权、商标权、著作权和商业秘密（见表 9-7）。

表 9-7 知识产权的种类

类别	说明
专利权	专利权是国家按专利法授予申请人在一定时间内对其发明成果所享有的独占、使用和处分的权利。专利包括发明专利、实用新型专利和外观设计专利。 专利的核心是政府（代表公众）和发明者的讨价还价——通过公开换取垄断。
商标权	商标权是指商标所有人在法律规定的有效期内，对其经商标主管机关核准注册的商标享有的独占的、排他的使用和处分的权利。 如果没有征得商标权人的许可就使用他人的注册商标，是违法行为，会受到执法部门的查处，严重的甚至会构成犯罪。
著作权	著作权又称版权，是指作者依法对其创作的文学、艺术和科学作品享有的专有权。 保护的客体：文字作品；口述作品；音乐、戏剧、曲艺、舞蹈、杂技艺术作品；美术、建筑作品；摄影作品；影视作品；工程设计图、产品设计图、地图、示意图；计算机软件；民间文学艺术作品；其他新增作品。 保护期限：①公民的作品，保护期为作者终生＋死亡后五十年。②法人或其他组织的职务作品，保护期为五十年。③影视、摄影作品，保护期为五十年。④计算机软件，自然人为终生＋死亡后五十年，法人或其他组织为五十年。
商业秘密	商业秘密指不为公众所知悉、能为权利人带来经济利益、具有实用性并经权利人采取保密措施的技术信息和经营信息。 商业秘密包括技术秘密和经营秘密。技术秘密一般包括生产工艺、技术诀窍、产品配方、设计图纸、设计模型、关键技术参数和实验数据、研究报告、计算机程序等；经营秘密一般包括发展规划、管理诀窍、客户信息等。

对于技术类创业者而言，还需要考虑专利申请、论文发表与技术秘密的关系，做出最有利于公司的选择。表 9-8 列出了技术秘密与专利的区别。

表 9-8 技术秘密与专利的区别

项目	技术秘密	专利
取得程序	所有权人自行取得	国家主管机关授予
保护方式	权利人采取合理的保密措施	公开后换取国家保护
保护期限	没有固定期限	发明二十年；实用新型和外观设计十年
专有程度	他人可通过正当手段获取	享有独占权
保护成本	采取保密措施的成本	申请费、年费等

先发论文还是先申请专利?

　　在我国,专利审批采用先申请原则,即两个以上的申请人向专利局提出同样的申请,专利权授予最先申请专利的个人或单位。因此申请人应及时将其发明申请专利,以防他人抢先申请。授予专利的条件必须具有新颖性,但发表论文、参加展览、开鉴定会都会公开技术而丧失新颖性,因此发明人有了技术成果之后,应首先申请专利,再发表论文,以免因发表论文而公开技术,不能申请专利。

9.3　人情与生意

　　有人的地方就有江湖,创业、做生意,都必须考虑人情世故,如表9-9所示。创业者还需了解小胜在智、大胜在德的道理。

表9-9　人情与生意

生意就是生意 PK 关系就是生意	商道即人道
● 人情和生意要有边界感 　・不能混为一谈 　・商业和友情不能共存 ● 生意不成仁义在 　・做的是生意,重的是人情 　・商业和友情并不矛盾 ● 专业成熟的商业态度 　・先小人后君子,明确权、责、利 　・目标是一致的、共同的	● 小胜在智,大胜在德 　・经营公司第一个阶段是靠吃苦力,靠拼命干,靠和别人竞争分得一杯羹 　・第二个阶段靠的是毅力和坚持,才能避开被淘汰的厄运 　・最终完成从"小打小闹"到"财富英雄"的关键蜕变,就需要总经理的经商智慧、技巧和管理经验 ● 人情——生意场上讲究人情投资 　・慢工出细活 　・真诚相待 　・树立口碑 ● 做人——做生意会赔本,做人不能失败 ● 散财——财散人聚,财聚人散

9-2　　　　　　　　　　　　　　　"6—3—1"

　　在中国社会做生意,无非是要在人情世故上让大家都舒服。我一般采取的是"6—3—1"的办法。

　　"6"是情势,是社会、法律强制要求我们遵守的;

　　"3"是经济利益,是算账;

　　"1"是面子,是妥协。

　　在社会上,面子意味着通行证,也是一种从别人口袋里拿钱的资格。所以在中国研究面子,最后就是在人情世故中学会找面子,你有面子别人也会给你帮助。

什么是面子？简单地说，面子就是一套程序，一套贬低自己抬高别人的表演。生活就像戏曲中的场景，每个角色都要体面地上台，在一片喝彩和赞扬声中下台，否则就"下不了台"。

按照鲁迅说的，"面子是中国人的精神纲领"。总是尊重别人，把人家放到台上，你在下面，"善处下则驭上"，这样企业在社会中就可以比较好地发展。

资料来源：王方剑. 冯仑管理日志. 北京：中信出版社，2010.

微案例 9-3　　　　　　　　商道即人道

这是晚清红顶商人胡雪岩的人生顿悟。做生意的第一要诀是吃透商道。谋取商道靠观察、靠琢磨，边干边悟，这样才能从一个小老板成长为一个大企业家。小胜在智，大胜在德。想赢两三个回合，赢三五年，有点儿智商就行；要想做大生意，想一辈子都赢，没有"德商"绝对不行。

古今中外，但凡真正的大商人、大老板，无不在个人道德修养上达到了常人难以企及的高度。如果说经营公司的第一个阶段是靠吃苦力，靠拼命干，靠和别人竞争分得一杯羹，那么第二个阶段靠的就是毅力和坚持，这样才能避开被淘汰的厄运；而最终完成从"小打小闹"到"财富英雄"的关键蜕变，就需要总经理的经商智慧、技巧和管理经验了。

资料来源：张俊杰. 总经理商道笔记. 北京：石油工业出版社，2011.

9.4　江湖骗术预防

微案例 9-4　　　　　　　"总有一款骗术属于你"

财新网报道："土豪死于信托、中产死于炒股、草根死于P2P，总有一款骗术属于你。"这样的段子既是玩笑，也是事实。2015年涉嫌非法集资的案件，从金额、波及人数到辐射范围，比任何一年更甚，有的变成社会群体性事件。记者了解到，目前高层已经高度重视非法集资风险，要求在12月下旬前完成全国性的风险排查。各地打击非法金融活动领导小组办公室要求，重点监测e租宝、e联贷、恒昌财富、银谷财富、首山财行、紫马财行、证大财富、鲁金所、借贷宝、天峰财富、开开贷、捷越联合、华赢凯来、望洲财富等多家互联网金融机构。

记者从多个渠道获知，仅2015年1—8月，全国涉嫌非法集资的立案就在3 000件左右，涉案金额超过1 500亿元。这还未加上最近爆发的e租宝、卓达、泛亚等"地震级"案件。这些企业的共同特点是，在起家之地很有势力，利用互联网金融的外衣迅速突破地域限制，面对市场质疑时非常强硬，资金去向成谜。"形势可谓前所未有的严峻，存量风险还没有化解，增量风险又迅猛增加。"一位监管高层对记者说，2015 年的非法集资案件有"遍地开花"之势，几乎全是大案、要案，不仅跨省，甚至跨国。

解析：

中国金融市场以刚性兑付为主，大量投资者在无风险的巨大利益诱惑面前，既未在购买前被有效提示风险，又往往自动选择性忽视常识性问题，一旦风险爆发，求告无门，悲剧频发。

长期以来，非法集资实际上处于监管真空地带，监管主体不明，监管制度跟不上。地方政府有经济诉求，往往默许各类机构成长，甚至多次站台，给投资者造成极大误导，直至风险兜不住而暴露出来。

在创业路上，我们会遇到各种骗局，即使分外小心也无法避免，只能总结经验，吸取教训。避免受骗的最有效方式是不怀投机、侥幸心理，多留意合作方，多些警惕。做生意讲求稳扎稳打，尽可能关注每个细节。如表 9-10 所示，创业路上要警惕骗术，就要了解常见的典型骗术以及防范技巧。表 9-11 列出了十大典型骗局。

表 9-10　江湖骗术预防

• 创业路上警惕骗术："钓鱼"诈骗、融资诈骗、双簧骗局、空卖诈骗 • 经典金融骗术"十二头"：金融来头诈骗、金融空头诈骗、金融改头诈骗、金融盼头诈骗、金融彩头诈骗、金融甜头诈骗、金融嚓头诈骗、金融指头诈骗、金融撞头诈骗、金融搭头诈骗、金融磕头诈骗、金融床头诈骗 • 骗子常见的诈骗技能：胆大心细、巧舌如簧、高超演技	诈骗的防范 　• 与时俱进，通过学习，在理念上超过对手 　• 手段的竞争、体能的竞争、装备的竞争 　• 理念的竞争：诈骗的防范，应该讲求"大智慧" 　• "六不"：不贪、不信、不傻、不独、不急、不弃

表 9-11　十大典型骗局

庞氏骗局	彩票骗局
庞氏骗局是一种最常见的投资诈骗，是金字塔骗局的变体，很多非法的传销集团就是用这一招聚敛钱财的。这种骗术是一个名叫查尔斯·庞兹的投机商人"发明"的。庞氏骗局在中国又称"拆东墙补西墙""空手套白狼"。简言之，就是利用新投资者的钱来向老投资者支付利息和短期回报，以制造赚钱的假象，进而骗取更多的钱。1920 年查尔斯·庞兹开始从事投资欺诈，大约 4 万人被卷入骗局，被骗金额达 1 500 万美元。庞兹最后锒铛入狱。	加拿大的有组织犯罪团伙给一些英国家庭打电话，告诉他们中了加拿大的彩票大奖，而要兑奖，必须先交一定数额的手续费。尽管手段很拙劣，但仍有很多英国人上当，有人甚至被骗走 4 万英镑。有媒体报道，贵阳多人在路边捡到"刮刮奖"中二等奖 26 万元，兑奖方式是传真身份证复印件和银行卡账户。这样的骗局，老年人最容易上当。

连环信骗局	金字塔传销骗局
戴夫·罗斯是世界上最有名的连环信的始作俑者。20 多年前，第一封格式化的连环信从邮局发出，连环信的标题是"快速赚钱"，信中要求收信人将一定数额的钱寄到信中列出的几个名字名下，然后将这封信复制寄到其他地址。连环信中许诺，这样做的结果就是用小投资赚大钱，在 60 天内就能赚到 4 万英镑。在中国，常在短信、QQ 群、微博、论坛里见到转发就能带来收益的信息，大可不必理会。	20 世纪 90 年代，70％的阿尔巴尼亚家庭在 5 年时间里，将相当于这个国家一年国民生产总值 30％的 10 亿美元投入到这个无底洞中，这些骗子承诺给投资者支付高达 20％～30％的月息。许多人在最具破坏性的金字塔传销骗局中失去了毕生积蓄，引发街头骚乱，导致数千人死亡，在这个贫穷的国家差点掀起一场内战，最后导致政府垮台。因为从一开始，这一骗术就得到了政府的支持。
传销诈骗	克洛斯骗局
2001 年，一个名为"女人授权给女人"的金字塔传销诈骗案成为世界报纸重点报道的对象，这一诈骗案席卷整个英国，令许多女性遭受巨大损失。这一骗局采取交纳入会费的方式，鼓励女性投资，许诺投资 3 000 英镑，就可以得到 2.4 万英镑的回报，还竭力从会员那里套取其家人和朋友的联系方式。很多人因此失去了 3 000 英镑的入会费。	克洛斯骗局是英国历史上最臭名昭著的骗局之一。20 世纪 80 年代，巴洛·克洛斯公司吸收了 1.8 万个私人投资者的资金，这些受骗者都认为自己投资的是没有风险的政府债券。实际上，大笔资金进入了公司创始人彼得·克洛斯的私人账户。他把这笔钱用来购买私人飞机、豪华汽车、豪宅和豪华游艇，过着奢侈的生活，直到被揭发，锒铛入狱。
"419"诈骗案	虚拟银行骗局
你是否收到过一封英文电子邮件，写信人自称是尼日利亚政府某高官的家人，因政变或贪污行为暴露，其银行账户被冻结，需要有人帮助，才能将数千万美元转移出来，然后要求你提供资金以及银行账号的细节，帮助他们转移这笔资金，并许诺给你丰厚的回报，但实际上他们会取空你的账户。这就是尼日利亚"419"诈骗案。据调查，尼日利亚骗子每年在网上行骗敛财达 4 000 万美元。	风靡全球的在线游戏《第二人生》中出现了一个虚拟银行"Ginko Financial"，它声称可以给投资者带来高额回报。但该虚拟银行很快倒闭，导致许多人无法拿回自己的投资。之后，《第二人生》上又出现了一个银行，它在吸收了众多虚拟货币——林登币之后，关门大吉，而银行的两位开办者把 250 万林登币兑换成了现实中的货币——5 000 美元，再也不在《第二人生》上露面。
征婚骗局	白血病骗局
人们常说，爱情会遮蔽人的眼睛。这或许是越来越多爱情骗子通过互联网交友中心诈骗的原因。曾有 6 名中老年妇女假扮成建筑商、海归商人或丧偶留巨额遗产之人，在各小报、杂志刊登虚假征婚广告，专门欺骗文化程度不高的中老年男子，骗取金额高达数百万元。当然，也不乏"高富帅"骗"多金女"的案例。	一些骗子颇懂得触动人们的心弦。几年前，美国印第安纳州一对夫妇称自己的孩子患上白血病，希望能在孩子死前满足她的梦想。整个小镇都被发动起来捐款，最后筹集了 1.3 万美元。结果事实是他们的孩子很健康，而他们带着骗取的钱，飞到佛罗里达州的迪士尼乐园大玩了一场。

资料来源：金融诈骗案层出不穷：十大经典骗局知多少. 投资与理财，2015-03-19. https://xw.qq.com/finance/2015031901432400.

9.5　危机、商机与转机

9.5.1　创业风险

1921 年，美国经济学家奈特（Knight）在《风险、不确定性和利润》中给风险下了开拓性的定义，这是最早对风险给出的学术上的定义。奈特认为，风险是可测定的不确定性，是指即使经济主体掌握的信息充分，也难以对未来可能出现的各种情况给定一个概率值。

蒂蒙斯在其著名的创业模型中指出，创业是一个动态平衡的过程，它要求创业的机会、资源、人员三个要素之间高度匹配。然而，社会的发展、市场的不确定性、商业机会的难以获得及企业外部环境因素会极大地破坏这三个要素的平衡，由此带来的失衡现象称为创业风险。

创业风险是创业者受市场环境的复杂性和变化性、创业项目选择的广泛性、创业机会的稀少性、创业资金的缺乏性、团队能力不足等因素的影响，造成的创业结果的不确定性。

广义上的风险，突出风险结果的不确定性，强调预期利润的不确定性，即结果可能是获利、亏损、收支平衡；狭义上的风险，突出风险损失的不确定性，表现为损失，不做获利的预估。风险的重要特征是结果或者损失的不确定性，也就是说，只要采取有效对策防范和化解风险（即有可能避免损失的发生），风险就可以带来积极的结果，现实中就直接表现为收益，往往是风险越高，收益越高。

微案例　9-5　　选对人，赚对钱，香水加油站重又飘香

败：低价好香水却难卖

2004年年初，宋女士在一座中等城市的居民区投资10万元开办了一个香水加油站，销售散装香水。消费者买回去的进口香水用完了，可以随时到这里花较少的钱（与原装的整瓶香水相比）添加香水。宋女士想当然地认为，这样相对低价的香水肯定能够获得普通消费者的青睐，而且市场更大，获利也更多。所以她选择的店址是在一个10年前建造的老居民区里。然而令她万万没想到的是，老居民区里居住的大多是普通工薪人员，他们对香水的消费需求非常少，香水加油站接连几个月都处于亏损状态，宋女士一筹莫展。

胜：换个地方香水赚百万元

在专家建议下，宋女士再次投资十几万元把香水加油站开到了大城市偏高档的住宅小区里。她对店铺进行了精心布置，把风格优雅的货架放在四周靠墙，陈列各种名牌的香水，在店堂中间放置沙发茶几，摆放各种时尚杂志。同时添置了皮肤测试仪，可以对每个消费者使用何种香水进行科学测试。现在，小区里的女士有事没事都喜欢到香水加油站里来坐坐，互相交流穿着、化妆、美容、香水使用等方面的经验，当然也会购买适合自己的香水。宋女士终于可以轻轻松松赚钱了，每月盈利2万多元。半年后她又增加了批发业务，到现在，每年获利上百万元。

解析：

这一商机之所以失败，最关键的一点就是没有找到合适的客户。香水加油站里的高档香水价格虽然比专卖店低，但在我国具有高档香水消费习惯的主要是生活水平较高的群体，只有选择他们才能保证较高的销售量。而本案例中，宋女士选址在平民社区，虽然能得到一部分低收入顾客的认可，但顾客总量很少，消费频率很低，利润总额难以保障。应当选择大城市偏高档的住宅小区开店，因为那里的顾客群具备高档香水的消费能力和消费习惯，同时又对价格有所关注。在店内布置上除了注意优雅整洁之外，还要注意为消费者提供适当的交流场所和工具，建立良好的客户关系，吸引人气，抓住长期客户。

低价的替代产品是形成商机的一个要素，但更重要的是要分析价格与需求特性之间的关系，找准目标客户。需求分为弹性需求和刚性需求，弹性需求受价格影响较大，刚性需求受价格影响较小。香水应该属于弹性需求，低价可能会带来大量低收入客户。但弹性需求的变化除了考虑价格因素以外，还必须考虑客户消费习惯、消费频率、文化水平等因素。

微案例 9-6　　　　换功能，谋出路，草坪商机不再枯萎

败：暴利草坪被政策击溃

在我国承办奥运会之际，对北京城市绿化覆盖率提出了更高的要求，巨大的需求缺口得不到满足，普通草坪价格一度攀升到每平方米20元，毛利接近100%。由于门槛不是很高，北京郊区的毛老板筹集20万元成立了一家草坪公司。然而好景不长，由于北京地区水资源缺乏，加上市民践踏现象严重，2004年北京市降低了绿化总量中草坪的比例，提出了7分树3分草的要求。受此影响，北京草坪价格跌至每平方米6元以下，销量比2003年同期萎缩了60%。

原指望抓住机遇赚一笔的毛老板一筹莫展。更令他沮丧的是，由于草坪生长1年后就会进入老化期，公司不得不投入大量资金购买化肥和农药，导致成本增加。面对迅速垮掉的市场，毛老板一咬牙以每平方米2元的价格将草坪甩卖，赔了10多万元。

胜：草坪换到球场现活力

此后，毛老板开始潜心研究草坪专业知识和市场状况。不久，一位足球俱乐部的朋友来到毛老板的生产基地。他想要一种在冬天也不会枯萎的草坪，大量用于足球场，结果带着遗憾离开。这件事深深触动了毛老板，他带着这个问题开始有针对性地请教种草专家，并且对全国各地的足球比赛场地进行考察。他了解到国内当时还没有人种植足球场专用草坪，而且投资几十万元就可以具备小型生产能力。于是他到全世界足球场地最好的欧洲考察，终于找到了合适的草坪种植商，并投资20多万元引进了适合国内普通小型足球场的低档草坪技术。因为这种场地数量众多，需求量较大型足球场更大，技术要求也不高。半年后，生产基地培植出了适合足球场地的专用草坪。经过积极联系，草坪供不应求。同时，他抓住草坪种植企业纷纷退出北京市场的时机，重新种植了绿化用草坪，借机拿下了北京市政府的采购订单，彻底扭转了被动局面。

解析：

有人往往听说什么赚钱就做什么，在遇到难题后才发现经验、知识、能力都不足。

本案例中政策的变动直接导致经营失败，这是毛先生没有预料到的。要想重新做起来，一方面应该积极与有关部门和研究机构联系，咨询政策趋势，等待时机；另一方面要研究行业状况，学习同行业的成功经验，寻求新的机会，使现有设施得到充分利用，尽可能挽回损失。

进入一个行业，必须对该行业有充分了解，有投机心理和侥幸心理是不适合创业的。因为每一个商机都会与风险并行，有了风险意识，创业才能走得更远。要规避风险，必须深入学习该行业的发展规律和管理部门的政策指导，把两者相结合来判断行业发展趋势。对于具有强制力的政策风险，应该提早准备应对措施。这样，即使风险出现，也能及时地使用功能转化、市场转移、消费升级等方法延续创业进程。

因此，识别风险、评估风险、规避风险甚至利用风险，有着重要意义。从企业发展角度看，创业过程中的风险如表 9-12 所示。

表 9-12　新企业的风险、控制和化解

创业过程中的风险
- 开业后头 3 年可能出现开业风险、资金风险、市场风险、技术风险和人员风险；
- 第 4~7 年可能出现授权风险和领导风险；
- 第 8~10 年可能出现财务风险和兴旺风险；
- 开业 10 年后可能出现接班风险。

风险应对策略和措施
- 风险规避
- 风险缓解
- 风险转移
- 风险自留

9.5.2　创业失败案例汇总

在大学生创业的诸多动机中，"实现个人价值"占据了最大比重。中国人民大学发布的覆盖 52 所高校的 2017 年报告显示，31％在校大学生创业的主要动机是追求"自由自主的工作和生活方式"。全球化智库 2017 年的报告也显示，28％的人认为创新创业能够最大限度地实现自我价值。遗憾的是，创业往往无法给你想要的自由和金钱。大学生想象的自由弹性的工作状态难以实现。

创业的失败率之高、风险之大并不是每个人都能够承受的。以 2017 年大学毕业生的创业率和应届毕业生的总量估算，创业大学生超过 20 万人，但是创业成功率仅有 3％左右，即使在浙江等创业环境较好的省份，成功率也只有 5％。[①]

欧美国家大学生创业成功的平均水平为 20％。在我国，大学生是创业大潮中的"弱势群体"，大学生创业成功率低于社会创业平均成功率，大部分"大创牌"企业都夭折于初创期，熬不过 3 年。所谓"创业"，其实就是开办中小型企业，而中国中小型企业往往昙花一现。

---

① 万里如虎，"醒醒吧，90％以上的创业，最后都失败得很惨"．http://m.kdnet.net/share-13324043.html?from=timeline.

目前创业环境的改善较为有限，中国的创业环境在世界上处在中下游的位置。全球创业观察组织发布的《2014 年全球创业观察报告》显示，中国的创业环境在 69 个国家和地区中排第 36 位。在衡量创业环境的 9 项指标中，中国在金融支持、政府项目、创业教育与培训、商务环境这几个方面亟待改善。

中国 17 家创业公司的失败史

此外，很多所谓的"创业导师""人生导师"最大的问题就在于，他们常常不负责任地引导别人走向他们从未涉足过的人生道路。他们没有翻过山，却为你勾画山中好光景；他们没有踏过河，所以对河的深浅、礁石避而不谈。创业的九死一生在他们口中变成"越努力，越幸运"的励志故事。

表 9-13 列出了 17 家创业失败的公司的教训，供大家从多角度理解。

表 9-13 中国 17 家创业失败的公司

公司	失败的教训	公司	失败的教训
亿唐网	缺少定位，融资过多	24 券	资方和 CEO 内斗
酷 6 网	路线之争的牺牲品	PPG	创始人洗钱
亚洲互动传媒	挪用资金导致退市	维棉	错误的行业
e 国	市场太超前	品聚网	不尊重行业规律
若邻网	不顾国情的模仿	五分钟	转型失败
分贝网	走上歪门邪道	推图	竞争过度与马太效应
博客中国	管理太差，忽视了巨头的后发优势	街旁	不能给用户和商户提供独特价值
饭否	创业公司不该碰敏感领域	我友网	激进扩张
MySee	浮华之败		

资料来源：Sunface 撩技术. 17 家 IT 创业公司的血泪史. https://blog.csdn.net/erlib/article/details/24356141，2014-04-23.

 游戏与模拟实训

创业注册公司全体验

1. 时间：20～40 分钟。

2. 任务：对创业企业完成企业设立、起名、注册等系列活动。

3. 程序：

（1）全体同学分成每组 4～6 人的若干小组。

（2）每组派学生抓阄选择创业领域和启动资金。

4. 讨论：

（1）创业公司注册，需要注意哪些问题？

（2）不同类型、不同行业的公司，创业者在注册时的关注点有何差别？

第 10 章　创业者素质

▶▶▶

学习目标 ◀◀◀◀

- 了解创业者的基本特点。
- 理解创业者的创业素质。
- 理解企业家精神（创业精神）。
- 理解创业精神的培养。
- 理解差异化的创业者。
- 理解创业生涯/心理的关键点。

10.1　创业者的基本特点

10.1.1　创业者克洛克

雷·克洛克出生在美国芝加哥一个普通的家庭。他和大多数富豪一样，都从事过很多种工作，经历过几次破产。

1954 年，52 岁的克洛克见到麦当劳的创始人麦氏兄弟，决心加入麦当劳。

1955 年 3 月 2 日，他创办麦当劳体系公司。在这之前，他干了 25 年的推销工作，对食品工业尤为重视。他没卖过一天汉堡包，没开过餐厅，但对食品服务业走势了如指掌。

1960 年 2 月，他正式接管麦当劳，在全美开办连锁店。

1957 年，他开始利用报纸、收音机、电视进行广告宣传，取得极大成功。

1970 年，麦当劳开始向海外进军，克洛克建立了一个庞大的麦当劳帝国。

表 10−1 列出了从克洛克身上看到的创业者基本特点。

内心渴望成功的
克洛克

表 10 - 1　从克洛克看创业者基本特点

- 坚持，有决心
- 热爱生活，一心想创造一个更好的世界
- 胸怀大志，深谋远虑
- 创造、创造、再创造，创新、创新、再创新
- 逻辑严谨，有完整的方法论，不断自我完善
- 善于模式思考，有自己的判断方式
- 重视数据和事实，关注重要指标，想尽一切办法达成目标
- 善于类比和隐喻，也因此有各种形象生动的表达和思考

10.1.2　创业者的基本条件

适合创业的人一般应该具备以下基本条件（见表 10 - 2）。

表 10 - 2　创业者的基本条件

素质和能力	说明
不安分	有骨子里的不服输、求上进的基因。在人生面临重大挑战的时候，它可能是决定你的选择的主要因素。
有理想	通常是指为社会和客户创造价值，甚至推动行业的发展，这和赚钱并不矛盾。理想是成就一番事业的必要条件。
有激情	创业其实是一种生活方式，会面临各种想象不到的困难和压力。如果没有足够的激情，没有积极的心态，就很难坚持下来。
有执行能力	不折不扣地落实计划，坚持不懈地做好每一个阶段的工作，把每一项工作做到最优。很多人眼高手低，只会夸夸其谈，因执行力不强而失败，或者沦为平庸。
勤奋和专注	把精力集中在对事业起关键作用的那些人和事上。勤奋和专注是取得成功的根本要素。
能快速学习	任何知识和技巧都能通过努力来学习。创业企业有一条"学习曲线"。在市场变化和激烈竞争的背后，起作用的就是这一条学习曲线。学习能力强的企业和团队更专注于技术创新和人的素质提升，更容易以较小的代价保持企业的上升趋势，也就更容易获得成功。
管理能力强	管理混乱、策略不清、绩效失衡、文化杂音等多重困境，都属于自身管理能力的障碍。创业者意识到自己在这方面不足，配备专业的管理人员。
有领导力	创业需要沟通和团结，需要一支强有力的团队。领导和管理的主要目的都是提高企业的效率。切忌处处都为自己考虑，切忌使自身成为企业效率的瓶颈和阻力。

10.2　创业者的创业素质

10.2.1　创业者的素质特征

美国创业教育家杰弗里·蒂蒙斯认为，"创业者是通过多年积累相关技术、技能、经

历和关系网才被塑造出来的，这当中包含着许多自我发展历程。"创业者成功的三个首要原因是"对挑战做出正面反应以及从错误中学习的能力"、"个人创造"和"极大的恒心和决心"，这些是他们后天努力的结果。

目前各国都在加强创业教育，特别是高等院校的系列化的创业课程，为学生创业设定了理想的学习框架。通过创业教育一方面可以启发学生考虑自身定位、目标、期望、思想、行动、未来发展等问题；另一方面，创业教育在识别创业机会、整合资源、应对风险、创建企业方面给学生以具体的指导，通过对创业知识的学习、创业规律的理解、商业计划书的编写等，增加学生对创建新事业过程的认知与了解，使所有专业的学生都能够具备创业精神和创业能力，增加学生发展中的创业选择。

一个成功的创业者一般需要具备四个方面的素质特征（见图 10-1）。

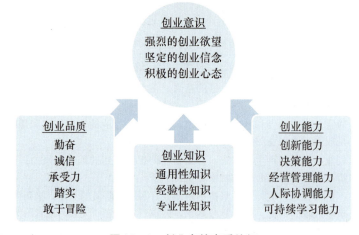

图 10-1 创业者的素质特征

10.2.2 创业意识与创业品质

成功的创业者不仅要具备一般人才的基本素质，还要具备独特的创业素质。作为创新型人才应该具备的基本素质包括政治素质、道德素质、文化素质、心理素质、身体素质。

从创业意识角度看，成功的创业者往往在创业之前和创业过程中具有强烈的创业欲望，创业欲望决定着创业开始与过程中的斗志与动力。创业者在创业过程中坚定的创业信念，是指所持的坚定不移的态度和坚决执行下去的观念，是认识、情感和意志三者的有机融合与统一。要想创业成功，必须保持积极向上、锐意进取的乐观心态。积极的心态是创业成功的催化剂，创业的过程不可能一帆风顺，困难与挫折在所难免，消极的心态必然会成为创业成功的巨大阻力。

从创业品质角度看，勤奋是所有成功的创业者的共同特征。有成功者说，事业成功虽然有运气在其中，但主要还是靠勤奋，勤劳苦干可以提高自己的能力，能力提高了就会有很多机会降临在你的面前。诚信是企业的立足与发展之本，是十大财富品质之首。创业者无论遇到何种逆境，只有增强承受力，勇敢面对并坚强忍耐，才能越战越勇。创业是需要全身心投入的事业，只有脚踏实地才能成功，马云说："这个世界没有优秀的理念，只有脚踏实地的结果。"创业是一项富有风险的活动，创业者要锻炼自己敢于冒险的勇气和能力。

10.2.3 创业知识与创业能力

创业能力是指创业者解决创业过程中遇到的各种复杂问题的本领，是创业者基本素质的外在表现，在实践中表现为创业者把知识和经验有机结合起来并运用于创业管理的过程中。

从创业知识角度看，首先创业者需要具备通用性知识，包括社会政治和经济发展的相关知识、商业活动的相关规则、企业经营和管理的知识和方法、法律法规、人文知识等，可以通过普通高等教育来获得。其次要具备专业知识，每个行业都有其自身的规律及特殊性，具备了与所要从事的创业活动密切相关的专业知识，将在创业活动中事半功倍。最后创业者还需要参与实践获得经验，包括通过课余时间参加社会实践活动积累的直接经验；也有些创业者获得的是亲人、专家等传授的间接经验，比如家族式创业，耳濡目染接受了很多间接的经验。

从创业能力角度看，在激烈的市场竞争中，改革和创新永远是企业活力与竞争力的源泉，要鼓励所有人在一切可能的方向上创新，创新与速度是新经济的真正内涵，是市场竞争的不败法则。创业是需要不断决策的过程，任何一个阶段都离不开创业者的决策，包括创业项目的选择、创业机会的识别、企业产品的定位、企业的运营模式、企业的发展战略、企业的用人模式等，都需要进行准确的判断。创业者的领导决策能力直接关系着企业的生存与发展。创业者的经营管理能力是创业成功的核心能力，是对企业所拥有的资源、企业经营活动的各个方面和各个环节进行有效管理的能力。在社会分工日益细化的今天，创业者很难只靠个人取得成功，而是需要大量的人脉资源。人际协调既包括处理与政府部门、新闻媒体和客户之间的关系，也包括处理与企业成员之间的关系，人际协调能力是创业者发展和巩固其人脉资源的重要保障。

创业者通过培养终身学习的习惯和积极主动的自我学习、自我完善，来不断提升自身能力和素质，将助力创业成功。

10.3 企业家精神

10.3.1 企业家精神

1. 中国的企业家精神

虽然长期以来中国传统社会对商业活动存在偏见，对商人态度冷漠，但商业活动和商人的作用在历史文献中不乏记载。《管子》中把自利作为整个社会经济活动的指导原则，"其商人通贾，倍道兼行，夜以继日，千里而不远者，利在前也"。这些记载体现了古代商人冒险、坚韧的企业家精神。[1]

---

[1] 马忠新，陶一桃. 企业家精神对经济增长的影响. 经济学动态，2019（8）.

唐宋是中国历史上经济文化最繁荣的两个朝代，尤其是宋朝，达到了封建社会的巅峰。戴维·兰德斯等在《历史上的企业家精神》（2016）一书中指出："在宋代，随着理学的兴起和国内市场和区域贸易的繁荣，中国社会和伦理准则出现理性化趋势，商人阶层的社会地位得到提高"，宋代甚至形成了一种"全民经商"态势，其经商群体的构成除职业商人外，还包括衣食国家的军人、官吏、皇室成员和享受国家优惠政策的宗教界人士（吴晓亮，2003）。宋代不仅"大众创业"的社会氛围浓郁，而且涌现出大量代表企业家创新精神的技术创新，除了众所周知的指南针、印刷术和造纸术之外，还有滑轮轴、闸门、拱桥等基础设施技术以及支撑了纸币经济繁荣的"交子"等金融手段。唐宋时期的商业文化和创新创业氛围促进了中国古代企业家精神的弘扬。

明清商帮的兴起不仅促进了国内贸易繁荣和市场的进一步发育，也促进了手工业作坊和工厂的进一步成熟，同时，商号经营和家族治理的制度创新大量出现，如被称为股票期权雏形的"顶身股"制度就是晋商在长期经营实践中的一种制度创新。清朝建立后延续了明末对商人阶层的自由放任政策，尽管仍以小农经济为主，但商品经济发展程度已非常高，各种书面合同的应用和官府裁定执行使企业家的活动获得了更有力的制度支持，行会组织的大量出现使企业家成为一个更被社会认可的独立社会阶层和群体。由于财政上的需要及外力的冲击，晚清开始重视工商业，甚至被学界称为"重商主义"浪潮（冯筱才，2003），这一时期的商人群体呈现多元化，包括本土商人、"洋商"、官商以及学习西方技术和管理之后回国创办新式企业的商人等，商人社会地位的显著质变也发生在这一时期，企业家阶层在社会巨大动荡和变革中逐步确立了与官员接近的尊崇地位。瞿秋白在《乱弹·代序》中指出："中国现在，只有所谓绅商，才配叫做市民。"晚清形成的所谓"绅商"阶层将"绅"与"商"并列，基本结束了"士农工商"的传统等级划分。

中国改革开放 40 年来企业家精神的发展有三个阶段。第一阶段是冒险型企业家精神：1978—1992 年中国改革开放刚刚拉开序幕，涌现出柳传志、张瑞敏、王石等冒险型企业家，他们充分展示了企业家的胆略，主要表现在对市场机会的高度警觉和敢于吃螃蟹的冒险精神；第二阶段是探索型企业家精神：1992—2012 年中国改革进入新的阶段，该阶段的企业家表现出对新的市场机会孜孜不倦的探索精神，涌现出马云、马化腾等探索型企业家，这些企业家通过具有辨识度的个人形象，在更大平台上表达出对新的市场机会的探索意愿；第三阶段是创新型企业家精神：2012 年至今国家大力推进"大众创业、万众创新"以及大数据、云计算、人工智能等先进技术的进步推动了刘自鸿、程维、张一鸣等创新型企业家的出现，该阶段的企业家充分展现了创新精神，主要特征包括极具创新意识和全球视野。[①]

两千多年来中国企业家精神薪火相传，尽管曾处于以儒家文化为主导的"轻商、抑商"的制度文化之中，但与熊彼特、鲍莫尔等学者所描述的企业家精神并无差别，不仅具有一度领先世界的创新能力（不仅指技术领域的发明，也包括企业治理制度的创新），而且具有冒险、坚韧的创业精神。

2. 西方视角的企业家和企业家精神

"企业家"（entrepreneur）一词源于法语 entreprendre，意思是指中间人或中介。在西

方，最早系统研究经济中的企业家精神的文献是法国经济学家里夏尔·坎提隆的《商业性质概论》（Cantillon，1755），书中提到各种企业家 100 多次，广泛描述了矿山主、剧院老板、建筑物所有者、各种商人（包括工匠、面包师、屠夫、木匠等）以及各类企业家的活动及其在经济中的重要性。坎提隆认为企业家是指在市场中充分利用未被他人认识的获利机会并成就一番事业的人，企业家的职能是冒险从事市场交换。他强调企业家洞察力与活力在经济中的重要性，关注的是企业家的功能而非其个性。Brown and Thornton（2013）评价坎提隆为"现代经济学的创始人"。

法国经济学家萨伊进一步推广使用了"企业家"一词，他认为，企业家是"将经济资源从生产力和产出比较低的领域转移到较高领域的人"，而创新是实现这种转移的必要手段。最早将企业家作为独立生产要素进行研究的是英国经济学家阿尔弗雷德·马歇尔，他在《经济学原理》一书中指出，企业家是打破市场发展不均衡性的特殊力量，企业家的特殊性在于其敢于冒险和承担风险。

美籍奥地利经济学家约瑟夫·熊彼特发展了马歇尔的理论，首次强调企业家的创新性，将企业家视作创新主体，其作用在于创造性地破坏市场均衡。熊彼特认为，企业家是创新者，会打破市场平静，利用变化寻找获利机会。创新是将全新的思想付诸实践的行动，即将纸面设计变为市场上的逐利行动。但是，不同于马歇尔提出的企业家要敢于冒险和承担风险的观点，熊彼特认为企业家从来不承担风险。如果革新资金来自借贷，那么革新失败时倒霉的就是那些债权人；如果革新资金来自企业家过去积累的利润，那么他们也只是以资本家和商品所有者身份来承担风险。革新失败可能给企业家带来名声方面的损失，但其不会承担任何直接经济责任。

奈特、熊彼特、米塞斯、科兹纳等人进一步将企业家精神看作一种职能、活动或过程，包括判断力（Knight，1921）、破坏性创新（Schumpeter，1947）、创造性（Mises，1949）以及警觉性（Kirzner，1992）等。奈特强调企业家判断力有赖于企业家在不确定环境中不断尝试、不断冒险。判断力作为企业家精神的集中体现，无法根据其边际产品来加以估价，因此也无法对这种判断力支付相应的工资（Knight，1921）。企业家判断力的发挥必须基于稳定的财产所有权。企业家精神的基本因素是人的创造能力（Mises，1949）。科兹纳进一步把企业家精神看作对获利机会的"发现"或"警觉"。企业家对现存的机会保持警觉并随时准备发现它，通过当前行为创造未来（Kirzner，1992）。

熊彼特（1947）认为企业家的职能是实现创新，即打破市场的均衡状态，企业家在这个过程中获得利润；当这种创新行为被模仿后，利润就消失了，市场又回到均衡状态。因此，企业家精神主要体现在创新生产技术或生产要素的新组合。获利的机会不可能就在那里，等待人们去实现；相反，获利的机会是企业家创造出来的，他们把变化本身看作改善自己企业条件的机会，积极拥抱这些变化并加以利用。

德鲁克结合萨伊对企业家的定义，发展了熊彼特的理论，认为企业家或企业家精神包括以下几种品质：大幅提高资源产出；创造出新颖、与众不同的东西，改变价值；开创新市场和新顾客群；视变化为常态，寻找变化，并将变化视为机遇而加以利用。因此，企业家的本质就是有目的、有组织地开展系统创新。

总之，企业家精神是指企业家群体所共有的特质、价值观体系和行为方式，其核心是创新、冒险，可以通过改善组织、社会环境等方式来激发和培养企业家精神。

10.3.2 创业精神

德鲁克认为，"企业家"和"创业精神"这两个词的定义完全令人分辨不清。他在《创新与创业精神》一书中指出，创业精神是一种"超经济"的事物，它既对经济有着深远的影响，又能控制其发展，但它本身并不是经济的一部分。

在他看来，创业精神并不是一种"自然现象"，也不是一种创举，而是一种踏踏实实的工作。从这一点来看，任何一家企业都能获取创业精神及从事创新。要实现这个目标，必须经过有意识的努力。"在我们这个社会里，要引进急需的创业精神。现在该是轮到我们对创新和创业精神付出努力的时候了：制定原则，努力实践并形成学科。"

创业精神（spirit of enterprise）是指创业者具有的开创性的思想、观念、个性、意志、作风、品质等，是从事创业活动的心理基础。它是由多种精神特质构成的，如创新精神、开拓精神、进取精神等，表现为敢于打破常规，想前人未曾想过、做过的事情，如产品创新、市场创新、方法创新、技术创新等。因此，创业精神不仅限于经济型机构，学术创业家针对一个全新的"市场"而精心设计的大学也代表了创业精神。

创业精神与创业活动存在密切联系。创业精神是产生创业理想的原动力，是创业活动的精神基础，也是创业成功的重要保证，如表10-3所示。创业活动是创业精神的具体体现，没有创业精神，创业活动是不可想象的。只有具备创业精神，创造性思维才能产生、生根，创造性能力才能发展。总之，企业家精神决定一个地区、一个国家的创新能力。

表 10-3　创业精神

创业精神的来源	创业精神的作用
● 创业者主观上强烈的创业意愿与兴趣 ● 不断赋予自己正能量，充分发挥自身潜能，调动有利情绪 ● 不断提示自己要坚持不懈、持之以恒 ● 创业者的客观实践	● 有助于鼓舞士气 ● 锻炼解决实际问题的能力 ● 为创业者披荆斩棘不断向前提供精神动力 ● 推动社会经济发展的心智支撑
创业精神的内涵	创业精神的培育
● 兴奋源泉：远大理想 　·创业能否坚持不在于生意好坏，而在于追求的理想是否高远 ● 成功保障：坚强意志 　·坚持、专注以及抵制诱惑 ● 精神基石：专注实干 　·认准了就从小事做起，关注细节，少些投机取巧 ● 必备品质：敢为人先的气魄 ● 精华所在：善于合作 　·小富靠个人，大富靠团队 　·一个人可以走很快，团队可以走更远 ● 人格魅力：承担责任	● 成功企业家的示范作用 　·创业者是可以培养的 　·向成功者学习成功的经验 　·学会独立观察和思考问题 　·创业者是英雄 ● 创业精神的培育方法 　·真正去创建一个公司 　·案例教学法、情景模拟法、项目教学法 　·人生何处不营销 　·在生活和实践中培育

10.4　差异化的创业者

　　狭义的创业者指创始人；广义的创业者是指创业活动的推动者，是活跃在企业创立和新创企业成长阶段的企业经营者。

　　创业者是主导劳动方式的领导人，是能够创新的人，是有使命感、荣誉感、责任感的人，是组织运用服务、技术、器物作业的人，是具有思考、推理、判断能力的人，是能被他人追随并获利的人，是具有完全权利能力和行为能力的人。

　　创业者既可以是个人，也可以是团队。

　　创业者不是神话，一个人通过适当的学习和实践以及经验的积累，完全可以成为创业者，每个人都具备成为创业者的潜力。

　　创业有不同的类型，如表 10 - 4 所示。

表 10 - 4　创业的不同类型

按创业主体性质划分	接创业动机划分	按对市场及个人的影响划分
● 个人独立创业 ● 公司附属创业	● 生存型创业 ● 机会型创业	● 复制型创业 ● 模仿型创业 ● 安定型创业 ● 冒险型创业

　　按照创业主体性质，创业者个人或者多人组成的创业团队，从资金技术到销售等环节均完全独立的创业是个体独立创业。已经投入市场运营的企业投资创立新企业，或是由本企业业务中衍生出的新企业是公司附属创业。

　　按照创业动机，创业者在无其他合适职业选择下从事的创业属于生存型创业，以满足自身目前的生活或精神需求为立足点。机会型创业是指创业者因发现市场中的商机而选择的创业，以满足自身愿望、兴趣与价值为出发点。

　　按照对市场及个人的影响，创业者根据已有的职业经历，复制其服务过的企业的经营模式而进行的创业是复制型创业。创业者模仿其他企业的创意、经营理念、运行方式而创立的创业是模仿型创业。相对于复制型创业而言，模仿型创业者在缺乏相关行业实践经验的基础上模仿他人企业进行创业，经营风险较大。从事自身较为熟悉行业的创业、企业内部的衍生创业属于安定型创业，创业的风险相对较小。创业者根据自身的创业意愿和能力，把握时机进行新产品、新技术、新管理、新服务的创新活动是冒险型创业。此种类型有很强的创新意识与价值，同时面临较高的创业风险。

　　事实上，创业者和一般所说的发明家、管理者、企业家、资本家等是有一定的区别的，如表 10 - 5 所示。

表 10 - 5　创业者与发明家、管理者、企业家与资本家的比较

企业家与发明家	企业家与资本家
● 企业家能将发明引向市场，并确保其被用于最有使用效率的地方，即使并不涉及利润和资金。 ● 企业家的职能是实施创新，但实施创新并不一定是发明。 ● 虽然发明可以产生潜在利益，但这些新的东西需要企业家去挖掘和引导。	● 企业家特征只存在于经济发展中，而资本家是在一定条件下愿意抽出资金给企业家的人，最初的企业家一般也是资本家，而且常常自己解决生产运营中出现的技术问题。
企业家与管理者	创业者与企业家
● 企业家一般都拥有远见卓识和承担风险的意识，通常，企业家可以是管理者。 ● 并非所有的管理者都能称为企业家。	● 创业者并不等同于企业家，因为创业者在早期不可能完全具备企业家必备的特质。 ● 创业者只有不断完善个人素质，带领企业获得商业上的成功，才可能逐步成为真正的企业家。

10.5　激情与梦想

创业过程被视为一个情绪之旅，情绪对支持创业行动具有重要意义。由于创业是高度紧张、带有极大风险的活动，很多任务和决策都需要情绪的支持与配合。创业激情作为积极情绪的重要组成部分，是驱动创业活动的关键因素。在创业实践中，众多成功创业者均认为创业者永远要有激情，没有激情则难以逾越创业过程中的重重困难。

创业激情能够提升创业者的创造力，影响创业者的信息处理和决策过程，同时，激情十足的创业者更容易将自己的创业激情传递给合作伙伴、顾客、员工和家人，进而从他们那里得到支持，获得更多资源，促进创业成功。充满激情的创业者会更加积极主动地向创业网络中的成员寻求帮助，以解决企业发展中的问题，获得更好的财务绩效。

激情概念的提出已经有很长的一段历史，最早可以追溯到 20 世纪 20 年代西方的哲学领域，如《亚里士多德的修辞》里就有提及，当时大多数研究认为激情是任何激起人们能力和创造力的深切渴望和强烈情感。

进入 20 世纪 90 年代，社会心理学领域开始关注激情，强调激情是有意识的体验，有助于促进个体更好地投入活动。激情是促进专注于某活动的强烈的心流状态，是给予个体"愉悦和希望"的能量，鼓励个体"全心全意投入到所喜欢的事情中"。基于情绪视角的学者认为创业激情是创业者在创业过程中体验到的情绪。[①]

在个体层面，创业激情作为创业者的个人特质，不是直接作用于企业，而是通过对个人行为的影响，如动机、目标、自我效能的调节，间接对企业发展产生影响。根据创业者在创业活动中的不同身份，可将创业激情分为发现激情、创建激情和发展激情。其中，发

---

① 谢雅萍，陈小燕. 创业激情研究现状探析与未来展望. 外国经济与管理，2014（5）.

现激情是指创业者识别、创造和探索新机会的激情，创建激情是指创业者创办企业或利用市场机会盈利的激情，发展激情是指创业者培育、壮大企业的激情。卡登（Cardon）指出，创业者是否具有创业激情、激情能否保持稳定，取决于创业者为三种不同身份角色所付出的激情水平，在企业发展不同阶段，创业者所表现出的激情类型会各有侧重。如企业创建初期，创建者身份带来的自我认同程度更高，创建激情表现得更为明显；在企业发展的成熟阶段，发展激情占据主导，创建激情水平降低甚至消失。

在团队、组织层面，团队激情是创业团队成员所体验到的创业激情的集合，包括每位成员个体激情的潜在差异性。团队中的成员可能分别承担发现者、创建者和发展者的角色，也可能承担相同的角色，据此可将创业团队分为专注激情的团队、混合激情的团队、平衡激情的团队。团队凝聚力是团队成员之间为实现群体活动目标而团结协作的程度；认知冲突是由组织成员对任务的不同看法引发的冲突，通过理性的讨论来解决，有利于团队决策；情感冲突是由情绪对立引发的冲突，对团队流程和绩效具有极大的破坏性。在专注激情的团队中，所有团队成员都有相同的角色，身份认同的一致性高，情感相似性高，因而团队凝聚力强，情感冲突低。对于工作中存在的问题，团队成员会畅所欲言，认知冲突高。[①]

10.6　创业生涯曲线与鸿沟曲线

10.6.1　创业生涯曲线

在创业过程中，创业者要对自身有一个合理的规划，即规划自己的创业生涯，相比于进入公司，其创业生涯的特色体现在表 10 - 6 所示的益处和风险两个方面。

表 10 - 6　创业生涯的益处和风险

益处	风险
● 独立自主：摆脱了官僚组织的监管和约束，自由地支配时间； ● 生活方式自由：做自己愿意做的事情，摆脱单调乏味的例行上班工作； ● 创造利润：不受定额工作、定额报酬的限制，依靠自己的能力创造价值。	● 辛苦的工作：不分节假日连续工作，甚至没有休息的时间； ● 挑战性的压力：经常从事挑战性的活动，完成挑战性的任务； ● 经济上的风险：经营中经常遇到各种风险，一旦经营不利，自己承担损失。

创业生涯曲线，又称创业公司增长曲线，源于 Y Combinator 的创始人保罗·格雷厄姆（Paul Graham）手绘的 StartUp Curve。曲线描绘出一个创业过程可能会包含这么几个阶段：被媒体热炒概念，一时成为焦点。失去新鲜感，热度不断下降，直到没什么人关注。接下来会经历非常长的一段低谷期，可能是 3 年、5 年甚至更长。在低谷期，不断尝试推出新产品体验市场反应。这个过程会很纠结，不断希望又不断失望。这期间可能会有

---

① 张剑，李精精，张莹. 创业激情：情绪视角的创业研究综述. 科技进步与对策，2017（1）.

核心团队成员提出离职，让你痛苦万分。如果在低谷期没死掉，产品被市场所接受，就会迎来真正的成功。

这条曲线表明，创业者开始时大都会满怀热情、高歌猛进，然而在接触不理想的现实后就会失去信心，变得士气低落、急转而下。由于缺乏动力、一路坎坷，持续在底部徘徊，有些人可能直接崩溃。有些公司在经过九死一生的磨炼之后逐步走上正轨，进入持续发展阶段。因此，创业者必须做好持续创业的充分准备。

创业生涯曲线可以形象地用图 10-2 表示。

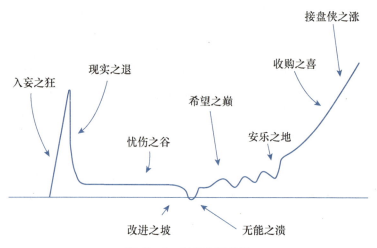

图 10-2　创业生涯曲线

图 10-2 中曲线节点的含义如下[①]：

1. 入妄之狂

想到一个超赞的主意，发现一个未被满足的需求，两三个人就开始干起来了。
满怀热情和希望开始创业之旅，这个时候士气高涨，做事情效率也比较高。

2. 现实之退

干了一段时间发现，需求之所以没有被满足是因为满足起来有诸多麻烦。
也有可能发现的需求是伪需求，目标客户另有所需。
团队历经刚开始的磨合，过了"热恋期"后开始发现彼此的毛病和问题。

3. 忧伤之谷

遭遇现实的阻碍，团队会继续挣扎，尝试从不同的方向突破。
突破受阻，就会陷入忧伤之谷，团队士气低迷。

4. 改进之坡

大家都无法忍受士气的低迷，开始努力改进。
改进过程一开始是有成效的，大家发现有所改观。

5. 无能之溃

刚刚有点起色，发现现实远比想象残酷。

---

①　勇哥在进化. 简书，2016-12-30. https://www.jianshu.com/p/ac3490b088a8.

团队成员开始推诿，互相埋怨对方无法跟上。

这个时候凝聚力和士气都陷入低谷，感觉团队什么都做不成。

这是创业团队解散的高峰期，这个时候的低迷是非常打击人的，很多团队受不了就解散了。

6. 希望之巅

经历过无能低谷的团队经受住了考验，接下来继续尝试朝不同方向突破。

不同方向的突破中有好有坏，但是不断掉坑，不断总结经验，开始越成长。

士气不再低迷，企业开始进入新一轮的成长期，大家再次点燃希望。

7. 安乐之地

经历过希望之巅的企业已经差不多站稳脚跟，活下来了，而且越来越好。

这个时候不用担心明天就要死去的危险，创始团队开始有所松懈，陷入安乐之地。

如果保持安乐，很可能向上的曲线走一段之后就开始下跌。

8. 收购之喜

企业艰苦打拼几年，经历忧患也经过安乐的考验，业绩有大幅度提升。

这个时候被同行或者相邻行业的大佬看中，抛出橄榄枝。

如果愿意自然可以被收购，财富大幅度增值。

也有可能拒绝收购，继续经营当前业务，不断成长为巨头，或者重新回到入妄之狂开始轮回。

9. 接盘侠之涨

这时如果有另外一家企业同样看好团队的发展，也会抛出橄榄枝。

这个时候市场上已经不止一家企业愿意收购，创业企业再次看涨。

但是这个涨幅还是要视接盘的企业是否可以给团队带来赋能发展而定。

接盘企业赋能给团队，业绩继续大涨；如果赋能失败甚至抽血，那么可能迎来的是大跌。

10.6.2　鸿沟曲线

创业者要想顺利迈入创业生涯的不同阶段，还需进一步了解创业产品（服务）在市场拓展上的基本规律，即所谓"鸿沟曲线"，又称市场鸿沟曲线，如图 10 - 3 所示。

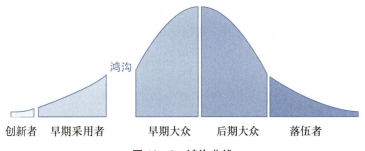

图 10 - 3　鸿沟曲线

微案例　10-1　　　　　100个"梦想赞助商"

小米手机从 100 名种子用户起家的故事早已妇孺皆知。2010 年，小米公司还没有推出手机，只是先做了 MIUI ROM。当时，小米的工程师一个一个地联系刷机爱好者和发烧友，向大家介绍这款新 ROM。经过不断努力，先后有 100 名用户成为 MIUI 第一版的首批内测体验者，他们见证了 MIUI 的从无到有，提出了很多宝贵意见，后来被小米公司称为 100 个"梦想赞助商"。

解析：

小米成功实现了由种子用户到海量的大众用户的成功跨越。但是，有不少创业公司死在种子用户手里，有的是选错了种子用户，虽然产品在种子用户中得到了验证，却难以推向更大的市场；有的是过于听从种子用户的意见，偏离了市场方向，被种子用户带到了沟里。

对于失败的原因，杰弗里·摩尔（Geoffrey A. Moore）的跨越鸿沟理论给出了解释，认为高科技企业的发展就是跨越不同时期在早期市场和主流市场的鸿沟。

技术爱好者和产品尝鲜者构成早期市场，实用主义者和保守主义者构成主流市场。理论上，市场随时间变化的分布图像一口挂钟。早期市场规模较小，随后逐步增长形成主流市场。相邻的客户群体之间存在接纳鸿沟，其中早期市场与主流市场之间的鸿沟最难跨越。不同的客户需要和消费习惯是导致鸿沟出现的主要原因。

跨越鸿沟最主要的困难在于，赢得早期市场的成功经验难以运用到主流市场。构成主流市场的客户不会简单地跟随早期采用者的步伐。为了赢得主流市场的青睐，还需要全新的营销和销售策略。

高科技产品的市场需要从钟形曲线的最左边连续向右发展。一种新技术产品首先要找到愿意吃螃蟹的用户，然后是（建立样板点）争取更多的早期采用者，随后依次是早期大众、后期大众，乃至最后的落伍者。[①]

游戏与模拟实训

一分钟自我推销

1. 时间：20～40 分钟。

2. 任务：介绍我是谁（包括姓名、来自哪里、个人兴趣特长、对专业的理解、对课程学习的认识和期望）。

3. 程序：

（1）上台问候。跑步上台，站稳后向所有人问好，然后介绍自己。注意面带微笑，展现热情。

（2）正式内容演练，自我推销介绍，注意音量、站姿、介绍顺序、肢体动作等。

---

① 标点符. 创业公司增长曲线与鸿沟曲线. https://www.biaodianfu.com/startup-curve.html.

电灯开关（微软的智力题）

1. 时间：20 分钟。

2. 任务：激发创造性思维，打破传统思维的局限。

3. 程序：

（1）有两个房间，一间房里有三盏灯，另一间房里有控制着三盏灯的三个开关，这两个房间是分割开的，从一间里不能看到另一间的情况。

（2）受训者分别进这两个房间一次，然后判断出这三盏灯分别是由哪个开关控制的。

4. 讨论：

（1）说出解决这个问题的关键在哪里。

（2）有没有想过电能够发热的特性。

第 11 章　数字时代的创业

▶▶▶

学习目标 ◀◀◀

- 认识到数字时代的到来。
- 理解数字生产要素。
- 理解数据重构资源配置。
- 基本理解数字创新创业。
- 认知数字创业的模式。

11.1　已经到来的数字时代

2017 年 12 月，习近平总书记主持中央政治局集体学习，强调推动实施国家大数据战略，加快完善数字基础设施，推进数据资源整合和开放共享，保障数据安全，加快建设数字中国。2018 年 10 月，习近平总书记主持中央政治局集体学习，强调把增强原创能力作为重点，以关键核心技术为主攻方向，加快发展新一代人工智能。2019 年 3 月，政府工作报告提出，深化大数据、人工智能等研发应用，打造工业互联网平台，拓展"智能＋"，为制造业转型升级赋能。

11.1.1　世界各国的数字化路径

世界各国高度重视数字化进程。美国在信息技术领域的基础性研究、应用型专利、技术的商业转化能力等全球领先；德国、日本在工业互联网、物联网产品开发和应用领域具有领先优势；中国、印度等新兴市场国家的数字消费和数字化应用日渐普及且发展迅猛。整体上看，中国的东海岸和美国的西海岸，集聚了全球知名数字领先企业，引领传统产业的重构，成为数字世界的重心。

美国由顶尖企业支持成立了工业互联网联盟（Industrial Internet Consortium，IIC），带动所有行业互联网应用水平提升。德国和日本制造业的顶尖企业也纷纷加入 IIC。另外，日本成立的神户飞机产业集群研究会、东京实施的城镇工厂连接项目、柏崎市由 DOCOMO 引领推动的智能工业城市建设等都是推进数字化进程的试点试验。

日本政府连续几年发布振兴战略，推动数字连接，努力推进制造业服务化和智能化工程。德国和日本政府签署《汉诺威宣言》，推动两国在安全、技术标准、数据自由、企业合作、共享研发、人才培养、汽车及通信等领域开展广泛合作。

11.1.2　引领全球的新零售实践

中国是全世界最具代表性的新零售创新国家，拥有超过 6 亿数字化消费者。中国零售业在经历了网上销售、电商时代之后逐步进入新零售时代。通过数字化手段和大数据工具，将研发、设计、制造等环节卷入数字化进程，推动数字化消费者各类消费过程场景化，形成一系列强关系的场景数据；推动电商时代的零售、物流等流量入口和服务环节的竞争步入全产业链竞争；推动资源配置的状态优化和效率提升。

以阿里巴巴、京东等为代表的数字原生企业围绕商品、品牌、营销、销售等建设线上线下场景，推出天天特卖、天猫小区、淘鲜达、淘宝极有家等线上新场景，开设盒马鲜生、京东超市、京东小店等线下新场景；同时，对接 6 亿消费者的大数据和数字智能技术，形成淘宝企业服务平台、客服云 SaaS 交易管理平台、天猫新品创新中心、天猫小黑盒、阿里仿真系统等智能产品和服务，帮助 B 端商户提高服务消费者的能力和效率。

同时，数字原生企业与品牌商家开展广泛合作，帮助商家开展 C2B（消费者到企业）定制服务，开发自有品牌，实施多种形式的品牌计划，提供品牌所需的各种工具和解决方案，助力商家打造爆品，壮大品牌商自有流量池，沉淀品牌数字资产。上述服务都类似于阿里巴巴提出的推动生产要素在线化和数字化的商业操作系统。这个系统至少包括品牌、商品、销售、营销、渠道、制造、服务、金融、物流供应链、组织、信息技术等商业要素。

传统企业陆续卷入数字化进程。传统零售企业是数字化转型的急先锋，苏宁、国美、永辉等零售企业纷纷进入新零售 2.0 或 3.0，根据线上数据优化线下场景，构建统一的底层数据库体系。传统制造业企业围绕营销推广、渠道升级、品牌建设、生产制造、研发设计等对接数据银行，开展消费洞察、销售仿真、品牌升级、C2B 研发、数字化生产等活动，推动产业环节渐进升级。

11.2　数字时代的变革逻辑

硬件提供商、数字化产品运营商、数据平台、媒体都是数据生产要素的建构者。数据生产要素的作用发挥需要形成"任意对象和信息的数字化""任意信息的普遍连接""海量信息的存储和计算"的一般性生产技术条件；需要把规律、模型、算法、代码、软件结合起来，需要用数字世界连接物理世界和意识世界。

11.2.1　数据生产要素重构资源配置的逻辑

高流动性数据生产要素重构资源配置存在如下三重逻辑：

一是赢家通吃。由于声誉、口碑、信用等数据生产要素所具有的高流动性，其广泛传播、持续积累的零边际成本，使得赢家不断从一个胜利走向另一个胜利。传统的工业经济范式下的规模经济、范围经济受制于硬件设施、厂房设备、地理空间等等，并且随着企业规模扩大，其边际成本快速增加，形成确定性规模空间。数据生产要素整合资源的过程符合赢家通吃的规律，以有限的数据指导生产、销售、零售、物流等各个环节，推动智慧生产、智慧营销、智慧零售、智慧供应链等发展。

二是跨界竞争。数据的应用十分广泛，场景化有助于形成一系列强关系的多维数据。但同样的数据更需要多维度解读。一系列弱关系的多维数据有助于消费者画像、产业链素描和生态系统全景鸟瞰。新零售的数据既可以比消费者自己更了解自己，也可以帮助卖场建构消费场景，更可以帮助开展精准的营销推广、品牌形象设计和塑造。全景数字化的建构有助于加快工业 4.0 的步伐。

三是长尾市场。数字化消费者的快速发展，尤其是商家与客户的实时互动、消费者权利的提高以及围绕消费者的各种技术创新推动 C2B 快速发展。C2B 对传统工业时代的颠覆使商业网络从传统的供应链走向网络系统。个性化消费的潮流创造出了一个全新的个性化需求的市场。

11.2.2　大数据时代的资源配置

在数据生产要素重构资源配置的赢家通吃、跨界竞争、长尾市场的逻辑下，隐含着个体消费者、个体厂商和中间组织的专业化发展，暗示着实体空间多维的场景化改进，推动着漫无边际的平台化进程。如图 11－1 所示。

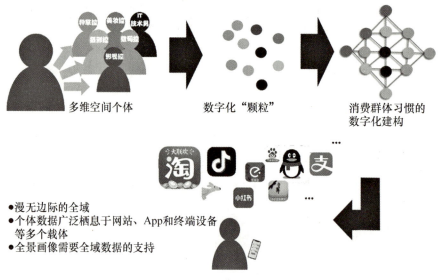

图 11－1　微粒化的个体、活动的场景化和全域平台链接

一是多维空间的个体。个体成为多维数字化描述的"颗粒",每个个体都出现在多维空间、多维场景中。

二是自我强化的场景。场景获取的是微空间的强关系数据。场景化的核心是消费群体习惯的数字化建构。

三是漫无边际的全域。个体数据广泛栖息于网站、App 和终端设备等多个载体。全景画像需要全域数据的支持。

多维空间的个体既可以利用全媒体,逐步累积专业级、场景化的微空间反馈,形成注意力经济、网红经济,也可以利用各类平台成为专业主义的液态组织中的颗粒。

场景化是在实体空间与虚拟意识之间的信息和数据建构,新零售将购物、餐饮、休闲、娱乐、出行等各类服务卷入场景,并将继续向产业上游传导,形成一系列数字化流量入口。

多维空间的个体和自我增强的场景漩涡陆续将个体、组织直至整个社会卷入数字时代,形成社会运行的数字孪生。

数字孪生将分化成为一系列基于云的数据银行、场景平台、粉丝团体、专业社区等等,衍生出一系列基于数据的新产品、新服务,形成一系列新组织、新模式。实体空间也会随着数字孪生持续优化,场景取代功能、强弱关系转换、动态供应网络取代静态供应链,推动资源配置从工业经济时代步入数字经济时代。

11. 2. 3　全面数字化蓄势待发

当前,几乎所有企业都已认识到数字化进程的大势所趋。以阿里巴巴、小米等为代表的数字原生企业通过内部创业、创新和产品研发提高服务能力;以鞋服类为代表的消费者驱动行业努力寻求合作,创设数字生态系统;大量技术驱动的制造业企业通过并购和投资,从创业公司和新技术中获取数字化能力,但制造业数字化方面的进展仍处于萌芽状态。

波士顿咨询公司的研究表明,中国正迎来物联网、信息物理系统和自动化控制等技术引领的工业 4.0 时代,一些全球挑战者企业已经开始使用工业 4.0 和服务 4.0 等新兴技术提高生产力、优化核心业务。例如,自 2015 年起,美的在五个国家完成了至少五笔收购交易,以充实其技术基础并提升竞争力。收购德国库卡让美的集团成功进军日新月异的机器人领域。收购 Servotronix,并借助该公司在运动控制方面的领先技术,美的进一步实现了自动化生产。

各行业领军企业加快了数字化步伐,但大多数制造业企业尚未步入数字化阶段,它们与工业制造数字化领先企业相比,距离更大。例如,土耳其科奇财团是工业 4.0 技术的领军者,该集团的电器制造商 Arcelik 的数字工厂已经应用了先进的自动化工具、人工智能、数字孪生体、图像处理、移动技术以及协作机器人。

11. 3　数字创业展望

11. 3. 1　数字经济的前景

数字经济时代,数据作为一种生产要素介入产业体系,并基于其高流动性处于优化资源配置的状态，表现为对产业环节数字化进程的自我强化；基于数据的多栖性特点呈现出多流量入口的相互竞争，表现为各类数据平台的迅速崛起。从微观个体来看，这种介入必将整合低流动性资源，意味着企业核心竞争力的进一步凸显和竞争力体系的重构。从整个产业体系来看，这种介入打破了集聚效应的空间限制，推动着数字化产业环节的数字孪生和活动仿真，并基于上下游关系逐渐将其他环节卷入数字化进程。[①]

中国拥有全球最大的数字化消费者群体，也形成了阿里巴巴、百度、腾讯、小米等具有全球影响力的消费者大数据。这些数字原生企业基于大数据开展的一系列创新和应用推动了大数据产业发展，也助推消费者驱动的产业快速应用大数据，服务消费者。当然，各行业及其龙头企业受制于产品特征、消费特点、产业特性等，其数字化进程明显不同。但从长远看，数字化进程在所难免，只是哪些环节先介入数字化，哪些环节后被动数字化，哪些功能作为核心竞争力体系的一部分，哪些功能应该考虑资源利用的效率予以外包，需要企业认真思考。

体系、链条、组织、关系的解构不可避免。个体成为产消者、动态细胞式生产的一部分，系统在物联网的支持下实现横向集成，C2B和动态细胞式生产相互促进。组织会围绕具有核心竞争力的功能形成一系列强关系的数字化场景，形成一系列物联网连接的智能工厂、智慧组织、工业城市、文化小镇、场景活动等。组织之间也会基于不同场景的相关性形成一系列弱关系。产业链条、产业体系正是基于这些以弱关系相关联的强关系场景进行重组。数据的应用日益广泛、累积不断升级、产品化和工具化趋势显著，巨大价值陆续呈现。当然，这个过程仍然充满挑战。

未来已经到来！

11.3.2　数字创新创业

数字创新创业是在移动通信、大数据、物联网技术的发展下提出的一种新型创新创业模式。在传统创新创业模式中，主要瞄准工业时代的各种创业问题，而数字创新创业借助互联网的强互动性、无边界性以及开放性的优势，极大地丰富、拓展了创业活动的内容。以大数据技术为例，新兴的创业公司可以通过出售数据和服务，为行业提供更专业的解决方案，这种新型创业正成为数字经济时代重要的商业模式。

相较于传统创新创业，数字创新创业减少了商业机会识别、前期操作检验的宝贵时间。同时，在数字创新创业中，创业者利用数字化技术来交流、沟通，具有高度网络化、虚拟化的特征。数字创业在数字技术的嵌入下降低了创业门槛。云计算等数字技术产生的信息与通信技术（ICT）服务更有效地支撑中小企业创业，为中小企业提供了进入全球市场和增加合作创新的机会。

在数字化、网络化技术的支持下，数字创新创业可以实现低成本、快速传播，数字创业团队不局限在本地，全球各地的组织、机构、个体都可以通过网络来建立交流关系。因此，地理因素、文化差异不再是人才进入的障碍。在产品与服务上，数字创新创业可以根据创业者、用户反馈来降低成本、改进产品与服务，具体特征表现在以下五个方面（见表

① 刘玉奇，王强. 数字化视角下的数据生产要素与资源配置重构研究——新零售与数字化转型. 商业经济研究，2019（8）.

11 - 1)。

表 11 - 1　数字创新创业模式的特征

特征	说明
资源整合	数字创业往往是多层次化的、比大公司为主导的创业模式，也有以数字平台、直播平台、社交媒体为基础的个体创业模式，创业主体、创业对象可以网络为基础来整合各类资源。
动态识别	在数字创新创业模式中，各种创业机会是碎片化、动态性的，创业内容比传统创业模式变化更大。 要实现成功创业，需要在互动过程中挖掘新机会，满足用户个性化、碎片化的需求。
成本低廉	应用数字创业成本低廉的信息资源，减少了中间环节，通过整合线上线下资源，突破了传统创业实体的限制，降低了资源获取和沟通成本。 众筹平台、互联网金融等渠道为数字创业的融资提供了极大便利，让资金获取简单易行。
门槛较低	在数字创新创业中，可以将各类信号精准匹配至每一个创业者，使创业者、需求方之间的信息交换更为便利，即便没有资金，也能够参与数字创业。 通过电子商务平台，产品和服务的获取成本更低，非常适合大学生群体。
新型市场导向	通过对海量数据的分析，让数字创业服务、产品定位更为精准，提供了多元化的创业机会。 通过数字化渠道、开放性创新模式，提高了创业效率和质量，进一步降低了创新风险，利用外部资源、外界知识来创新创业模式，形成了全新的市场导向。

资料来源：邓翔. 数字化时代高校数字创新创业模式创新研究. 中国管理信息化，2019（10）.

数字技术给传统创业理论中的创业机会识别、创业过程转换、创业产出以及创业主体带来了颠覆性的改变（见表 11 - 2）。

表 11 - 2　数字技术对创业过程的影响

创业阶段	影响过程	影响特点
创业起步阶段	• 创业机会识别 • 数字技术平台搭建 • 数字组件架构重构	• 创业机会的认知是创业者、用户和市场不断交互的过程 • 数字技术平台推动了异质性创业团体的形成、创业思想的产生和发展 • 数字组件的重新连接改变了产品、服务和已有创业机会的边界
创业实施阶段	• 数字创业的优势 • 创业机构与主体 • 创业时空分布	• 创业试错更快、成本更低；交易费用、管理成本、机会成本降低 • 创新主体动态有机重组，共创价值 • 创业阶段划分灵活，突破时空界限
创业产出阶段	• 产品和服务边界模糊 • 创业产出更具灵活性	• 产品或服务的范围、特征和价值通过数字组件和构成的改变而持续演变 • 产品和服务具有自生长性，其功能、内容与传播媒介分离

资料来源：余江，孟庆时，张越，靳景. 数字创业：数字化时代创业理论和实践的新趋势. 科学学研究，2018（10）.

在未来，数字创业将是创新创业资源、创新创业平台、创新创业主体、市场和环境、用户与创新创业服务机构等多方参与和交互的过程。

发展以数字基础设施治理、数字用户群体、数字市场和数字创业为核心的数字创业生态将是未来的重点。需要从国家、区域、产业和企业等多个层面，探索构建软硬件开源平台、云计算和大数据计算能力平台、众筹和创客等创新创业平台以提升创业主体核心能力，并探索完善数字创业服务相关政策，鼓励创业者、投资人、用户、企业、创业服务机构和科研机构等各类数字创业主体形成良性互动机制，实现区域、地区创业平台与创业供需方之间的对接，为我国数字创业提供全方位支撑。

同时，创新探索数字创新创业教育模式，要基于网络信息平台，结合智能手段、虚拟现实等，应用混合式、体验式、探究式、团队式教学模式，培育适应数字化时代的综合型人才。条件许可的院校，可以针对学生发展需求开设"数字创业"课程，借助数字创业服务平台的支持，为学生数字创业活动提供行之有效的解决方案，突破实体教学限制，通过网络参与在线课程学习。要致力于借助大数据、互联网、人工智能，以新型创新创业模式为导向，培育数字时代的创业者。

第 12 章　创业综合案例：一公斤盒子[①]

------▶▶▶

君子之教，喻也！
——一公斤盒子的涅槃重生与乡村教育探索之路

案例导读 ◀◀◀

　　本案例描述一公斤盒子发展中所经历的价值观撕扯、创始人退出以及二次创业故事。该企业源于 2004 年"多背一公斤"公益活动，2011 年开发一公斤盒子，后来在教育创新和教育公平之间摇摆不定，目标用户及商业模式模糊，机构发展停滞，2015 年陷入亏损。之后原创始人退出并转向教育创新领域。现任 CEO 陈丹 2016 年底接手后，基于中国乡村教育洞察，回归初心，聚焦乡村教育公平，对机构使命、愿景、价值观、商业模式、组织架构、设计流程等进行再造，以去中心化、职业化和知识管理，破解个人情怀依赖与停滞困局，业务和影响力双增长。"让好的教育在乡村真正出现"，一公斤盒子的二次创业贡献了相对低成本、可大规模推广、效果显著的乡村教育解决方案。

关键词 ◀◀◀

　　社会企业　二次创业　去中心化　知识管理　乡村教育

12.1　引　言

　　2018 年 8 月 26 日，在 TEDxXiguan 年度大会上，一公斤盒子（广州爱聚企业管理咨询有限公司）CEO 陈丹作为 15 名演讲者之一，面对现场 800 多名观众分享了一公斤盒子

------

　　① （1）本案例由中国人民大学商学院王强、占烁、徐京悦、王建英撰写，作者拥有著作权中的署名权、修改权、改编权。未经允许，本案例的所有部分都不能以任何方式擅自复制或传播。（2）由于企业保密的要求，在本案例中对有关名称、数据等做了必要的掩饰性处理。（3）本案例只供课堂讨论之用，并无意暗示或说明某种管理行为是否有效。

对乡村教育问题的洞察。陈丹能够作为演讲者参与这次大会，表明外界对一公斤盒子的肯定。对这个企业有所了解的人会认为一公斤盒子曾有太多光环，之前创始人安猪①多次登上过 TEDx 的舞台，因此这次分享不算什么大新闻。

可陈丹深知其中的不易。经历了 2014—2016 年发展方向的摇摆和争议，2016 年 9 月创始人安猪决定离开之时，一公斤盒子一度只剩下两人，业务下滑，公司亏损。陈丹作为 CEO，几乎所有事都必须亲力亲为，可她还是两个孩子的母亲，小的那个才刚刚一岁，那段时间去全国各地谈合作、参加教育论坛，她不得不带着婴儿。

经历了两年扎根乡村的探索之后，一公斤盒子团队带着新的使命愿景，重新回到公众的视线。

两年多时间里，一公斤盒子二次创业筚路蓝缕，价值观的再定位、商业模式的转变、组织架构的重塑，一次次改变带来破茧重生。

12.2　一公斤：装得下一个世界

12.2.1　源起：雨崩小学

时间：2004 年，坐标：云南省德钦县雨崩村。

雨崩村一直是很多人徒步旅行的目的地。翻越南宗垭口后，就到了一览众山小的境界，沿途还有满目的经幡，能看到梅里雪山的主峰卡瓦格博，荡涤心灵。十几年前，旅行还不是如今这么大众的活动，那时有个词叫"驴友"，也叫"背包客"。

一个叫崔英杰②的年轻人 2004 年去的雨崩，在经幡和雪山之外，他还拍下了一张雨崩小学的珍贵照片。在只有 20 户人家的雨崩村里，雨崩小学只有一位支教老师，十几个学生。临走前，支教老师拜托他："在接下来的旅途里，你还会经过另一所差不多的学校，那里有我的一个支教小伙伴，我们平时也没有太多的时间见面，我想请你帮我带一句话，告诉他'你并不孤独，坚持就是胜利'。"

后来在北京的一次聚会上，崔英杰分享了他在雨崩小学的故事。当时的人们还不会说"生活不止眼前的苟且，还有诗和远方"，在座的另一个年轻人安猪感受到了"诗和远方"的理想之光如何驱散支教老师们现实中的艰难，他为之动容。那段时间，晚上入睡前安猪脑海中总是浮现崔英杰在雨崩的际遇，雨崩小学那个孤寂坚守的支教老师。他决定做点什么。他想到了背包客，想到了乡村教师，想到了自己在广州做志愿者支教的经历，也想到了孩子们渴求的双眼。于是安猪想，能否将这些要素结合起来，让背包客在旅行过程中给乡村学校带去力所能及的帮助。

---

① 安猪，本名余志海，1973 年生于广东省恩平市，毕业于华南理工大学无线电工程系，热爱旅游及摄影。2004 年创立"多背一公斤"公益网站，随后创办爱聚公益创新机构，致力于贫困地区教育事业及青少年发展。

② 2019 年 3 月，时隔 15 年，崔英杰加入一公斤盒子的"乡村代言人"行动，为一所乡村学校代言筹集当年的盒子课程费用。

12.2.2 发起"多背一公斤"活动

这一年，31 岁的安猪发起了"多背一公斤"活动，号召广大驴友去边远地区旅行的时候，在行囊里多带上一公斤的物资给当地的学校。一公斤这个门槛非常低，每个人都可以加入。随着参与者的数量增加，"多背一公斤"很快就席卷全国，安猪和团队建了一个网站（见图 12-1），乡村老师或者去过当地的驴友在网站上发布乡村学校的需求，广大背包客就可以在做旅行规划时看看路线图，了解会路过哪些学校，学校需要什么。

图 12-1 多背一公斤早期网站（1KG. org）

"多背一公斤"采取大众参与、集体协作的公益方式，充分借鉴了 WIKI 的去中心化精神，使得每一个个体都可以自发发挥力量，在旅行过程中帮助弱势群体，受到了全国各地驴友的欢迎。仅 2007 年，"多背一公斤"的参与者就开展了超过 130 次公益旅游活动，发掘了 98 所新学校。2007 年，"多背一公斤"启动了双子书项目，以图书为媒介，让乡村儿童在获得全新的优质图书的同时建立与城市儿童的联系，增进了解，共同成长。截至 2008 年 4 月，该项目为乡村学生送出近 2 000 本全新的图书。

在"多背一公斤"项目发展的过程中，安猪经常去贵州和广西的学校走访，也通过网站收集了许多乡村学校的需求。他发现，山里的孩子缺的不仅仅是物资，更缺少观念、眼界，缺少与外面世界的信息交流。在贵州省雷山县西江镇白碧小学，当地的一位老师告诉安猪："物质的匮乏是可以克服的，真正可怕的是精神上的闭塞与孤独。"

一言惊醒梦中人，从那时起，"多背一公斤"项目开始更多地倡导人文关怀，背包客也去陪孩子们聊天、做游戏，给他们讲外面的世界。"多背一公斤"的定位从最初的单纯物品运送、物质救济，提升到更注重观念传递，以及平等交流与沟通。[1]

"我们不强调可怜和同情，如果说最初的'多背一公斤'只是提倡扶贫，那么现在的'多背一公斤'更注重的是平等的精神上的交流。"安猪说。

---

[1] 赵莹莹，安猪：快乐公益"一公斤". 人民政协报，2014-08-05. http://www.rmzxb.com.cn/c/2014-08-05/358785.shtml.

12.2.3　乡村教育创新的探索

2008 年，安猪发现"多背一公斤"并不能满足网站上搜集的许多乡村学校的需求。比如许多偏远地区只有语数外三门课，音乐、体育等课程缺乏老师；有老师提出，希望可以帮助改进自己的教学效果。这些需求都是"多背一公斤"无法解决的。

从这一年开始，安猪和团队开始探索通过创新设计来解决"多背一公斤"遇到的乡村教育痛点，为此他们成立了爱聚公益创新机构。带着新的想法，团队走访了很多乡村学校，他们很快发现了乡村教师的几个痛点，比如乡村学校老师少，每个老师承担多个班甚至所有班级的教学任务；老师要身兼多职，各种课程都要会教，还要兼顾学校的各种杂务；缺少与外界的沟通，对新教学方式和理念等知之甚少。由此形成了一公斤盒子对乡村教育洞察的早期版本。

为了解决这些问题，给乡村孩子们提供更好的教育条件，安猪和团队进行了很多教育创新的探索，包括筹建公益图书室、销售公益贺卡等。最终，他们将目光聚焦在提供教案上，经过一年多的研发，取名自"多背一公斤"公益项目的"一公斤盒子"终于在 2011 年 9 月问世。

12.3　傻瓜化的教学工具包：一公斤盒子

12.3.1　什么是"一公斤盒子"

盒子后来被称为"傻瓜化的教学工具包"，研发之初的定位是简单易用的教学工具包，用以解决乡村老师任务繁重、时间不足的问题。每个盒子由三部分组成：1 本可视化的教案＋1 套儿童自主探索的小组教具＋必要的课程物料。一公斤盒子 CEO 陈丹在演讲中经常会提到盒子的设计理念：

> 传统的纯文字教案，一个教案可能花一个小时都不太能梳理出脉络。但是盒子的教案全部都是可视化的，非常简单，花 15 分钟完整地翻阅一下，大概就知道这样的一堂课是怎样的。我们还做了很多的教辅工具（教具、道具等），再配上乡村不太容易获得的材料。老师可能花半个小时，浏览、研究一下里面到底有什么东西，就可以比较轻松地开始上课。整个课堂都设计成以孩子为中心，游戏化、小组式的教学，老师不需要像以前那样全程讲 40 多分钟，他是一个引导者，更多的还是孩子自己去探索。

> ——陈丹，GET2017 教育科技大会主题演讲，2017.11.16

2011 年研发出的第一批盒子涉及美术、阅读、手工和戏剧等，之后基于乡村需求的调研和选题，零食盒子、交通盒子、健康盒子等新的盒子不断问世，同时旧有盒子在使用中不断迭代更新。

到 2019 年 5 月，盒子产品经历了从单一主题到多元主题，再到围绕乡村生活场景的重塑和系列化。基于"生活及教育"理念，用设计让每个乡村都是一个没有围墙的学校，形成了"人文、生活、社会"三大模块20多个主题盒子（见图12-2）：阅读＋创作系列盒子，让乡村孩子的人文视野更加开阔；地震盒子、交通盒子、零食盒子、健康盒子等生活主题系列盒子，让乡村孩子的日常生活成为学习和成长的载体；职业认知系列盒子，使得乡村孩子与真实社会有更多接触，更了解学习与职业之间的紧密关系。

图 12-2　零食盒子（左上）、创育者盒子（右上）、科学盒子（左下）、阅读盒子（右下）

以科学盒子为例，科学盒子里面包含10个生活中的科学小实验，比如"米饭为什么会变馊""奶茶里有多少牛奶""看香蕉如何变熟"……每个小实验都是孩子生活中的一个现象，借此建立"科学"这个专业名词与孩子真实生活的连接。又如地震盒子，包括三个任务，需要孩子们去完成。第一个任务是把一些小人放在桌面、地板等不同的位置，模拟地震时哪些地方的人更容易受伤；第二个任务是让孩子们自己去画一幅安全地图，即地震发生时可选的逃生路线；第三个任务是让孩子们分组讨论，画一个急救包，看看面包、水、药品等哪些东西要放进去，哪些东西不放进去。这个学习探索过程不是被动地灌输地震的知识，而是让孩子们以自己学校的空间为例，学会万一发生地震该怎么应对。

12.3.2　如何设计一个盒子

第一批盒子的诞生过程充满了不可思议，当时没有人想到做这样一个东西，也没有人去想能否成功。当时国内的公益还处于萌芽阶段，早期的公益机构都带着理想和情怀想要让社会更美好，但很少有人会带着"用户思维"去解决一个社会问题。一公斤盒子是国内

"公益产品化"的先行者，带给公益行业一个全新的视角和解决思路。

盒子的核心在于设计，其设计流程则来源于 IDEO 的设计思维。IDEO 是美国著名的设计咨询公司，成立于 1991 年，创始人大卫·凯利是美国工程院院士，曾在 1982 年为苹果公司设计第一只鼠标，并创立了斯坦福设计学院。每个盒子从灵感到用户洞察、头脑风暴、产品原型到用户测试，初期的设计理念及方法均来源于 IDEO 的《人本设计手册》，并在设计团队中慢慢形成一套独特的教育产品设计流程。

一个盒子的设计包括教育设计、产品设计和视觉设计。教育设计中，需要保证整个学习的过程是专业的，一个主题课程的设计除了教育设计师的全程参与，还需要学科领域的专家参与进来，情绪盒子需要心理学专家，零食盒子需要食品安全专家，学前课程需要学前教育专家。教育设计师把盒子的学习目标和教育理念变成生动有趣的教案，接下来产品设计师把教案变成丰富有趣的工具包，降低使用者的门槛，并且创造良好的用户体验。

产品设计也是盒子区别于其他教育公益解决方案的地方：如果给乡村老师提供优质的课程教案，往往很难直接使用，需要提供配套的教师培训和持续的跟踪支持，老师才能完成教学目标。而盒子通过可视化的教师手册降低了老师理解的难度，同时大量儿童自主探索、小组合作的任务道具和物料，激发了儿童主动学习的热情，老师只需要引导课程，鼓励学生分享和积极反馈就能创造一堂高质量的课。这大大降低了课程对老师个人能力的依赖，因此也降低了乡村课堂创新的门槛。

视觉设计是盒子与老师和孩子们见面之前的最后一道工序，盒子团队会请专业的平面设计师来完成视觉设计部分，以保证盒子所有物料的基本审美，而这种标准也创造了与老师和孩子见面的仪式感。当每个带着设计师的奇思妙想、设计精美的盒子送到乡村学校的课堂，老师和孩子们会迫不及待地打开它，充满好奇地开启一段探索之旅。

设计思维并不止于一个产品的诞生，IDEO 认为产品的创新来自三个方面的结合点：用户的需求性、商业的延续性以及科技的可行性，产品的诞生只是创新的开始。2013—2014 年，盒子团队得到 IDEO 上海办公室的设计师团队的支持，通过志愿咨询的方式探讨盒子的商业可持续设计，设计思维成为一公斤盒子的核心方法论之一并延续至今。

12.4　理念之争：一盒教育，半盒创新，半盒公平

中国是人口大国，虽然近些年来城镇化飞速推进，但农村人口比重始终在 40% 以上。乡村教育仍然存在大量问题，包括教育观念落后、资源不平等、师资力量不足等。一公斤盒子的出现让人们从另一视角看待乡村教育的解困。但一公斤盒子究竟是要致力于探索什么是好的教育，设计创新的教育产品，还是专注于促进教育公平，提升乡村教育水平，一公斤盒子内部有着不同的理解。同时，和所有的社会企业一样，一公斤盒子也面临着自我造血和生存、竞争的压力。

12.4.1　"点—线—面—体"创新探索的失败

2011 年"一公斤盒子"的出现拯救了"多背一公斤"，也拯救了安猪。"多背一公斤"

在诞生之初是一个很好的创意，可随着规模的扩大，面临的问题越来越多。从 2007 年开始，安猪做了很多新项目的探索，都不大成功。

在安猪的构想里，盒子只是起点，而非终点。以盒子为起点，他想为教育公益留下更多的优秀产品。从 2014 年开始，在盒子的基础上，安猪开始探索更多的可能，他希望像当初一样，"多背一公斤"作为种子，长出了"一公斤盒子"，"一公斤盒子"也可以孕育出更多的改变教育公益的可能。

2015 年初，安猪在盒子的基础上设计出"点—线—面—体"的进化思路，目前的阅读盒子、美术盒子只是"点"，未来将以此为基础进化出更高级的形态"线"、"面"和"体"，"面"是场景的探索，"体"是空间和 App 等超脱于盒子的形态（见图 12-3）。

图 12-3　"点—线—面—体"的设计

可惜的是，无论是哪一种形态，都没有像"点"那样成功。盒子似乎面临无法突破的天花板。尤其令人失望的是，在 2014 年首次盈利之后，2015 年竟然亏损了。

过去的几年里，安猪一直想把一公斤盒子打造成一个可以自负盈亏、自我造血的社会企业，2015 年年初的总结里，安猪写道："作为一个社会企业的经营者，我发现自己的思考和实践离不开两点：一是如何创造一个对使用者更加民主的产品；二是如何建立一个可持续的盈利模式。"因此，2014 年盈利的曙光让他激动，2015 年的亏损不可避免地让他怀疑自我。

12.4.2　三年的争议：两种价值观的碰撞

不仅当时的创始人如此，公司内部的员工对此也有争议。

当时盒子的团队主要包括早期"多背一公斤"的团队和志愿者，以及后期被盒子吸引来的新人。新员工加入盒子大多出于两方面原因。有些人觉得盒子很酷，被盒子这种解决社会问题的创新方式吸引，比如项目助理实习生小海说："巧合、新奇感、兴趣以及好朋友的鼓动，让我很快作出决定，来到了一公斤盒子，用一点创意去改变一些什么。"产品设计助理晓帆说："一公斤盒子位于教育、社会创新、设计和商业的交叉点，一次性满足了我四个兴趣方向。"

有些人加入盒子是因为对乡村教育的关注，比如商务助理实习生沙拉曾举办过大学生慈善公益论坛，在梦想 Safari 素质教育论坛上探讨教育公平问题，因担心血铅超标会影响儿童智力发展而去韶关调研，在乌克兰支教。白领霜琴则在早期就参与"多背一公斤"项目，关注乡村教育十多年。

在盒子内部，实际上存在两种价值观：一种关注教育创新，另一种关注教育公平。早期，这两种价值观相处融洽，盒子的出现就是用创新促进教育公平。

但是，在 2014—2016 年，随着机构的发展，两种价值观的冲突开始显现，盒子的实践也因此常常摇摆不定。有人想到："盒子的设计十分先进，现在城市的教育也缺乏这种新方式，为何不尝试针对城市教育的大规模商用呢？"2015 年，好奇心实验室设立。这是一种小规模的教育实验，主打 C 端。盒子团队一部分人员和力量投向了城市的付费用户。当时的设想是，产品化的思路会得到商业资本的青睐，会吸引很多的资本来找盒子，也许可以用商业项目的收入去支持补贴乡村的项目。

> 好奇心实验室探索的是我们身边的社区，通过提问题让孩子们用一种新的眼光去发现和探索我们身边的世界，把它变成学习的乐园。
>
> ——安猪，2015.9.23

遗憾的是，盒子这次主打 C 端的尝试效果并不理想。大家发现起源于乡村教育的一公斤盒子在城市教育中并不完全适用。在乡村和城市，孩子成长中的痛点有很大差异，虽然好的教育底层逻辑是相似的，但是同一套产品并不能同时满足城、乡两个用户群体的需求。

实际上，面对城市 C 端用户，需要和原来公益领域 B 端客户不同的一套商业模式，需要有两个独立的研发团队和运营团队来面对两个不同的用户群体。而以盒子当时有限的团队规模，难以同时兼顾，这也造成机构定位的混乱。不过，这些尝试都体现了教育公益之外，盒子团队对教育创新的探索。

一公斤盒子在当时国内的乡村教育和教育创新领域都是相对领先的，团队曾经以为两个市场是可以一起做的，但 2016 年团队深刻反思之前遇到的问题，发现这两个市场需要两套产品逻辑和商业模式，混在一起导致两个市场都没有做好。

2016 年 9 月，在非常理性的对话讨论中，大家决定当时团队的 5 位全职成员分成两个团队，一个团队去探寻教育创新的理想，一个团队继承一公斤盒子的品牌和产品框架，专注于探寻和推动教育公平。后来在接受《社会创新家》的访谈时，安猪说："当时盒子已经到了一个需要更多挖掘用户和开发业务的阶段。但我自己很清楚，我并不喜欢运营，我的兴趣仍然在创造。"

或许安猪后来的离开也源于两种价值观的碰撞。

> 团队当时做了一次很深入的对话，发现三年来我们一直纠结于两个不同的目标，最后是两个方向都没有做好。团队当时的资源和能力又不足以支持两个团队，当时就做了一个决定，我们还是分开，做教育创新的就努力实现教育创新目标，做乡村教育的就去探索如何更深、更大规模地推进和改变。2016 年 9 月份之后我们这边的团队专注于推动弱势群体的教育公平。
>
> ——陈丹，2018.9.14

12.4.3　继任者：陈丹的故事

这种价值观的差异在安猪和他的继任者陈丹身上体现得最为明显。

2014 年，36 岁的陈丹加入一公斤盒子。她之前是一家管理咨询公司的合伙人，2006 年安猪在北京发起"多背一公斤"项目两年后，在广州的陈丹也和朋友飞飞一起发起成立了"飞飞助学金"，资助乡村学校的贫困学生。陈丹和飞飞约定要在自己 35 岁这一年全职做公益。

飞飞助学金每年资助 10 所学校 120 个孩子，陈丹走访乡村学校，发现很多老师都想知道城市的老师是怎么上课的，他们想知道怎么提升自己，给孩子们更好的课堂。陈丹却无能为力，她们只能资助学生，而且名额也十分有限。

2013 年，陈丹听说了一公斤盒子，发现这个项目可以满足老师们的需求，这似乎是乡村教育更好的良方。考虑再三，2014 年 9 月，陈丹决定加入一公斤盒子，并逐步结束咨询公司的运营。陈丹负责的是盒子的业务发展，寻找新的客户，推荐新的盒子、签单等。

2015 年 6 月，陈丹生下二胎，本想花一年时间专心陪孩子，可是 11 月的一天，盒子的同事忽然来找她，说盒子的财务状况非常危急，可能等不到她回归，全职团队就要面临解散。

陈丹做出了艰难的决定，提前结束产假回归盒子团队。2016 年 1 月，陈丹开始担任 COO，全面接手盒子的运营，到 2016 年底盒子的营收翻了一番，扭亏为盈。陈丹和安猪或许就代表着盒子内部两类人。一类充满创意与活力，重视创新和打破常规的力量，而轻商务运营。另一类则是冷静的理想主义者，注重商业模式，注重愿景使命之下的战略和年度工作规划的落实。

正如亚历山大·奥斯特瓦德（Alex Osterwalder）在《价值主张设计》中所指出的，一个创新的点子到大规模地推动问题解决需要经历三个过程，即问题—解决方案、产品—市场、可持续的商业模式。陈丹也坚信，一个社会创新团队不能只停留在创造一个好的解决方案，而是要探索可持续的商业模式，让这个问题更好地解决。从 2016 年 9 月到现在，陈丹一直都在做这件事：厘清盒子的商业模式并实现它。

12.5　二次创业：从乡村教育与公平出发的涅槃重生

12.5.1　乡村教育洞察 2.0 版

一公斤盒子的设计概念源于 2010 年前后对乡村学校需求的洞察，随后的 6 年当中，乡村教育不管是政策、硬件配套还是老师的构成都有了很大的变化，盒子的解决方案依然是乡村的需求吗？2016 年底 2017 年初，留下来的团队经过讨论，决定重启对乡村需求的调研。这一轮调研对大家震动很大，他们看到乡村教育的生态相比 2011 年有非常大的变化。

2016 年底到 2017 年 3 月份，我们花了很多的时间去做调查。2017 年 6 月份，我们又重新启动了一个用户研究，所有的全职人员都到乡村去做调研，重新去做用户画像，生成了 2.0 版的乡村教育洞察：

1. 因为教育公益机构在乡村十几年的深耕，涌现了大量积极拥抱创新的乡村教师，他们开始影响周边区域的其他老师走出来学习和尝试。

2. 这一批乡村老师度过了初期的浅尝辄止，渴望并有力量推动系统而深度的乡村教育变革，已经开始出现星星点点的成功案例。

3. 国家逐年推动体制内的素质教育，每年的政策倡导为乡村教师的创新提供了环境的支持。如国家在倡导将阅读课纳入学校常规课、每周应该保证 1 节综合实践课等等。

——陈丹，2019.5.14

团队调研发现，单一主题的盒子已经不能满足乡村学校的需求，需要更系统、更有深度的教育解决方案。随后，团队花了两年的时间去打造更系统完整的课程体系、乡村学校课堂变革计划以及乡村老师成长体系。

12.5.2　盒子"从重到轻"与"从轻到重"

早在"多背一公斤"项目启动之时，团队就通过"多背一公斤"网站收集到许多乡村教师的需求，这成为后来盒子核心竞争力的基础之一。

2011 年提出一公斤盒子的产品概念后，研发流程日趋成熟。盒子在 2011—2014 年开发解决方案是一个"从重到轻"的过程。最开始的时候，盒子开发了一套美术创作课程，有 36 节课，按照一个学校一学年里两个学期各 18 节课安排的。但后来发现那个盒子使用效果不好，因为老师不愿意去做这么多的事情，发下去的盒子闲置率非常高。后来主题盒子设计开始向轻量化转变，变成零食盒子、地震盒子等，是一个个短平快的主题，老师用三节小课或者两节大课就能讲完。这种轻量级的创新尝试，老师不会有压力，愿意参与。

作为简单易用的工具化教学包，盒子很容易大规模推广。多年实践证明，盒子不只是提供教案，还提供新的教学方法。盒子在教育市场上名声大噪，其核心竞争力是对乡村教育的洞察、创新性产品设计能力以及适应中国乡村教育情境。盒子的探索的意义在于，提供了一种相对低成本、可大规模推广、效果显著的乡村教育问题解决思路。

但是到了 2017 年，乡村教育和原来已有很大不同。

2017—2019 年，我们发现，教育公益项目实施多年，我国涌现出大量非常优秀的乡村老师，单一主题的盒子已经不能满足他们。我们从 2016 年底开始转向"从轻到重"的过程。

——陈丹，2019.5.14

什么是"从轻到重"呢？就是一公斤盒子开始系统化，去做一整个学期的排课表，推出"阅读推动计划""百所村小的创新课堂"等深度项目。换言之，一公斤盒子基于对乡村教育的 2.0 版本洞察，改变了产品的体系，从单一主题开始过渡到一个系列的课程，老师从选用一两个盒子开始，到安排一个学期的课程，盒子进入校本课[①]。

其中最典型的一个例子来自甘肃的张宝老师。张宝是甘肃武威四坝的一名乡村老师，他所在的学区之前有一家公益机构"阳光书屋"持续在支持。2014 年，经阳光书屋推荐，张宝老师开始尝试利用"一公斤盒子"这个教学工具，组织开展乡村特色的主题式阅读探索活动。让学生在主题阅读的基础上，成立探索小组，引导学生关注、探索和研究农村周边的自然资源，学习的内容和自然结合起来。因为非常认可一公斤盒子这样的课堂创新形式，2015 年张宝老师主动提出申请，希望成为一公斤盒子的实验学校，在各个年级全面引入盒子课堂。2016 年，四坝学区的 6 所学校都把一公斤盒子引入学校的校本课，有专门的盒子课教研组。

张宝老师的成长和甘肃四坝学区的盒子校本化，给一公斤盒子提供了非常好的乡村学校深度教育变革的样本。

12.5.3　曙光初现：从产品到项目

2016 年 9 月份盒子决定专注于乡村的时候，团队开始聚焦整个行业，看盒子在整个行业中到底什么最可贵，盒子在整个行业中的角色定位是什么。

作为社会企业，不仅要考虑盈利模式，更要思考如何解决社会问题。对于盒子团队来说，就是要考虑"一公斤盒子"如何推动教育公平，这就需要建立持续的项目反馈机制。早期设计的盒子作为创新的产品被许多企业、基金会和支教大学生买下来，流转在大大小小的乡村学校里，但盒子团队没有持续跟踪盒子的使用情况。盒子发放后有没有被使用、老师们怎么用的、效果好不好，没有系统的反馈数据。

2017 年初，新的团队花几个月与乡村老师交流、做行业拜访。他们意识到，乡村教育的改变不能只设计一堆盒子，要有持续的项目思路。团队决定将机构的发展方向从原来的"为乡村学校设计好的课程"转变为"让好的教育在乡村发生"。这是陈丹和团队做的第一件大事。

相对于原来纯粹的产品设计和销售，盒子团队开始探索围绕盒子课程自己做项目。每个项目都会进行合作学校的招募和筛选，制定盒子课程的开课计划，项目人员会实地走访并进行课堂观察，在每个学期末参与的学校反馈使用情况。项目会关注，对于学生而言，是否学到了知识，是否改变了学习的意识、方法和行为；对于老师而言，盒子是否好用，能否节省备课时间、启发教学思维、提升教学能力，下一步的需求是什么。每一个项目的反馈都体现在盒子的更新迭代上。

基于甘肃四坝学区的经验，一公斤盒子在 2018 年推出了深度实验项目"百所村小的创新课堂"，开始实施片区深度发展的策略：1 个种子教师加入——1 所学校引入更多盒子课——盒子成为校本课——周边学校开始引入盒子课堂。

2018 年 8 月，盒子对"百所村小的创新课堂"项目进行了评估。在项目第一批 20 所乡村学校中，对校长、老师进行了调研。调研发现，使用盒子达到 438 课时，涉

---

① 校本课，又称校本课程，即以学校为本位、由学校自己确定的课程，它与国家课程、地方课程相对应。校本课程的开发给教师提出挑战。

及93名教师，覆盖2278名学生；学校使用最多的是阅读盒子，老师们票选出的最受欢迎的是阅读盒子和创作盒子，得票最多的理由是学生参与度高。老师们在使用盒子时遇到的主要问题包括：教学时间分配问题，一节课时间常常不够用；配套资源问题，常常缺乏相关图书；小组活动展开问题，不知道如何引导学生以小组形式开展活动。有85.7%的老师非常愿意下学期继续使用盒子。

——"一公斤盒子"公众号，2018.8.6

经过一轮一轮的项目闭环，盒子团队对用户的画像越来越清晰准确，产品体系得到及时的迭代和优化，同时也探索出一套相对完善的项目支持模式，包括学校筛选机制、乡村教师的盒子使用支持、教师社群运营、走访督导流程等。这更加坚定了团队采用"项目＋产品"模式的信心，团队开始思考如何将这一项目支持模式向区域NGO伙伴复制推广。

事实上，四坝学区的成功离不开在地NGO伙伴阳光书屋的努力，乡村老师的教育创新意愿和方法同样重要，一公斤盒子带来好的教育理念、简单易用的工具方法，可是如果不能激发老师的创新意愿，改变依然不会发生。从2014年的尝试到2017年的片区联动，这当中的每一步都离不开阳光书屋的深度在地陪伴。

因此从2017年开始，一公斤盒子开始广泛地与全国的教育公益机构合作，建立了一个在地NGO伙伴网络，一公斤盒子的创新课程和教师成长培训＋在地机构的深度陪伴，合力推动教育变革在乡村更快更深度地发生。

12.5.4　再定位："让好的教育在乡村发生"

2017年全年，陈丹带着盒子团队持续梳理企业的使命、愿景和价值观。年底的大会上，团队对盒子的乡村教育认知进行了讨论，认为盒子的目的是推动教育公平，基于此对"好的教育"进行了定位——"每个孩子内心富足，对世界充满好奇，拥有终身学习和解决问题的能力"。

在这次会议上，一公斤盒子厘清了价值观：公平、创新、协作。

教育公平被放在第一位，其次是创新，这也是盒子成立以来的基因，最后是协作，强调团队与开放，不仅是团队内部协作，更要与中国的教育公益机构一起推动教育公平。盒子的使命确定为："和每个渴望改变的乡村老师一起，为孩子创造好的教育！"

在此使命之下，盒子提供的核心价值是针对弱势儿童的教育解决方案，从而帮助乡村老师更轻松地创造好的教育。具体来说，这一解决方案包括主题盒子、共创系列课程和教师支持三方面。

这是盒子发展多年以来第一次真正明确自己的核心使命与价值观，坚定了发展道路。同时，基于价值观，盒子认为"项目＋产品"带来的盈利只是养活盒子的途径，只是盒子促进教育公平的解决方案。在优先度上，盒子的商业目标永远不会超过社会目标，孰为本孰为末，分得很清楚。

12.5.5　基于精益画布的商业模式

盒子在发展中遇到的另外一个主要问题是，较多地考虑社会性目标，即怎样以创新的方式去解决教育问题，而对企业目标关注较少，突出表现为对业务发展不够重视。好比是一个跷跷板，之前比较重的是社会性目标，商业推广则因太轻而无法落地。商业目标与社会目标的冲突也是社会企业普遍面临的问题。

陈丹开始以她在管理咨询公司的商业经验来思考盒子作为一家企业的市场竞争力，特别是用了精益画布的理论与框架来梳理一公斤盒子的运营模式。这是陈丹和团队做的第二件大事。

一公斤盒子创立以来，竞争力在两方面得到不断强化，一是对乡村教育的理解，二是创新性的设计思维，这两点在价值观之争落地之后更加明确。

在业务和盈利模式方面，团队对过去几年在公平和创新双重价值观指导下的业务方向进行了梳理，决心由原来单纯"卖产品"转向"项目＋产品"，全面服务于乡村教育，除了销售盒子之外，也围绕主题盒子与企业和基金会合作。在组织管理方面，确定了新的组织设计，以服务于"项目＋产品"的业务模式，包括降低设计研发所占比重，确定设计师能力素质发展路径，并将设计工作流程化。

盒子的核心优势依然是产品设计，"项目＋产品"模式以此为基础。盒子成立了项目部，负责各个主题盒子发放到乡村学校后的系统跟踪、督导和反馈。研发设计部与项目部形成问题闭环，首先是发现问题，其次是设计解决方案（主题盒子），然后是围绕盒子使用建立教师培训体系，继而是评估与反馈，最后评估反馈结果，以改进新一代盒子的设计，整个过程形成螺旋式上升，离目标越来越近。

在几年来的产品与市场的实践中，一公斤盒子发现，盒子产品的使用者是乡村老师，他们愿意使用，但是没钱买，无法成为这个产品的客户。如果想大规模让学生在课堂上使用这些盒子的话，谁能来买单？

一公斤盒子的教育设计师 Linda 曾经在一次分享中谈到：

> 我们想到了一些客户，第一个是慈善基金会，第二个是支持教育类项目的 NGO，还有教育局，再就是企业、热心的公众，以及学校。这一切我们全都试过 N 次。最后发现确实有一些客户愿意持续付费，但最主要的是这两个：支持教育类项目的公益基金会和支持相关项目的企业社会责任部。
>
> ——Linda，2017 年深圳设计周主题演讲，2017.5.3

相比于 2014—2016 年间的摇摆，一公斤盒子的愿景发生了改变，服务对象变了，服务的项目主体变了。聚焦乡村这样的一个场景后，付费模式也发生了改变。付费的主体变成了第三方，盒子主要采用 toB 的模式，而不是原来既有 toB 也有 toC。2017 年 11 月，在使命愿景清晰之后，团队完成了盒子精益画布的梳理。

12.6　再造盒子：工欲善其事，必先利其器

在一公斤盒子进行乡村再洞察、使命迭代和模式转型的过程中，陈丹和团队也对盒子前三年发展停滞进行了战术层面的反思，为了支持新的商业模式运转，组织内部也需要变革。以此为原点，他们做了大刀阔斧的改革和再造。这些思考与行动或许会启发中国其他

社会企业。

12.6.1   "去中心化"的组织文化重塑与架构调整

任正非在华为 2013 年度干部工作会议上指出："让听得见炮声的人来呼唤炮火，让前方组织有责、有权，后方组织赋能及监管。"那么，社会企业是否适用呢？

2014 年陈丹加入盒子之初，一公斤盒子的发展方向受安猪个人理想的影响非常大。这也是很多公益组织初创时的状态：因创始人的理想和情怀创立，生存发展高度依赖创始人的个人品牌和资源。同时，团队结构偏向议题解决或者项目式，市场拓展和运营匮乏。五人团队中有三个研发设计人员，只有一个人负责业务，没有专职人员负责运营和品牌传播，也没有人管理盒子的生产、库存等。在生存阶段，这样的组织架构能够以较低成本维持，但是进入发展阶段，这样的架构很难支持盒子的可持续发展。特别是，随着盒子的企业文化和业务模式的转变，组织结构必须调整。

> 我们很多公益机构的伙伴不愿意做推广、与客户沟通，他们更喜欢扎在项目上，作为一个项目经理是可以扎在项目上的，但是你作为机构负责人，首先考虑的是机构生存，其次是机构发展。我去年带着十几个盒子到处走，我每去一个论坛都是拖着大箱子去布展，去做介绍。除了勤奋，没有什么秘诀。盒子的产品够好，我的解决方案够好，对乡村教育的理解也是够的。为什么还没有人来？就是没有推广，没有让更多需要的人知道它。
>
> ——陈丹，2018.9.14

在陈丹新设计的组织架构（见图 12-4）中，原来有大半员工的研发设计部成为三大部门之一，另外两个是项目部和运营部。研发设计部设计出适合乡村学校的课程解决方案，项目部是为了适应"项目＋产品"的业务模式而生，三位项目经理负责探索这些课程在乡村学校推广落地的支持体系，运营部则通过业务和传播建立持续的品牌影响力和市场。

图 12-4   一公斤盒子组织架构示意图

不仅如此，陈丹秉承设计思维和共创精神，对公司治理结构和组织架构进行了调整。首先，强调去中心化。2017 年 3 月，团队反思了公司乃至中国社会企业的共性，认为需要转型。最早的盒子基本上是以一个人为机构的灵魂，整个机构的战略更多地以个人的理想为主。鉴于此，盒子决定建立一个去中心化的团队。

> 这个架构很有意思，是同事画出来的，你们可以看到我在哪，CEO 在这个左下角是吧？CEO 是跟行政、财务、人事并列的，就是说我们四个都是打杂的。一般的组织架构中 CEO 在最上面，一个金字塔，下面分出几个部门。但是我们集体共创组织架构时，有好几个同事都把我放在了下面。下面几个是支撑的角色，上面三大部门是主体。从个人英雄主义的团队变为去中心化的团队，是非常大的一个变革。
>
> ——陈丹，2019.5.14

其次，秉承设计思维。用户真正需要什么，盒子就去满足用户需要，而不是基于 CEO 想做什么。前端了解到用户的需求是什么，机构就能调动资源，去中心化的团队就能努力开发解决方案。

最后，重塑组织文化。变革后的盒子，是大家的盒子，而不是一个人的盒子。所有团队成员是一群有共同理想的人，大家肩并肩往前走，而不是一个强有力的领导带着大家往前走。盒子希望大家都是伙伴，是比较平等的关系。

从实际运作的情况来看，盒子的中心是决策委员会，它由三个部门组成，决策委员会的机制是三个月召开一次所有全职员工的闭门会，三个部门、CEO、行政人员都参加。通过这个闭门会，盒子梳理了机构的愿景、使命和价值观，三年规划，年度目标，每个季度的工作计划，等等。各个部门根据自己的权限确定哪些事情可以自行决策，哪些事情需要集体决策，形成了非常清晰的决策机制。

12.6.2　以用户为核心的设计流程再造

产品设计一直是一公斤盒子的核心竞争优势，在几乎所有的品牌传播上，盒子都要强调自己"专注于乡村教育创新设计"。早在 2014 年，担任盒子第一任设计师的长长就试图将盒子设计生产流程固定下来。2017 年初，两位前盒子设计师 Linda 和豆浆回归，着手重建盒子的设计团队。经过近半年的努力，原有的设计流程进一步规范和完善，成为一公斤盒子的持续核心竞争力。这是怎样做到的呢？

首先，以用户为核心，从用户出发，进行产品设计。一公斤盒子在初期采用了设计思维，这是由世界知名的设计咨询公司 IDEO 提出来的。设计流程包括三个步骤：（1）聆听：从用户那里获得信息和灵感；（2）创造：设计解决方案和制作原型；（3）交付：将解决方案投放到市场。

几年实践下来，这套流程在两个关键方面改变了一公斤盒子对设计的理解：一是以用户为中心。从用户（或者客户）需求出发设计产品，而非在办公室里自我想象。二是速度比完美重要。尽快做出可用的产品（原型），尽快测试和修改。

> 在一公斤盒子的设计部里，我们在设计教育产品时会在三个不同的时间节点与用户接触，分别是前期调研阶段、产品测试阶段、产品投入使用阶段。
>
> ——林志豪，头牌设计师，2018.4.28

其次，做一个完整的盒子，全程需要大约 8 个月的时间，这当中包含教育理念、教育设计和教学方法等许多内容。核心是两个流程：发现问题＋设计盒子。

在发现问题阶段，首先要定义真正的问题，以确认需求。如果是内部的设计就在小组进行，以零食盒子为例，分析为什么要做零食盒子，小组需要给出依据。在定义问题的过程中还要圈定问题的边界，防止变成无法解决的无边界问题。之后是议题的研究，包括行业研究和用户研究，前者主要有二手资料研究和专家访谈，研究这个问题在行业是什么样的，前人对它的研究到了什么程度，有多少已经实施过的解决方案，这些解决方案的优点、缺点是什么，背景是什么。还要考虑这个行业的专家对这些问题是怎么看的，一些专家的洞察也会受到重视。

在发现问题阶段，形成用户洞察很重要。用户研究分为用户观察和用户调研，用户观察要求去实地场景考察，用户调研要求访谈老师与学生以确定需求。之后是用户画像，提取一些关键的标签，并做好用户洞察，确定问题的关键到底是什么。最后基于用户洞察开始做解决方案。

图 12‑5 显示了发现问题阶段的设计流程。

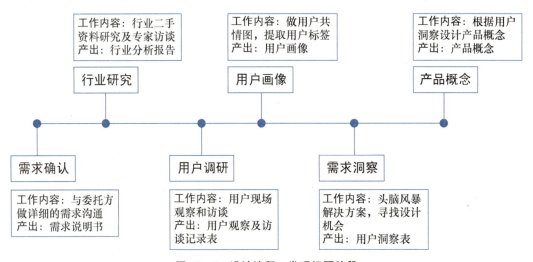

图 12‑5　设计流程：发现问题阶段

在做用户研究时，盒子不仅需要考虑怎么符合乡村教师的使用习惯，更要考虑孩子的使用体验。最新的阅读盒子里包含一个 1.98 元的小话筒，但第一版的盒子设计并没有小话筒。这是因为，在发现问题环节，团队通过对乡村孩子的调研和观察发现，实现从成人陪伴式的阅读到自主阅读的跨越，需要激发孩子自主的理解。基于此，盒子团队开始进一步考虑如何激发孩子自主的理解，最后在教学设计过程中决定在写作卡片的任务之后加入分享的环节，让不同的孩子分享对同一个问题的看法。但测试优化过程中发现分享环节会遇到很大的困难，因为乡村的孩子会非常紧张，站起来当众发言的时候，手不知道如何放。盒子团队进一步思考如何通过产品设计解决这个问题，后来觉得可以找一个道具让孩子在手里拿着，缓解紧张。增加一个小话筒只要 1.98 元，但效果是显而易见的，不仅缓解了孩子的紧张情绪，还增强了他们的自信。乡村的孩子觉得拿话筒的都是重要的人物，比如电视主持人、领导、学校校长。许多老师反馈，增加小话筒之后，每次分享至少有七八个孩子举手，效果明显。

——陈丹，2018.9.14

设计盒子阶段是将前期发现的问题叠加盒子的教育理念，实现产品化的过程。其中，不仅有关于教学活动的教育设计，更有对盒子产品的设计与视觉材料的设计，经过测试优化后，最终形成成品盒子。

通常公司总是希望自己设计的产品越完美越好，但这往往会让产品研发速度变慢，容易忽略用户的需求。设计思维则倡导不要等到想法完美才去尝试，它鼓励设计团队尽快做出粗糙但可以使用的原型，然后尽快在实际环境中测试，在真实用户的反馈中快速迭代。

一公斤盒子坚持设计思维的快速迭代理念，先从一个最简单的原型（样品）开始，尝试把想法变成现实。每个原型会经历两轮用户测试，然后才会小规模地投放使用。小规模投放的反馈良好，再面向整个行业大规模推广合作。在每一年的盒子投放使用中，会持续获取用户反馈，持续迭代完善。

图 12 - 6 显示了设计盒子阶段的设计流程。

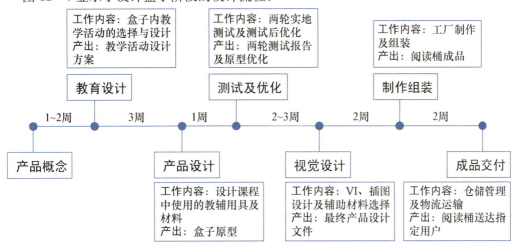

图 12 - 6　设计流程：设计盒子阶段

12.6.3　把热爱变成专业：打造职业化和高效能团队

2019 年 4 月底，盒子的决策委员会大会上，有两个价值观全票通过，一个是教育公平，一个是专业。长期以来，社会企业普遍存在一个难题，那就是人员流动性太大，困局无法破解。一公斤盒子也不例外。

> 我们去年招了四个同事，有两个后来去读书了，还有两个人离开了，其中一个是我们主动炒的，能力不太合适，另外一个觉得工作不是他擅长的，提出要走。
>
> ——陈丹，2018.9.14

作为社会企业，盒子对员工的吸引力一方面在于其解决问题的方式，新颖而有趣；另一方面在于促进乡村教育的共同理想。但现实是新鲜感通常不持久，靠理想也难以长久驱动员工，此外社会企业收入不高，福利待遇不能和商业企业相比。如何留住员工？不仅要靠理想、企业文化，还要靠薪资，因此从安猪到陈丹，一直在努力提高盈利水平，努力为同事提供更好的薪酬。

陈丹曾经在咨询公司担任企业管理顾问，她换了思路，尝试通过流程再造和人员成长体系来推进专业化运营，打造协同、高效能团队。

第一个方面的努力是大量的 SOP① 工作流程的规范化，包括研发设计部、项目部和运营部。以项目部为例，将专业的项目管理体系引入公益项目的标准工作流程，如项目干系人的分析，利用 WBS② 任务树进行任务分解，用甘特图管理项目的 Todolist，等等。

第二个方面的努力是用能力素质模型的底层理论来梳理各个岗位的人才培养体系，特别是核心竞争力人才——教育设计师。这大大加快了机构人才培养的速度，同时岗位素质模型的建立也提高了招聘的质量。2017—2019 年，盒子的员工快速增长，招聘到的人越来越符合盒子团队的特质，因岗位特质不匹配而离开或辞退的情况大大减少。

> 这是根据经典的能力素质模型理论做的一个简化版的应用，因为我自己原来是做人才发展的，所以首先将那套体系用在教育设计师岗位上。我们先做岗位的任务库，然后基于岗位任务确定需要哪些能力和特质，基于这些能力确定招聘有哪些基本要求，入职之后每项能力或素质的学习路径是什么。
>
> ——陈丹，2018.9.14

安猪时期，盒子的设计师是独特的，很难被替代，设计项目的质量非常依赖于设计师的个人能力，若员工流失带来的损失极大。陈丹接手之后，通过专业的工作流程来保证每个岗位角色的胜任，设计不再是个人的天马行空，而是一个设计小组扎实地运用每个流程的专业工具和方法论，通过协作的方式来推进，同时每个关键节点有交付质量的把控。设计的出品能够保持稳定的水准，降低了对设计师个人能力的依赖。同时，为保证核心优势的可持续性和设计的稳定性，盒子制定了系统的设计师成长计划。设计师培养流程开始成型，包括知识、特质、特定能力和适用能力四个部分，个人特质是设计师招聘标准，其他三个部分则可以在日常工作和实践中进一步培养。

同时，针对具体的设计流程，对设计师在知识、技能和素质等不同方面提出了具体的要求（见附件：一公斤盒子设计流程及相应设计师能力素质要求）。从发现问题开始，设计师需要了解用户的需求，需要观察、接触，以用户为中心；在概念阶段需要形成盒子的设计内容，需要充分的创造力和想象力，要求设计师具备可视化和讲故事的能力；原型阶段需要具备基本交互设计理论；等等。

第三个方面的努力是在团队内部力推在线协同和知识管理平台 Tower③，强调所有设计与业务活动都要留下痕迹，依托 Tower 实现项目不同成员之间的高效协同。盒子逐渐被打造成一个职业化、高度协同的团队。

与之配套的是对员工的培训。其目的不仅仅是提高员工业务水平，更强调设计思维、项目思维，掌握盒子的教学方式。

2018 年 12 月，加入盒子已有半年的员工晓华，在山西右玉给当地的乡村老师做培训。

---

① SOP（standard operating procedure）即标准作业程序，就是将某一事件的标准操作步骤和要求以统一的格式描述出来，用来指导和规范日常的工作。

② WBS（work breakdown structure）即工作分解结构，创建 WBS 是把项目按阶段可交付成果分解成较小的、更易于管理的组成部分的过程。

③ Tower.im 是一款团队协作工具，团队成员可以在 Tower.im 里进行在线讨论、任务指派管理、文件共享、日程安排、查看在线文档。网址是 https://tower.im/。

看到老师们对盒子的喜爱，晓华在培训总结里写下了他的思考：

> 建议培训师跟进这些老师，促使他们在这学期剩下的时间里用盒子去上课，可建立微信群互动，向老师们推荐一些资源，让他们能看到其他老师的一些教学案例。有了初步的感知，也许他们下学期会考虑更深入系统地使用盒子上课。
>
> ——晓华，2018.12

之所以如此，是因为晓华经历了完整的培训流程。晓华首先参加的是社区培训师计划，去社区讲课，熟悉所有的主题盒子。新员工在培训时会被分成小组，小组成员商量怎么把课上好，观察彼此的上课效果。除了小组内的学习之外，还有老员工作为导师带领晓华，答疑解惑，给予支持。

通过员工培训和创育者计划，一公斤盒子得以大规模输出其教学理念，并且成本不高。这恰恰是解决中国的乡村教育问题所最需要的。

12.6.4　创育者计划：人人都是教育设计师

设计思维让盒子走出了品牌之路，也让团队更深地理解了教育。

团队发现中国乡村的差异非常大，而盒子是一个标准化的产品，很难满足不同地域的需求。

一公斤盒子2014年就尝试让乡村的老师们参与设计。之后创育者计划应运而生，既包括邀请更多的老师和志愿者参与设计，也包括在城市举办开放性设计工作坊，还包括为老师和志愿者提供教学设计工具，帮助他们设计更适合本地环境和本地需求的教学活动。

为了更符合中国乡村实际，团队努力让课程设计更简单，把课程设计工具化，做了一套创育者盒子。陈丹每次去一个地方做培训，培训完这个盒子就会被人抱走。

张宝老师是第一批创育者，2014年加入，之后一直在跟着盒子学习，并且努力实践。刚开始的时候，他用整套的工具跟着做，形成一套不错的教案就去实践。到后来，他摆脱原有的套路，这也是创育者计划所希望的——把盒子的课程设计理念教给老师，老师基于本地的历史、文化或者孩子的需求，自己动手设计像盒子课程一样生动有趣、自主探索的课程。

在这个过程中，张宝老师先后开发实施的课程包括历史课"匈奴休屠王城探秘"、生物课"玉米"主题式探索学习、科学课"油菜花"以及"家乡传奇"等。这样的学习方式打破了现行学科分割，同时激发了学生对乡土的热爱，增强了学生的综合能力。

> 我是盒子君的老朋友，在乡村学校支教20余年。我发现孩子们对当地的历史缺乏了解，于是尝试用创育者工具设计了一次"休屠王城"历史探秘课，结合纸质阅读、曲艺感受、户外实践、思考辩论等形式，让孩子们对历史的学习热情空前高涨。
>
> ——张宝，甘肃武威四坝小学

2017年，张宝老师因为基于地方主题的自主创新，入选第三届"南怀瑾乡村教师"，这是目前国内专业度非常高的乡村教师评选。同年，他获得了桂馨的乡村教师奖，这个奖在教育公益界是比较权威的。

曾经有一位乡村校长生动地形容：

临帖：尝试用盒子上课，开启课堂创新；

读帖：参加盒子培训，了解盒子背后的课程设计理念方法；

自成风格：加入创育者计划，用盒子的课程设计方法动手设计自己的课程。

不仅老教师如此，新教师也同样收获颇多，2017年刚参加工作时李薇十分迷茫，2018年1月在广州参加一公斤盒子的创育者工作坊后，"封闭的独行侠"变为"开放的共创团"，她对课程设计有了新认识，也学会了以人为本的设计，生活翻开了新的篇章。她说："感谢一公斤盒子，让我第一次在体验中真正获得了改变自己的内驱力。"

创育者计划五年来也在北京、上海、广州、成都等多个城市举办过培训，取得了很好的效果。通过一套课程设计工具包（创育者盒子）和教师培训（创育者工作坊），帮助大家快速进入"创育者"角色——在发现当地教育需求时，可以自主设计有趣又高效的创新教学活动，让课堂变得有趣好玩又贴近个性化的当地需求，共同创造更丰富的本地教育。

侯老师是一所中学理科班的语文老师，她说："创育者活动对我来说是一个可能性。在学校里，我也在继续践行这种理念，给予学生们更多可能性。"

青草是一家自然教育机构的导师，她说："工作坊给我触动最大的一点是，它消除了我对什么是好的教育的距离感和恐惧，也为评估目标和过程提供了一个好的标准。"她以前总在想自己能给孩子什么，现在反倒释然了，"教育的过程是双向的，相信孩子自己的学习能力，我们要做的只是如何激发孩子的兴趣"。

创育者计划的目标是，人人成为教育设计师，而且带有本地特征：适合本地环境、利用本地资源、展现本地知识、解决本地问题。教育的民主性、参与性以及教育公平问题有一个相对较好的解决途径。

12.7　未来：挑战永无止境

从盒子实际运行情况看，2016年陈丹回归后主抓市场和推广，全年营收是2015年的两倍，2018年营收增长到2016年的两倍。

2018年底，一公斤盒子已实现的收入中，12%来自定制设计及培训收入，42%来自盒子采购收入，27%来自项目服务采购收入，只有18%来自基金会、企业资助及众筹收入。换言之，有82%的收入来自项目、盒子销售和设计。盒子摆脱了2015年亏损33.8万元的困扰，实现了盈利和自我造血。特别值得一提的是，2016年以来，盒子在转型中主动对产品三次大降价，覆盖一个班的盒子从原来的408元降到128元。

盒子团队人数也从转型之初的2名全职人员、1名实习生，增长到2018年末的9名全职人员、5名实习生。影响力数据则从2016年开始持续倍增，影响学生人数从2016年的3.74万人增至2018年的11.29万人，而且2018年启动深度支持学校的模式，每个学校覆盖的班级数大幅增加，单个学生获得的课时数也从单个盒子的3~4课时增至8~24课时。

表12-1列出了一公斤盒子运营及影响力的基本情况。

表 12 - 1　一公斤盒子运营及影响力基本情况

年份	团队人数（年末数）		全年营收（元）	影响力数据			备注
	全职	实习生		学生人数	老师/志愿者	学校	
2015			515 887				年亏损 338 150.58 元
2016	2	2	955 859	37 436	870	729	
2017	6	3	1 052 067	75 256	7 276	834	新增 300 支大学生支教团队，志愿者人数增幅较大
2018	9	5	2 156 457	112 887	6 450	1 412	大学生支教规模减少到上年的 1/3，乡村教师人数增长 3 倍

注：2011—2015 年是以课时数来统计，影响力数据口径不一致，无法比较。

一公斤盒子的二次创业和转型可谓初见成效，但未来仍充满挑战。

公司的章程里明确写着：永不分红。陈丹认为这是坚持社会企业目标的前提，盒子的初心是助力弱势群体，促进教育公平。产品和项目并行，盈利主要用来养活员工以及加大研发投入。但永不分红也会带来成长中的问题，比如在引入股东的时候会遇到很实际的问题，即由于不分红，只能作为盒子的顾问，而无法获得其他报酬，潜在股东或许会望而却步。没有资金支持，如何快速扩大规模、扩大影响？

一公斤盒子的业务问题主要在于两个方面，一是如何深度推进单一学校的教育变革；二是如何实现规模化，扩大盒子的影响力。以盒子现有资源和能力，对轻项目能够广泛铺开；但对于重项目，必须投入更多的时间、精力与资源，发展速度势必会放缓。深度项目的投入产出是不成正比的，但它可能更有价值。

未来可能会涌现出更多更年轻的公益人，不仅是靠情怀，也靠专业的管理、专业的运营去做机构。从中心化到去中心化，从个人英雄主义到集体智慧，从个人理想情怀到专业化与知识管理，这个变革过程对社会企业可能更有借鉴意义。

附件：一公斤盒子设计流程及相应设计师能力素质要求

流程	发现	调研	概念	原型	测试及优化
To do	针对潜在用户的观察与接触	了解相关议题的历史、现状、发展趋势及最佳实践	形成多个教学方法	快速（紧急）打样确定材料及规格	确定测试对象
	确定真实、迫切、广泛的需求	发现用户的相关痛点、需求、限制	筛选出 1～2 个最佳方案	可使用原型打样	观察及记录使用情况
	确定进行设计的可行性	形成用户洞察	设计盒子内容方案		形成优化方案并实施
		明确教学目标与评估标准	确认大致预算		
		发现设计机遇			

产出	设计需求提案	研究报告	活动流程及产品概念	可使用原型	测试报告及优化后原型
知识	对潜在用户的处境有基本认知	以用户为中心的研究方法	现有解决方案以及最佳实践	常用教具材料及交互形式	课堂观察与评估的方法
	对相关议题有基本认知		儿童发展/教育心理学理论	基本交互设计理论	
	涉猎知识面广				
技能	发现痛点、需求与机遇	快速采集及整合信息（一手及二手调研方法）	协调多个利益相关者共创设计工作坊	手工制作	选择最优测试对象
	挖掘现象背后的原因	找到规律、形成洞察、发现设计机遇	讲故事及可视化表达	采购及获取材料	测试报告撰写
	对可行性的判断	形成需求调研报告		可视化表达、基础的排版	根据测试反馈形成优化方案
特质	放下成见	很强框架性及逻辑思考能力	创造力、想象力	果断、高效	成长型思维
	好奇、开放、包容	理性	迁移能力	资源有限时能解决问题	善于观察与分析
	对相关议题敏感	沟通能力及同理心			创造力、想象力

启发思考题

1. 概括一公斤盒子两次创业的历程及其分别遇到的困难、机遇和挑战，分析创业过程中的关键要素。

2. 结合创业者特质理论，分析安猪和陈丹在创业过程中分别体现出来的创业者特质，这些特质如何具体体现到一公斤盒子创业过程和商业模式中，对其发展有何意义。

3. 一公斤盒子在二次创业阶段做出了哪些关键决策？这些决策的逻辑与其他阶段有何不同？

4. 如何评价陈丹接手之后采取的一系列知识管理和变革措施？你认为这些措施的难点和重点在哪里？

5. 一公斤盒子的去中心化措施是否合理？你认为创业企业的决策应该集体化还是以个人为中心？

6. 变革之后的一公斤盒子最终是否能够达成其社会目标？

第 13 章　创业综合案例：老爸评测[①]

▶▶▶

畏千万人，吾往矣
——"老爸评测"良币驱逐劣币之路

案例导读 ◀◀◀

　　近年来，随着三聚氰胺牛奶、毒跑道、重金属超标大米等问题被曝光，中国的商品及市场领域，特别是食品领域，在政府监管和标准尚不能完全覆盖、市场机制不能充分有效、劣币驱逐良币比较普遍的情况下，人们对于食品安全、商品安全、消费安全的关注与渴望与日俱增。杭州老爸评测科技有限公司（简称"老爸评测"）成立于 2015 年，是一家致力于解决有毒有害产品问题的企业，也是一家结合移动互联网、自媒体、众筹检测、合格产品零售电商等多方资源的跨界创新公司。本案例讲述了老爸评测及其创始人魏文锋几年来的筚路蓝缕，同时也分析了老爸评测目前形成的商业模式、运营策略、顾客服务、粉丝获取，面临的种种挑战及其对未来的展望。

关键词 ◀◀◀

　　老爸评测　老爸商城　有毒有害产品　检测网红　仪器漂流

让我们一起发现生活中看不见的危害
用科学和实验检测作为武器
死磕有害产品
手撕黑心商家

拆穿虚假宣传

推荐好用的 TA

不求改变世界，但求无愧于心

——"老爸评测"微信公众号

13.1　包书皮引爆的故事

2015 年春，和普通的家长一样，魏文锋陪同女儿去买各种学习用品，为即将到来的新学期做准备。但在为课本包书皮时，一股刺鼻的异味从塑料书皮上散出，十几年的检测经历让魏文锋立刻产生警觉，停止使用这些塑料书皮。出于对女儿身体健康的关心，魏文锋决定看看这些塑料书皮的异味从何而来。于是，他在学校门口随机搜集了七种类似的包书皮，送往泰州市国家精细化学品质量检验中心，花了 9 500 元检测费对这些包书皮进行"体检"。到手的检测报告显示，送检的七种包书皮内都含有大量多环芳烃和邻苯二甲酸酯。

化工专业出身的魏文锋对这两种物质耳熟能详，其中，邻苯二甲酸酯是工业中常用的增塑剂，对生殖发育期的儿童以及孕妇有有害影响；而多环芳烃是国际公认的强致癌物。

进一步深入了解该行业后，魏文锋发现，原来生产包书皮的企业多是由江浙和广东一带墙纸壁纸的生产商转型而来，在他们心目中，包书皮就是壁纸的缩小版，因而使用同样的工艺、同样的配方，但实际上，文具的标准和家装行业的产品标准有着天壤之别：文具行业对产品含有的物质有着更高更严格的要求。生产商换汤不换药的生产方式和检测环节的失灵导致了这种状况的产生。

魏文锋了解清楚后立即向有关部门反映了情况，但结果不尽如人意。在父爱和社会责任感的驱使下，魏文锋决定依靠自己的力量曝光"包书皮事件"：他自掏腰包，拍摄了曝光"毒书皮"的小纪录片，并在自己的社交媒体和自媒体平台上写了一篇题为"开学了，你给孩子买的书皮有毒吗？"的文章。

视频和文章一传出，在社会上掀起了轩然大波，文章阅读量迅速突破 10 万，视频点击量超过 1 500 万，多家地方媒体进行了相关报道，人民日报官方公众平台也做了报道。"包书皮事件"迅速发酵，让魏文锋受到各路媒体的关注，同时也吸引了一大批家长粉丝。

家长们亲切地称呼魏文锋为"魏老爸"，并且不断地向其提出产品检测的建议和需求，将他当作这一群体权益维护的代表人。魏文锋回忆道："家长们不断说，你来检测检测这个，检测检测那个。"这些事情深深地触动了魏文锋，让他认识到原来孩子们的日常生活中有这么多的隐患，而像他这样的普通家长虽有心但无法凭个人的力量去解决这些问题，于是他下定决心，踏上了一条注定充满荆棘坎坷的道路。

2015 年，魏文锋建立老爸评测团队，设立公司和自媒体平台，并通过微信群、社交媒体等方式和家长粉丝们不断进行沟通，去检测孩子日常生活中接触到的东西。慢慢地，老爸评测在实践中确立了自己的使命——"让天下孩子远离有毒有害产品"。

13.2　一位老爸的筚路蓝缕

13.2.1　老革命遇上新问题

魏文锋毕业于浙江大学物理系，大学毕业后便进了浙江省进出口检验检疫局，先后从事电气、化学方面的检测工作。工作一段时间后，魏文锋发觉工作条条框框太多，而且事务琐碎，缺乏新意，可能是骨子里就有股闯劲儿，2008 年前后他离开检验检疫局，开始创办自己的事业。

2008 年，恰逢欧盟出台《化学品的注册、评估、授权和限制》（简称 REACH 条例）来完善其化学品监管体系，REACH 条例中规定贸易伙伴国的企业必须符合一系列复杂的规定才能对欧盟出口。条例一出，许多国内出口企业受到了影响，行业内对技术性贸易壁垒咨询服务的需求迅速提升。魏文锋敏锐地发现了这个机会，他找到志同道合的伙伴，仔细研究了条例，并结合自己在检验检疫局的工作经验，为中国对欧出口企业提供咨询服务，帮助企业应对 REACH 条例，完善生产。

在创业过程中，魏文锋表现出了卓越的企业家精神和商业能力，他提出了自己的"三板斧"战术：一是通过铺天盖地的宣传，将自己企业的信息传播出去；二是在全国各地举办免费培训会，讲解法规、条例，为自己的企业做宣传；三是电话营销＋上门服务。三板斧战术收到了不错的成效，那一年他们拿下了 2 900 多家企业，创造营收 3 000 多万元。

"包书皮事件"让魏文锋深刻意识到，虽然自己是检测行业的"老革命"，自大学毕业后一直在和检测行业打交道，可这个行业存在的一些潜在的问题正不断暴露出来，他发觉有害产品的触手已经伸向了自己身边的人，自己作为一个"老检测"都无法独善其身，更别提社会大众了。那么，有什么应对办法呢？魏文锋决定尝试开启大众检测这一新的途径。

13.2.2　产品检测的困局

假冒伪劣、有毒有害产品问题日益受到关注，虽然国家和作为市场参与者的企业一直参与改进，但始终无法杜绝。谈到这一问题，魏文锋颇有体会，他提到：

> 目前国家推出的检测标准多是黑名单式，通过发布禁止使用物质的名单来进行检测，但由于化学物质的多样性，生产厂商往往能够使用名单外的有害物质来规避检测风险，从而降低成本。同时，由于市场上产品数量和种类过多，国家机关只能采用抽检的方式来进行检验。另外由于企业送检的检测机构的盈利来源是企业检测费，因而检测机构和企业间本来就存在利益关系，会影响这种检验方式的有效性。有毒包书皮便是这种情况，生产企业利用监管检测漏洞，生产销售不符合标准的产品。

受到以上因素的影响，在产品检测方面，政府和市场始终不能完美解决有毒有害产品问题，而随着我国经济的发展和居民收入增长，提升消费质量、提高居民整体幸福感势在必行，为消费者创造一个良好的消费环境十分迫切。魏文锋正是看到行业的这一乱象，发现了其中的创业机会，加之其作为一个普通家长的责任心，开始走向大众检测这条道路。

13.2.3　一位老爸的探索

在"包书皮事件"期间，魏文锋就在探索适合老爸评测的商业模式。当时不少家长问魏文锋如何买到没毒的包书皮。这促使他在上海找到一家工厂想要按照文具的标准做出包书皮，经历几番波折，他成功说服那家工厂生产文具标准的包书皮。在 9 月开学季，产品卖出去了 5 000 单，得到了很多家长的肯定与帮助。

可以说，包书皮的故事其实早早就为魏文锋预备好了一个可行的商业模式——"检测＋卖货"，只是那时他还没意识到。

魏文锋始终认为自己不是在卖货，而是在推动解决一个社会问题——假货治理。也因为公益的定位，魏文锋在一开始就排斥卖货。即使在后来不得已以卖货维持运转，魏文锋在心理上仍有抵触。有些像秦琼卖马、杨志卖刀，因为心里不愿意，吆喝的声音就小了。这体现在"老爸评测"早期的商城页面：只有简单的口语化文字，配上一两张实拍图片，整个商城界面没有任何设计元素，完全没有达到一个合格的电商卖家应该做到的。

不注重卖货的老爸评测在 2015 年年底终于烧光了钱。检测是一项投入很高的事业，最早的包书皮检测花了近一万元，后来检测的产品越来越多，如毒跑道、切菜板、牛奶、台灯等，检测费数额也越来越大，仅仅依靠橡皮铅笔的销量远远不足以维持运转。因此，融资问题开始走上台面。

于是 40 岁的魏文锋把老爸评测的故事写成商业策划书，开始找投资人，希望可以获得资金，让这个自己深爱且意义深远的项目继续下去。遗憾的是，他并没有找到"老爸评测"的伯乐，不少投资人直接说 35 岁以上的创业者不投。无奈之下，魏文锋开始了新的尝试。

13.2.4　试水众筹检测模式

这个时候，家长粉丝们站了出来。在得知老爸评测面临融资困难时，2016 年 1 月的一个夜晚，121 位家长为老爸评测众筹了 200 万元。燃眉之急迎刃而解，那段时间，魏文锋觉得找到了一条路——"众筹＋检测"，社会源源不断的众筹费支持着检测，检测的结果又可以反馈给社会，这样既解决了社会痛点问题，又得以维持团队的运转。于是，老爸评测开始采取多种方式激励众筹，比如送众筹的家长一个神秘礼品等。

众筹模式听起来十分美好，不久问题就出现了，仅靠众筹仍然不足以解决老爸评测团队的全部问题，因为众筹只够承担产品检测费用，而老爸评测还要养活一支十几人的团队。随着项目增多、检测频率增加，每次筹到的检测费也开始减少，老爸评测的可持续发展受到了挑战。

13.2.5　来自家长的启发

魏文锋又一次陷入了对现有模式的怀疑和对新模式的探索当中，他考虑了几种常见的盈利模式：其一是如传统检测机构一般，向来检测的企业收取费用；其二是利用平台的客户流量，发布广告来收取广告费；其三是直接面向享受服务的消费者收取费用。前两种方式无疑会使检测结果的独立性受到影响，那么应该如何向消费者收取费用呢？

众所周知，向消费者直接收取费用很容易造成消费者的流失。据魏文锋了解，目前西方国家一般采用会员订阅式，例如美国的消费者报告（Consumes Report）向付费会员提供报告。这种模式在美国取得了成功，但是在目前中国消费者版权意识并没有完全建立的环境下，付费用户转化率太低，很难获得稳定的收入，同时，这种模式要求有相当大的用户基数，而老爸评测还没有达到这一要求。魏文锋简单做了一些分析：

> 除非你是 1 000 万的大号，有 1 000 万的粉丝。按照 3％ 的转化率来计算，有 30 万人为你付钱，一人付 100 元就是 3 000 万元，一人付 200 元就是 6 000 万元。我们这个团队一年大概需要 400 万元，包括奖金、工资、场地等，但不包括检测费，检测费要 100 万元左右。综合考虑，我们不能选择会员制。

最终他发现这些道路对于老爸评测来说均难以走通，老爸评测的选择只有面向消费者。这一次，家长粉丝们再一次为他拨开重重迷雾找到了新的出路。有一位家长给他留言："你不能只说这个有毒、那个有害，把我们吓都吓死了，你还要告诉我们哪个是好的，如何买到。"

这宛如黑夜中的一道闪电，启发了魏文锋，他开始认真探索一条"检测的自媒体＋电商平台卖货"的道路。之前的打赏和众筹检测费都是面向消费者的一种方式，而电商卖货是最直接的方式，通过出售经过自主检测合格的商品，既让消费者使用健康安全的产品，又为企业持续造血，提高企业的可持续盈利能力。

13.2.6　艰难的转型

魏文锋建起了老爸评测的网上商城，专门销售经检测合格的商品，同时进一步发展他的社交媒体和自媒体平台，来持续扩大影响，增加粉丝数。

魏文锋将自己公司的模式概括为"检测网红＋电商"，在该模式下，一方面凭借自媒体平台发布检测报告、发展粉丝，另一方面通过电商平台销售商品，获得收入。这其实是收费服务模式的一种变体，即通过在销售商品的价格中加入测评服务的附加值，变相收取服务费，来支持其大众测评服务，更好地为消费者提供健康放心的产品。

通过电商平台的运营，老爸评测在创立的第二年实现了自负盈亏，按照魏文锋的预测，2017 年老爸评测能实现 3 000 万元的营业额，扣除各项成本，能够支持企业进一步发展。

13.3　"检测网红"是怎样"炼成"的

13.3.1　粉丝群——老爸的顾客在哪里

对于老爸评测而言，如何找到一个能够持续造血、令企业可持续经营的模式十分关键。老爸评测刚刚成立之时，对于魏文锋而言是一个做公益的平台，商品的检测费用众筹一部分、自己承担一部分，但这样的模式运行不到一年，魏文锋就发现自己投入了太多的时间和金钱，无法负担，便打起了退堂鼓。这个时候，一直关注他的平台、信任他的家长们出来挽留他。

魏文锋坦承，老爸评测能够做到现在这个程度，这些热心、忠实的家长粉丝贡献很大。

> 我一开始是排斥卖货的，但不卖货的结果就是2015年年底把钱烧光了。我跟家长说"赚不到钱，钱烧光了"，家长们说"你不能就这么倒掉了，钱的问题好解决，我们给你钱"。有些人就加我微信，3 000元、5 000元、10 000元，直接微信转账。

老爸评测目前主要的客户群体是一二线城市的孩子家长，这部分群体一方面有意愿也有能力为孩子和自身的健康生活进行相应的支出，另一方面对情感十分重视。在老爸评测创业的近三年时间里，一直看到这群家长的身影，他们不仅仅是来这里消费和享受服务，而且积极地提供帮助，把老爸评测当作一个朋友一样对待。访谈中，魏文锋回忆：

> 有家长暑假带孩子到我这里帮忙打包发货，我说给你实习费，她说不要不要，一定不要。我们有志愿者家长经常帮忙。有个长沙的家长是做商标注册的，他说："魏老爸，你这个商标要注册。我是干这个的，你要不嫌弃我帮你弄。"我要给他钱，他只让我出了国家商标注册局的注册费，没收服务费。还有律师团，上海、杭州的律师，都是家长，特支持我。这就叫"你干一件正确的事情，全天下都来帮你"。

这样的故事在老爸评测还有很多，可以看到老爸评测这样的社会企业具有很强的感染力和凝聚力，能够真真切切和用户产生沟通，让用户信任。魏文锋发现了这一特点，不断创新与客户的互动方式，培养了一大批忠实客户。

魏文锋和老爸评测利用自媒体的特性，在线上开设了多个微信粉丝群与家长互动。到2017年6月，老爸评测已经建立了13个微信群，每个群都是近乎满员（500人）。在每个微信群中，老爸评测都安排有值班人员解答客户的问题。据魏文锋介绍，老爸评测的微信群活跃度一直很高，家长粉丝不只是向值班人员提问，也经常讨论关于子女健康、家庭用品之类的问题，每次买东西都要先在群里问一问。

同时，老爸评测还坚持发展其众筹平台。按照收益贡献比，目前众筹带来的收入远远小于电商平台，但是魏文锋表示自己要坚持将众筹做下去。

13.3.2　扩大影响——"漂流活动"

除了在线上平台与客户进行互动，老爸评测还推出了仪器漂流活动，目前正在进行的是甲醛检测仪漂流。

仪器漂流其实是借鉴图书漂流的形式，将价格昂贵、一般家庭不愿意购买的检测仪器以漂流的形式在家庭间传递。现在正在进行漂流的甲醛检测仪的价格在1万元左右，虽然大多数家庭有能力购买，但很少有家庭会为了测一次甲醛而专门花大价钱来购买。

老爸评测发现了这一点，便自发购置了多台甲醛检测仪参与漂流；同时，为了避免检测仪在漂流活动中受损，老爸评测在家长的建议下定制了漂流箱（见图13-1），这一活动一开展，便受到广泛的关注与好评。

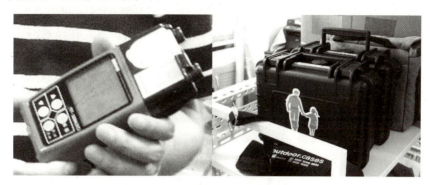

图 13 - 1　甲醛检测仪及漂流箱

2016 年 8 月，这一活动受到了比尔·盖茨基金会的关注，并转发了相关文章，一时间，老爸评测便火了。据魏文锋回忆，那段时间每天公众平台会增长 1 万粉丝，大量用户来咨询甲醛检测仪的借用方式。有个负责客服工作的小姑娘早上醒来发现微信上铺天盖地的各种消息和请求，来不及梳洗，坐在床上回复了一个上午，活动的影响力由此可见一斑。

为了进一步利用好仪器漂流活动，增强客户黏性，老爸评测设计了一个仪器漂流日记本（见图 13 - 2），随着甲醛检测仪漂流到每一个用户手中，供其记录自己的使用情况和感触，目前已经记了厚厚三大本，里面密密麻麻写满了用户的感受。

图 13 - 2　漂流日记本

日记中，用户们不仅记录了检测情况，也用图画、文字等各种方式表达了自己的心愿和对老爸评测的感谢。老爸评测采用日记和漂流之类在信息时代看起来过时的方式，既加强了与客户的情感沟通，无形中又为老爸评测做了一次广告，推动粉丝人数进一步增长。

除甲醛检测仪之外，老爸评测还进行过台灯灯光检测仪等仪器漂流活动，这些活动同样旨在让家长们亲自去检测身边产品的质量，保证自己和家人的健康与安全。

13.3.3　持续造血——老爸商城

在确定了"检测网红＋电商"的模式后，老爸评测开始打造自己的电商业务。

老爸评测的线上销售主要集中在微信端的有赞商城，结合自己运营的微信公众平台以及 10 多个微信群，进行微信端销售，辅之以淘宝的官方商城。公司设立电商部，负责处理电商业务，完成供货、销售咨询、售后等一系列工作。

老爸商城（见图 13 - 3）在移动端运营的商品种类主要包括学生学习用品、母婴用品、厨房用品、家居用品，同时涉及一部分食材、水果。这些商品的特点是经老爸评测实验室检测合格，有直接采购的检测合格的商品，也有老爸评测找厂家定制的产品。产品大多是直接从厂家进货，其中既有国内的，也有国外的，按老爸评测的话说就是哪里的好就买哪里的。例如 2016 年冬天许多家长请老爸评测帮忙推荐防雾霾口罩，在经过一系列评测后，老爸评测选择了一款日本进口的口罩，在与厂家沟通谈判后，获得了一定数量的代销权。商城中还提供检测仪器租用服务、耗材销售服务，既提供检测合格的商品，也为客户提供自主检验产品质量的工具。

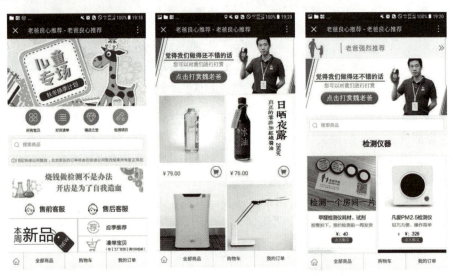

图 13-3   老爸商城界面

为了保证客户的使用体验及其忠诚度，老爸评测对上架的食品、接触类材料都施行批批检的方式，非接触类产品则是年度抽检；一旦发现有问题，就立即召回这一批所有商品。据魏文锋回忆，一些客户反映台灯的灯泡显示率未达到 95%，老爸评测便发通知召回这一批产品，重新发货。在此过程中，他们还对发现问题的用户给予奖励，以保证其对电商产品质量持续监督的热情。

老爸商城中的商品都经过了重重检测并有良好的售后服务，即使定价普遍偏高，也有很高的口碑和比较稳定的销量。

据老爸评测计算，老爸商城的复购率超过 40%。在高复购率的影响下，老爸评测凭借十几万的粉丝，能够实现月均 200 万元的销售额。商品的评论以好评居多，中差评大部分是因为对物流不满意（见图 13-4）。

通过电商平台的运营，老爸评测在创立的第二年实现了自负盈亏，按照魏文锋的预测，老爸评测在现有模式下坚持为客户提供质量好、安全无害的产品，能够支持企业的进一步发展。

13.3.4   质量保证——"老爸质控系统"

为了挑选合适的检测产品和保证商城产品的质量，老爸评测建立了自己的质控系统——"老爸质控系统"。该质控系统主要包括四个部分——老爸标准、滚动抽检、费用分摊和家长参与（见图 13-5）。

图 13-4 老爸商城商品评价

图 13-5 老爸质控系统示意图

为了避免传统检测标准"黑名单"规则下的缺点，老爸评测建立了自己的一套检测标准——老爸标准，用高于国际标准的要求来选择产品和供应商。在检测时，一般有两种方式，对于简单物理属性的检测，老爸评测一般会在自己的实验室（见图 13-6）进行，而对复杂的物理、化学属性，老爸评测会送往专业实验室进行检测。老爸评测自己的实验室就在公司内，是由家长用户捐建的，实验室内有多种用来检测产品属性的工具和仪器，能够实现对产品一般物理属性的检验。

图 13-6 老爸实验室

为了保证每一批产品的质量和用户体验，老爸评测会不定期邀请部分购买过产品的家长，来检测其已经购买的产品是否符合质量要求，如若不符合，老爸评测会对该批次商品再次进行检测，若确认该批商品大都不符合标准，则召回。据魏文锋介绍，电商平台中自己主动召回商品的，老爸评测算是第一家。

另外，为了保证检测经费的充足和公司检测业务的持续发展，老爸评测会从用户购买老爸商城商品所支付的款项中抽取很小比例的众筹检测费，当然，用户在购买商品时会被告知（见图 13-7）。

图 13-7　众筹检测费

13.3.5　企业价值观——爱不能被交易

魏文锋在公司的日常经营中一直很重视向员工传播自己坚持的以社会目标为本的精神、全心全意为客户考虑的态度，也一直很重视团队的精神品质的培养。团队成员曾经提出效仿目前一些平台的做法，推行知识付费的模式，即客户付钱，然后给客户回答问题，从而为公司增加收入来源，但这个提议被魏文锋当场否决了。魏文锋回忆说：

> 知识付费是什么？你给我钱，我回答你问题，这是交易啊！老爸评测做的是交易吗？我们这是爱！爱能交易，能用钱来衡量吗？不能！

老爸评测鲜明的价值观还为魏文锋带来了意料之外的收获。老爸评测作为一个初创企业，在刚刚建立时只有几名员工，几个人挤在不大的办公室里，做着处理客户需求、制定检测清单、联系检测实验室、撰写文章等大量工作。后来老爸评测以其鲜明的价值观迅速吸引了一批优秀的、有志向的员工，杭州一些原本在检测机构工作的人在了解这一企业后产生了兴趣，加入老爸评测。魏文锋提到了一个员工的例子：

> 有一个员工从杭州城西的某实验室辞职，当时他卖了西边的房子，带着老婆孩子跑到东南边买房来加入老爸评测。这个哥们太实在，我给的薪酬并不比原来的实验室高。

在股权方面，老爸评测最初是由魏文锋和一部分家长粉丝共同出资设立的，目前老爸评测 90%的股份掌握在魏文锋手中（其中 15%属于核心团队的期权），剩下 10%属于出资的家长粉丝。这些家长股东充分相信魏文锋，将这部分决策权也放心交给了他，这也保证了老爸评测企业目标的稳定性。

在利润分配上，虽然目前老爸评测的公司章程中并未明确规定利润分配方案，但是魏文锋谈到：

> 我觉得没有必要去规定你必须每年拿出多少分红，我觉得这个具体的数字没有意义，你做好手头的事情才是有意义的。

事实上，老爸评测每年除了公司日常开支和人员薪酬，大部分花费都用在了检测上。

13.4　达则兼济天下

13.4.1　从孩子到生活

在不断与家长粉丝互动和进行产品检测的过程中，老爸评测的检测范围逐渐扩大，从孩子们的学习用品逐渐扩大到日常生活中的各种产品。老爸评测也在不断完善自己的口号，目前已经加入了"让生活远离危害，推动良币驱逐劣币"。

老爸评测选择检测产品的一个途径是粉丝推荐，老爸评测会就一段时期内用户推荐检测的产品进行讨论，作出选择，然后重点检验。

从 2015 年成立至今，老爸评测已经检验了近百种产品。检测范围从包书皮、台灯到塑胶跑道，从铁锅、切菜板到地板、涂料，生活中大大小小的产品都得到了老爸评测的关注，可能有问题的产品被专项检测（见图 13-8）。

图 13-8　老爸评测已检测商品陈列

同时，老爸评测还不断创新解决问题的方式，更好地服务咨询对象和消费者，比如推行了一年多时间的甲醛检测仪漂流活动，该活动正是老爸评测收到很多用户关于除甲醛问题的咨询后，综合考量了各方因素推出的。公司自费购置了 100 多台甲醛检测仪，以漂流的方式在各个城市间流转，供用户免费使用（见图 13-9）；之后，老爸评测根据客户的需求，陆续推出了 TVOC 检测仪[①]、辐射检测仪等设备来参与漂流活动，尽可能满足消费者

---

① 针对室内 TVOC（挥发性有机物）的检测仪器。

对产品检测的需求。

图 13-9　老爸评测仪器漂流系统

13.4.2　推动行业标准升级，以良币驱逐劣币

在老爸评测不断推进大众检测的过程中，也产生了一些经济学意义上的正外部性，即促进行业标准升级，同时提高生产企业的产品标准。这也是老爸评测现在和未来一直要追求的目标。

2015 年的包书皮故事其实并没有简单结束，在老爸评测知名度逐渐提高后，包书皮的故事又推出了续集。在"魏老爸"火了之后，不少包书皮的生产公司找到老爸评测，有的愿意和老爸评测合作，由老爸评测下订单，厂商来生产无害的包书皮；有的将自己的包书皮送往老爸评测进行检测。

就这样，一些包书皮企业的制造标准改变了，放弃使用有害的添加了增塑剂的 PVC 材料，改用 PP 或者 PE 材料，在这部分企业的带动下，整个包书皮行业慢慢发生改变。2016 年 2 月 16 日，上海质监部门发布《塑料包书膜及书套产品质量安全风险警报》，抽检的 30 批塑料包书膜中，有 25 批不符合增塑剂要求。[①] 针对包书膜的临时抽检过去是很少的。老爸评测销售合格无害的产品，成功地让市场上许多不合格的产品下架，实现了良币驱逐劣币的过程。

---

① 　http://www.shzj.gov.cn/art/2016/2/15/art_2424_1204579.html.

　　从包书皮的案例来看，老爸评测的行为促进了整个行业产品质量的提升，既改变了企业行为，又帮助政府完善了监管。类似的例子还有毒跑道事件，在各地学校跑道的质量问题被曝光后，学校使用跑道材质的标准得到了提高，进一步保证了在校学生的健康和安全。

　　这就是老爸评测的正外部性，这也是魏文锋对社会企业的理解，企业不仅要盈利，更要通过运营、通过社会目标的实现来产生一种社会影响力。这种影响力和企业利润并不直接相关，却有利于整个社会的发展。这也是老爸评测的努力方向，是其社会目标的深化。

　　2017 年 12 月，老爸评测被浙江省质量技术监督局授予产品质量安全伤害信息监测点，这个监测点的责任是：主动提供产品质量安全伤害信息，积极协助开展产品质量安全风险评估以及缺陷产品召回工作。就在授牌一个月之后，浙江省质安院发布了魔术擦产品的缺陷产品风险通报，肯定了老爸评测的检测行动。

　　魏文锋在访谈中说，他的目标就是通过不断扩大影响力来形成"老爸标准"，以规范老爸商城的商品，让消费者一看到这一标准就能够产生信任，同时利用社交媒体和老爸商城向消费者推广健康产品，形成良性竞争，推动整个行业产品质量的提升，从而以良币驱逐劣币，让有毒有害产品远离消费者、远离市场。

13.5　长风破浪会有时

　　目前，老爸评测虽然已经实现了自负盈亏，开始稳步发展，但其在发展之路上仍然面临着一些挑战，社会上也有一些对其商业模式的反对声音。

13.5.1　力量微小，不受重视

　　在老爸评测刚刚起步时，面临的最大问题就是不受重视、不受关注，尽管其所关注的是当前社会亟待处理的问题。

　　最早的"包书皮事件"中，魏文锋多次向有关部门报告相关情况没有得到积极回应，从而决定自己来闯出一条路。在老爸评测刚刚建立之初，在向各路投资人寻求资金时，也因各种偏见未能获得充足的投资。但是魏文锋和他的团队并没有放弃，他们通过自己的努力，汇集了一批家长粉丝，借助粉丝的力量，利用众筹、电商销售的方式实现了企业的自我造血、可持续经营，对一大批商品进行了检测，推动了一些行业标准的发展和升级。

　　时至今日，仍然有很多行业和产品由于种种原因不能也不允许老爸评测发布商品检测结果。国内外部分专业检测机构因故取消了和老爸评测的合作。推动中国社会变革，实现良币驱逐劣币之路仍然漫长和崎岖。

13.5.2　利益受损者的报复

　　老爸评测为消费者购买合格优质的产品提供了便利，帮助消费者成功避开不合格的产

品，令那些不合格产品的生产者对老爸评测"记恨在心"。

老爸评测曾对一批硅藻泥做检验，发现几个品牌产品不合格，便将检测结果和相关文章发出，提醒用户们注意。这一举动损害了这些硅藻泥商家的利益，没过多久，魏文锋收到了一家硅藻泥商家的威胁信息，要求老爸评测撤回这些文章，否则要他好看。接到信息，魏文锋并没有慌乱，他果断拒绝撤回文章，因为这违背他创办企业的初衷。在稍加思考后，魏文锋将这些沟通记录发至老爸评测的家长粉丝群，看到老爸评测面对威胁仍不妥协，家长粉丝们纷纷表示赞赏。

诸如此类的情形，在老爸评测的创业道路上有很多，这大概是每个社会企业创业必须经历的吧。

13.5.3　商业模式遭受质疑

老爸评测的"检测网红＋电商"模式取得了不错的成果，积累了一大批粉丝，随着粉丝总量的增多，网上对其商业模式的质疑也不断增多。

魏文锋在访谈中提到，有人专程找到他对老爸评测的模式提出质疑，认为他们只是打着"公益""社会企业"的幌子来赚钱，批评他动机不纯；网上也有很多评论认为这种商业模式下，老爸评测作为检测企业的检测结果没办法令人信服；等等。

魏文锋认为自己在做的事情是为了应对令整个社会头疼的产品质量问题，而电商只是实现这一目的、使自己的团队可持续运作下去的方式。正是在这种理念的支持下，魏文锋探索出了一条可持续的解决之道。

13.5.4　同行与潜在竞争者

在消费升级的大趋势下，提供高质量的产品越来越受到重视。老爸评测所在的领域也有一些同行，例如"优恪网""消费者报道"等。这些机构通常也是以第三方检测机构为名进行宣传，它们主要通过检测向消费者推荐优质产品，自身并不参与销售。2017年后，此类机构在看到老爸评测成功的商业模式后，纷纷推出自己的电商平台。

从电商平台领域来看，也存在强大的潜在竞争对手，即主打优质产品的平台，比如网易严选和天猫优选。虽然这类平台自身并不提供检测服务，与老爸评测有一定的差别，但与老爸商城的功能有所重合，未来可能会影响老爸评测的持续造血能力。

13.5.5　实体商城＋实验室模式的挑战

目前，由于公司规模和人员精力的限制，老爸评测并没有能力将检测范围扩展到参与流通的所有商品。但魏文锋在提到未来的设想时说：

　　　将来我们应该是一个以推荐好货、提供放心产品为主的平台，因为这是我们大家的刚需，还是那句话："你不要老告诉我这个有毒那个有害，你就告诉我哪个好就行了。"中国老百姓最需要的是一个可信任的机构，告诉他们哪个产品好，要做到这一点很难，这对我们是考验。未来老爸商城加老爸实验室会形成一个组合式创新。

启发思考题 ◀◀◀

1. 概括老爸评测创业的历程及其遇到的机遇和挑战，归纳创业过程中的关键要素。

2. 结合创业机会观理论，分析魏文峰在创业过程中的创业机会观以及这些观念对其创业过程的影响。

3. 社会企业是随着"双失灵问题"的凸显应运而生的，在案例中，老爸评测面临的"双失灵问题"是什么，它又是通过什么方式解决的？

4. 结合社会企业的定义和判断方式，老爸评测是否可以看作一个社会企业？为什么？

5. 老爸评测的成功离不开其对粉丝群体的经营与把握，老爸评测是如何吸引并留住其粉丝的，这对互联网企业有什么启示？

6. 概述老爸评测转型后的商业模式，并简要评价。

7. 老爸评测因其独特的商业模式在社会上颇有争议，网友们对其有不同的认识。有的人肯定老爸评测的这种做法，认为"检测费本来就非常高，少则几千多则上万，它不是公益组织，也不是拨款的检测单位，筹款检测、购买商品纯属自愿……如果没有他去做这个事，没准哪家孩子还在用着毒书皮，戴着毒表带，用着有害的产品"。也有人否定这种做法，认为检测平台做销售是一种裁判员参加比赛的行为，"一开始还挺相信它的，可是没多久它就开始卖东西，就觉得不靠谱，至少优恪网目前还没卖东西，而且能顶住一些压力检测大公司的产品"。结合企业价值观和伦理观，谈谈你对老爸评测的商业模式的看法。同时，结合社会企业的相关知识，说说你认为社会企业应该具有怎样的价值观和伦理观。

参考文献

［1］巴林格，爱尔兰. 创业管理：成功创建新企业：第 3 版. 杨俊，薛红志，等译. 北京：机械工业出版社，2010.

［2］巴普蒂斯特. 没钱也能创业：互联网时代的创业指南. 王维丹，译. 海口：南方出版社，2015.

［3］《财经天下》周刊. 创业：我们创什么. 广州：广东人民出版社，2016.

［4］陈麒宇. 创业是一种信仰：大学生必上的十堂创业课. 北京：中国财富出版社，2014.

［5］陈永奎. 大学生创新创业基础教程. 北京：经济管理出版社，2015.

［6］陈忠卫. 知行统一路：大学生创业案例与创新创业教育研究（2015—2016）. 北京：经济管理出版社，2016.

［7］川崎. 创业的艺术 2.0：创业者必读手册. 刘悦，等译. 北京：电子工业出版社，2016.

［8］戴冠宏. 打造超强创业团队. 北京：中国铁道出版社，2016.

［9］董青春，董志霞. 大学生创业基础教师用书. 北京：经济管理出版社，2012.

［10］董青春，孙亚卿. 大学生创业基础. 北京：经济管理出版社，2012.

［11］董智轩. 一本书读懂商业常识. 北京：中国商业出版社，2014.

［12］杜海东. 创业启动与运营（操作手册）：大学生迷你创业园创业实践工具书. 北京：清华大学出版社，2012.

［13］杜海东. 创业启动与运营：知识手册. 北京：清华大学出版社，2014.

［14］范济麟. 移动电商创业手册：商业模式＋创新思维＋实战方法. 北京：人民邮电出版社，2016.

［15］方永飞. 消费即创业：社交电商引领新商业文明. 广州：广东经济出版社，2016.

［16］菲尔德. 创业园：创业生态系统构建指南. 陈耿宣，译. 北京：机械工业出版社，2016.

［17］盖茨. 从灵感到事业：如何把你的金点子变成大商机. 叶伟，译. 北京：清华大学出版社，2014.

［18］格里菲思. 创业成败：关于挑战、机遇和创新. 胡赛，译. 长沙：湖南人民出版社，2015.

［19］郭峰. 创业小败局. 沈阳：辽海出版社，2015.

［20］郭清娥. 大学生创业概要. 北京：中国工商出版社，2013.

［21］郭晓宏，段秀红，陈浩. 从 0 到 1 学创业. 天津：天津科学技术出版社，2016.

［22］韩布伟. 斯坦福大学超具人气的创业课. 北京：中国铁道出版社，2016.

［23］贾昌荣. 做最成功的创客：大学生创业的 9 堂必修课. 北京：经济管理出版

社，2015.

[24] 鞠基亮. 就职·or 创业：成功人生五部曲. 上海：上海大学出版社，2016.

[25] 孔卫军. 不会玩自媒体，你还敢创业？北京：北京时代华文书局，2016.

[26] 库拉特科. 创业学：第 9 版. 薛红志，等译. 北京：中国人民大学出版社，2014.

[27] 莱斯. 精益创业：新创企业的成长思维. 吴彤，译. 北京：中信出版社，2012.

[28] 雷家骕，等. 创新创业管理学导论. 北京：清华大学出版社，2014.

[29] 李. 右脑商业：创业家的创意训练. 叶筱茜，译. 武汉：华中科技大学出版社，2016.

[30] 李莉. 创业基础实训教程. 北京：北京理工大学出版社，2015.

[31] 李时椿，常建坤. 创业基础. 北京：清华大学出版社，2013.

[32] 李时椿. 创业管理. 3 版. 北京：清华大学出版社，2015.

[33] 李晓妍. 万物互联：物联网创新创业启示录. 北京：人民邮电出版社，2016.

[34] 李肖鸣，朱建新. 大学生创业基础. 2 版，北京：清华大学出版社，2013.

[35] 李笑来. 斯坦福大学创业成长课. 天津：天津人民出版社，2016.

[36] 刘昶. 一万个万一：理工男的创新创业上手工具. 北京：清华大学出版社，2016.

[37] 刘沁玲，陈文华. 创新与创业管理. 北京：清华大学出版社，2016.

[38] 刘一寒. 团队是设计出来的. 南京：江苏凤凰文艺出版社，2015.

[39] 吕宁. 创业没你想的那么难：给创业新手的建议和忠告. 北京：北京工业大学出版社，2013.

[40] 苗绿，王辉耀. 世界这么大，我们创业吧：50 位知名创业家谈创业. 北京：中央编译出版社，2016.

[41] 内克，格林，布拉什. 如何教创业：基于实践的百森教学法. 薛红志，等译. 北京：机械工业出版社，2015.

[42] 欧布莱恩，左手孩子 右手创业. 郭雅晴. 译. 哈尔滨：黑龙江教育出版社，2016.

[43] 佩恩. 创新者的变现力. 易伊，译. 广州：广东人民出版社，2016.

[44] 彭帅兴. 哈佛商学院写给年轻人的 13 堂创业课. 哈尔滨：黑龙江科学技术出版社，2016.

[45] 人力资源和社会保障部教材办公室，中联复兴（北京）科技股份有限公司. 互联网＋创业基础培训教程. 北京：中国劳动社会保障出版社，2016.

[46] 桑顿. 客观思考的艺术：重构创新、创业、管理和领导新思维. 冷惠玲，译. 北京：中国青年出版社，2016.

[47] 上海理彰律师事务所. 创业法律指南. 上海：上海交通大学出版社，2016.

[48] 斯瓦内，阿德勒. 创业，从一个小目标开始. 于超，译. 北京：中信出版社，2016.

[49] 斯维尼，伊梅尔茨卡. 创新者的心智模式：培养创新思维的五大行为习惯. 龙红明，李妍，译. 北京：人民邮电出版社，2016.

[50] 宋霄飞. 向创业宣战. 济南：山东科学技术出版社，2015.

[51] 唐红涛，等. 移动电子商务经济学. 北京：经济科学出版社，2017.

［52］唐骏，胡腾．我的成功可以复制．北京：中信出版社，2008．

［53］万景．创业时代的六堂必修课．北京：中国经济出版社，2012．

［54］王保江．创新创业导航．北京：中国经济出版社，2016．

［55］王振华．创客时代：从创意到生意．北京：中国言实出版社，2016．

［56］魏巍，王红．创业基础教程．北京：中国财富出版社，2015．

［57］魏炜，朱武祥．商业模式案例与公案教学（第一季）．北京：机械工业出版社，2016．

［58］吴文辉．创业管理实战：新创企业的成长模式．北京：中国经济出版社，2014．

［59］席圣文．从 0 到 1 创业课．北京：现代出版社，2017．

［60］夏广润，秋叶．不是谁都能创业．北京：北京联合出版公司，2016．

［61］项俊辉．无限可能：创业者的修炼．北京：企业管理出版社，2015．

［62］谢家驹，余志海．公益创业——青年创业与中年转业的新选择．香港：商务印书馆（香港）有限公司，2009．

［63］许为民，张炯．电商大课堂：点击创业梦．杭州：浙江大学出版社，2015．

［64］岩潮大辅．哈佛教我的思考武器：从商业计划到成功创业．孔需，译．北京：民主与建设出版社，2016．

［65］颜海．创业全程攻略．武汉：武汉大学出版社，2013．

［66］杨乐克．大学生创新创业教程．北京：中国时代经济出版社，2014．

［67］袁荣，等．草根创业：庸者用钱，智者用脑．北京：机械工业出版社，2016．

［68］张起．互联网创业：思维、方法、技巧与实践．北京：清华大学出版社，2016．

［69］张应辉，等．大学生创业教育导论．北京：清华大学出版社，2016．

［70］张永成．创业与营业：开办一家赚钱的企业．上海：立信会计出版社，2014．

［71］郑晓燕．创业基础案例与实训．2 版．成都：西南财经大学出版社，2015．

［72］中国人民大学创业学院．人大学生创业故事．北京：中国人民大学出版社，2017．

［73］中国社会科学院法学研究所法治宣传教育与公法研究中心．"大众创业 万众创新"法律知识读本：以案释法版．北京：中国民主法制出版社，2016．

［74］钟晓红．大学生创业教育训练教程．长沙：中南大学出版社，2014．

［75］朱甫．马云口述：创业如此艰难，你要内心强大．深圳：海天出版社，2013．

［76］Ash Maurya．精益创业实战：第 2 版．张玳，译．北京：人民邮电出版社，2013．

［77］Brian Solis．互联网思维：传统商业的终结与重塑．周蕾，廖文俊，译．北京：人民邮电出版社，2014．

图书在版编目（CIP）数据

创新创业基础：案例教学与情境模拟/王强，陈姚
编著．－－北京：中国人民大学出版社，2021.4
21世纪通识教育系列教材
ISBN 978-7-300-28916-8

Ⅰ．①创… Ⅱ．①王… ②陈… Ⅲ．①大学生-创业
-高等学校-教材 Ⅳ．①G647.38

中国版本图书馆 CIP 数据核字（2021）第 016049 号

21世纪通识教育系列教材
创新创业基础
——案例教学与情境模拟
王强　陈姚　编著
Chuangxin Chuangye Jichu——Anli Jiaoxue yu Qingjing Moni

出版发行	中国人民大学出版社			
社　　址	北京中关村大街 31 号		**邮政编码**	100080
电　　话	010 - 62511242（总编室）		010 - 62511770（质管部）	
	010 - 82501766（邮购部）		010 - 62514148（门市部）	
	010 - 62515195（发行公司）		010 - 62515275（盗版举报）	
网　　址	http://www.crup.com.cn			
经　　销	新华书店			
印　　刷	北京溢漾印刷有限公司			
开　　本	787 mm×1092 mm　1/16		**版　　次**	2021 年 4 月第 1 版
印　　张	14.75 插页 1		**印　　次**	2024 年 5 月第 14 次印刷
字　　数	345 000		**定　　价**	48.00 元

中国人民大学出版社 管理分社

教师教学服务说明

中国人民大学出版社管理分社以出版工商管理和公共管理类精品图书为宗旨。为更好地服务一线教师，我们着力建设了一批数字化、立体化的网络教学资源。教师可以通过以下方式获得免费下载教学资源的权限：

★ 在中国人民大学出版社网站 www.crup.com.cn 进行注册，注册后进入"会员中心"，在左侧点击"我的教师认证"，填写相关信息，提交后等待审核。我们将在一个工作日内为您开通相关资源的下载权限。

★ 如您急需教学资源或需要其他帮助，请加入教师 QQ 群或在工作时间与我们联络。

中国人民大学出版社 管理分社

☁ **教师 QQ 群：** 648333426（工商管理） 114970332（财会） 648117133（公共管理）
教师群仅限教师加入，入群请备注（学校＋姓名）

☎ **联系电话：** 010-62515735，62515987，62515782，82501048，62514760

✉ **电子邮箱：** glcbfs@crup.com.cn

📍 **通讯地址：** 北京市海淀区中关村大街甲 59 号文化大厦 1501 室（100872）

管理书社

人大社财会

公共管理与政治学悦读坊